Schirner Verlag

Dr. Diethard Stelzl

# Ho'oponopono – Heilung mit Liebe

## Die wirkungsvolle hawaiianische Methode der Auflösung von Störpotenzialen

Schirner Verlag

ISBN 978-3-8434-1025-0

Dr. Diethard Stelzl:
Ho'oponopono – Heilung mit Liebe
Die wirkungsvolle hawaiianische
Methode der Auflösung von
Störpotenzialen


Umschlag: Murat Karaçay, Schirner, unter
Verwendung von # 4878405 (Yashnov
Fedor) www.fotolia.de
Redaktion: Bastian Rittinghaus, Schirner
Satz: Michael Zuch, Frankfurt am Main
Printed by: OURDASdruckt!, Celle,
Germany

www.schirner.com

2. Auflage 2011

# Inhalt

Heilung mit Liebe geschieht im Hier und Jetzt.

Ho'oponopono ist Heilung mit und durch Liebe, indem ich ein Negativpotenzial im Außen durch den »lieben Gott in mir«, die Urquelle in meinem eigenen Inneren, heile. Die positive Änderung im eigenen Inneren verändert das Resonanzverhalten auch im Außen positiv und löscht das zugrunde liegende Störpotenzial und sein Thema. Über die Heilung und Reinigung in mir heile ich auch den anderen, das andere, Negativsituationen, die Menschheit und die Welt. Es ist eine uralte, bewährte Methode aus dem hawaiianischen Gedankengut von Huna, die wirklich die Welt verändern kann.

Huna ist eine uralte, positiv ausgerichtete, ganzheitliche Weisheitslehre, die über die hawaiianische schamanische Tradition im 20. Jahrhundert ihren Eingang in das neuzeitliche Gedankengut der Menschen gefunden hat. In reiner, von äußeren Einflüssen unveränderter, Form spiegelt dieses Gedankengut ausschließlich die positiven Aspekte der universalen Ordnung wider. Mithilfe des Huna-Systems ist es möglich, eigene mentale Kräfte bewusst und zielgerichtet für Gesundheit, Wohlstand, Glück und Erfolg und damit für eine individuelle Lenkung des eigenen Lebens und Schicksals einzusetzen. Huna ist pragmatisch, logisch nachvollziehbar, undogmatisch und erfrischend einfach. Und das Wichtigste:

Es funktioniert!

# Anmerkung und Hinweis

Das in diesem Buch vorgestellte Konzept baut auf universalen Ordnungskriterien, schamanischen Erkenntnissen und den Erfahrungen jahrelangen theoretischen und praktischen Arbeitens auf. Sämtliche in diesem Buch beschriebenen Angaben und Empfehlungen erfolgen jedoch ohne jegliche Gewährleistung, Garantie oder Haftung seitens des Verlages, der Redaktion oder des Autors. Es sei ausdrücklich darauf hingewiesen, dass weder das vorliegende Konzept als Ganzes noch Teilbereiche daraus eine ärztliche Betreuung oder medizinische Behandlung ersetzen können oder wollen. Die vorgestellten Techniken und ausgesprochenen Empfehlungen sollten mit dem jeweiligen Arzt des Vertrauens individuell durchgesprochen werden. Danach muss jeder Leser eigenverantwortlich selbst entscheiden, was er tun möchte.

**Fotomaterial**
wurde dankenswerterweise zur Verfügung gestellt von:

Irmtraud Behling
Claudia Duzzi
Hannelore Grubhofer
Bajram Leka
Katja Mitgös
Dr. Andreas Nickisch
DI Gerhard Oplustil
Regina Filipits
Bernhard Ratz
Alexander Scharpf

# Danksagung

Der Autor mit der 2007 verstorbenen Mona K. Kahele, einer seiner Ho'oponopono-Lehrerinnen

Ho‘oponopono (haw., »die universale Ordnung wiederherstellen«) ist seit Jahrhunderten auf den hawaiianischen Inseln bekannt und stellt seit jeher eine wichtige Methode der Lösung von Störpotenzialen und Streitigkeiten im Rahmen des Huna-Gedankengutes dar. Dabei ist Huna (haw., »geheimes inneres Wissen«), Polynesiens uralte Weisheit des positiven Denkens, in harmonischem Einklang mit der universalen Ordnung. Es führt, konsequent angewendet, zu einem erfüllten Leben in Gesundheit, Glück und Erfolg und einer bewussten Lenkung des eigenen Schicksals.

Huna hat seit über dreißig Jahren auch maßgeblich mein Leben bestimmt und mich sicher durch viele Höhen und Tiefen geführt. Ho‘oponopono hat mich erfolgreich körperliche Probleme, Streitigkeiten im Umfeld, atmosphärische Störungen und Negativpotenziale aller Art auflösen lassen. Ich danke daher sehr herzlich meinen hawaiianischen Lehrerinnen Morrnah N. Simeona und Mona K. Kahele für ihre liebevolle Vermittlung dieses wertvollen Gedankengutes.

Besonderen Dank möchte ich Erzengel Raphael für seine liebevolle Führung beim Schreiben dieses Buches aussprechen.

Wie immer darf ich mich auch sehr herzlich bei meiner Frau Gerlinde Stelzl-Hartmann für ihr Verständnis und ihre Geduld sowie bei meiner Assistentin Martina Oberdorfer und Herrn Dr. Andreas Nickisch für deren aktive Unterstützung und Mitarbeit bedanken.

Ihnen, lieber Leser, gilt ebenfalls ein herzliches Dankeschön, verbunden mit dem Wunsch, dass Ihnen dieses Buch Freude beim Lesen bereiten und wertvolle Anregungen für das tägliche Leben vermitteln möge.

Ihr
Diethard Stelzl

»Der einzige Ort im Universum, den wir wirklich ändern können, sind wir selbst.«
Aldous Huxley (1894–1963)

# Einführung

## Was ist Ho'oponopono?

Heilung mit Liebe
= Einssein mit der Urquelle
nach einer hawaiianischen
Huna-Methode

In der hawaiianischen Sprache bedeutet Ho'o: machen, auf den Weg bringen, anregen; Pono: perfekt, in der Ordnung sein, Einssein mit der universalen Ordnung und der Urquelle (haw.: Akua);
Ponopono verstärkt das Pono: die universale Ordnung im Innen und Außen wiederherstellen und sich damit mit der Urquelle verbinden.

Ho'oponopono bedeutet also

- etwas wieder in Ordnung bringen
- einen Irrtum korrigieren
- die göttliche Ordnung wiederherstellen
- die Dinge miteinander verbinden und den Kontakt zum Göttlichen wiederherstellen
- negative Energien loslassen, um den göttlichen Gedanken, Worten, und Taten zu erlauben, in uns einzufließen

Ho'oponopono ist eine uralte, traditionelle hawaiianische Methode der Lösung von Problemen, Störpotenzialen und Konflikten jeglicher Art im Außen wie im Innen, im Kleinen wie im Großen, im Oben wie im Unten. Man kann sie anwenden bei körperlichen, seelischen, mentalen und spirituellen Störungen, Familienproblemen, Konflikten in Gruppen,

Lebensgemeinschaften, Partnerschaften, Berufskollegien, bei abstrakten Situationen, nationalen und globalen Krisen, Naturkatastrophen usw., also sozusagen bei allem.

Die Methode ist einfach, von jedermann anzuwenden und beeindruckend wirkungsvoll. Durch die notwendige innere Reinigung, die Übernahme der uneingeschränkten Verantwortung, die wechselseitige Vergebung, die Auflösung der Konfliktsituation in und durch Liebe im Innen und Außen sowie das endgültige Loslassen entsteht Harmonie im Kleinen und im Großen, im Innen und im Außen, im Oben und im Unten, und alle Beteiligten kommen der Urquelle Gott näher.

Ho'oponopono ist seit Hunderten von Jahren auf den hawaiianischen Inseln bekannt und wurde früher vor allem bei Familienstreitigkeiten angewendet. Die ausschließlich mündlichen Überlieferungen wurden zur Zeit von Königin Lilinokalani Ende des 19. Jahrhunderts aufgeschrieben und von Mary Kawena Pukui, liebevoll auch Tutu genannt, als erstem Kumu (= Lehrer) Mitte des 20. Jahrhunderts auf O'ahu weitergegeben.

Ho'oponopono ist eine von zahlreichen einfachen, aber sehr wirkungsvollen hawaiianischen Methoden der Auflösung von Störpotenzialen, der Vorbereitung des Huna-Gebetes zur individuellen Wunscherfüllung, des Erreichens von innerer und äußerer Harmonie, der permanenten Reinigung und Heilung sowie dadurch des immer stärker werdenden Einsseins mit Gott, der Urquelle AKUA. Wie laut der modernen Quantenphysik ist auch nach Huna diese Urquelle als Geist in permanenter Schwingung begriffen und bildet als Essenz in bedingungsloser Liebe das Nullpunkt- oder Quantenfeld, das alles mit allem verbindet, sozusagen die Ursuppe, im hawaiianischen auch AKA-Substanz genannt. Bei uns Menschen hat diese Urquelle Ihren Sitz im Herzen. Die andauernde Pflege des Kontakts mit diesem höchsten göttlichen Bewusstsein führt letztlich zur spirituellen Vollkommenheit und zur individuellen Erleuchtung.

Mit Ho'oponopono wird zuerst das Störpotenzial, mit dem man im eigenen Inneren in Resonanz gegangen ist, geheilt und dadurch ein »schwarzer Fleck auf der weißen Weste« entfernt. Die wechselseitige Vergebung verändert aber auch die Negativsituation im Außen, und das im Allgemeinen zugrunde liegende Thema wird zum Positiven beeinflusst. Öfter und von vielen Menschen regelmäßig angewendet, könnte Ho'oponopono die Welt in eine lichte Richtung auf den Weg bringen und ein neues, harmonisches und lebenswertes Miteinander im Geiste von Achtung, Respekt, Wertschätzung, Mitgefühl, Harmonie und Liebe anregen.

**Es wäre dann wirklich möglich, die Welt zu heilen durch sich selbst. Indem man sich selbst im Innen reinigt, verändert man das Außen grenzenlos positiv in und durch Liebe.**

Klingt das nicht wie ein Märchen? Mag sein, aber es ist eine uralte, einfache und wirksame Methode, die sich über Jahrhunderte bewährt hat. Vielleicht ist sie auch die Rettung für die gesamte Menschheit in einer schwierigen und chaotischen Zeit.

Aus Sicht meines Schülers Sascha Ansahl (www.alohaHuna.de) stellt es sich wie folgt dar:

Wie gehe ich mit negativen Inhalten von E-Mails, Botschaften und Bildern um, die negative Informationen enthalten wie:

- Atommüllskandale
- Ölkatastrophen
- Krieg
- Elend
- Irrsinn und Wahnsinn dieser Welt
- Weltuntergang?

Diese Informationen bestehen aus einer Energie, die meist negativ auf uns wirkt. Sie verursacht Angst, Wut, Unverständnis, Schuld, Mangel und vieles mehr. Dass diese Energien Sie erreichen, liegt daran, dass Sie irgendwann einen Impuls dafür gegeben haben. Nach dem »Geistigen Gesetz der Resonanz« kommt jede Energie, die Sie einmal ausgesandt haben, zu Ihnen zurück. Die Frage ist, wie wir jetzt auf die Informationen, die wir einst selbst aussandten, reagieren:

Weiterhin mit Angst und Schrecken, oder wollen wir diese Energie auflösen?

Wie reagieren wir auf negative Bilder und Botschaften im Allgemeinen? Das betrifft auch negative Energien im zwischenmenschlichen Bereich, in der Familie, dem Job etc., auch nur ein kurzes Zwiegespräch kann die negative Energie enthalten.

Was fühlen Sie, wenn Ihnen Bilder gezeigt werden von:

- einem Delfin, der elendig im Öl erstickt,
- der Zündung einer Atombombe,
- einem Kind, dem gerade die Hände abgehackt wurden?

Sind Sie in der Lage, Liebe, Frieden oder Mitgefühl zu empfinden? Oder fühlen Sie eher Wut, Unverständnis, Zweifel, Ohnmacht?

Das ist der Trick der negativen Energie. Sie bindet Sie immer und immer wieder. Die Herausforderung für uns alle besteht darin, die negative Matrix zu überwinden und sie zu heilen. Was ist die negative Matrix? Es ist die Minus-Energie in der Polarität.

Sie nährt sich von langsam schwingenden Wellen wie Angst, Wut, Hass, Schuld, Zweifel, Misstrauen, Besorgnis, Druck und Ohnmacht. Dieses Energiefeld bleibt so lange erhalten, wie Sie, wir, ich, die Menschheit mit dieser Energie in Resonanz gehen. Solange sie etwas zu fressen bekommt, bläht sie sich weiter auf. Dieses Energiefeld haben wir alle mit erschaffen. Das ist auch nicht weiter schlimm, es ist einfach so. Warum leiden wir dann daran? Das liegt daran, dass wir es selbst sind, woran wir leiden. Besser gesagt: Es ist der Teil von uns, für den wir vergessen haben, die Verantwortung zu übernehmen. Nennen wir diesen Teil unsere dunkle Seite oder unsere Schwachstelle.

Im Universum gibt es nur die Pole Plus und Minus sowie die Abwesenheit einer Polarisierung, Null, die absolute Liebe – »die unsichtbare, unberührbare Brise, jener unerklärliche Funke der Schöpfung, das ICH, unabhängig von Raum und Zeit«. Sie können es nenne, wie Sie möchten, die absolute Liebe, Gott, die Urquelle allen Seins, Akua, Jesus, Buddha …

Man könnte jetzt denken, wenn die Minus-Energie so unerträglich ist, dann sollten wir alle ins Plus gehen, aber das ist ein Irrtum! Plus ist nämlich nur das Gegenteil von Minus, und das hilft nicht. Der einzige Weg, die Polarität zu überwinden, ist, sowohl Plus als auch Minus aufzuheben. Das geht nur über die Null oder das Nullpotenzial, also die Liebe. Damit ist nicht die polarisierte Liebe der Welt, sondern die unpolarisierte Liebe des ICH oder des ICH-BIN gemeint. Wie kommen wir in diese unpolariserte Liebe?

Indem wir:

- volle Verantwortung übernehmen
- vergeben
- danken

Seien Sie sich bewusst, dass alle Unstimmigkeiten, mit denen Sie in Ihrem Leben in Resonanz gehen, nur dazu da sind, von Ihnen geheilt zu werden. Es sind nämlich Ihre dunklen Seiten, Ihre eigene Angst. Das können Sie nur ändern, indem Sie die Verantwortung für den dunklen Teil in Ihnen übernehmen, zu 100 %.

Stellen Sie sich einmal vor, diese negative Energie wäre ein kleines Kind, das sehr darunter leidet, negativ zu sein. Es sitzt sehr oft einsam irgendwo und weint bitterlich, weil niemand da draußen ist, der die Verantwortung übernimmt, ihm zu helfen. Dieses kleine Kind kann nicht aus seiner Haut und benötigt dringend Hilfe. Sobald es irgendwo auftaucht, reagieren die anderen mit Angst und Schrecken. Wo immer es hin-

kommt, verachten es die Menschen. Sie reagieren mit Unverständnis, Wut, Angst, Schuldzuweisung, Zweifel, Ohnmacht und Druck.
Nur sehr wenige bringen ihm Trost. Es hasst sich dafür selbst und fühlt sich schuldig. Es ist wie mit dem herzensguten Riesen, der sich nach nichts mehr sehnt, als danach, von den Menschen geliebt zu werden. Aber wo er auch auftaucht, laufen die Menschen weg. Er erntet nur Furcht und Schrecken. Am Ende glaubt er wirklich, er sei ein Monster, und leidet bis an sein Lebensende.

Dieses Kind ist Ihr eigenes Inneres Kind, Sie selbst im Alter zwischen 4 und 6 Jahren. Es sühnt für etwas, was es nie getan hat. Sie haben die Verantwortung abgegeben und nicht mehr darüber nachgedacht, welche Form von Energie Sie aussenden. So konnte die negative Energie überhandnehmen, und Ihr Inneres Kind ist ihr Träger.

Stellen Sie sich nun vor, Sie wären der Vater oder die Mutter dieses kleinen Kindes. Hätten Sie nicht den Impuls, sich sehr sanft und behutsam diesem kleinen süßen Geschöpf zu nähern? Ihm die Tränen aus seinem dreckigen Gesicht zu wischen, es vorsichtig und ganz zart bei der Hand zu nehmen und zu sagen: »Fürchte dich nicht, ich passe jetzt auf dich auf.«? Sie können sich vielleicht vorstellen, dass das Kind im ersten Moment kein großes Vertrauen zu Ihnen hat. Schließlich haben Sie sich über eine lange Zeit nicht um es gekümmert. Übernehmen Sie jetzt die Verantwortung, und nehmen Sie die Sache ernst. Versuchen Sie, auf sanfte und liebevolle Art Ihr Inneres Kind davon zu überzeugen, dass Sie die Verantwortung für all die Unstimmigkeiten, für alle negativen Momente und Situationen übernehmen. Zeigen Sie Ihrem Inneren Kind, dass Sie etwas ändern.

Sie heilen Ihr Inneres Kind, indem sie es mit den Worten trösten:

»Es tut mir leid.
Bitte vergib mir.
Ich danke dir.
Ich liebe dich.«

Wann immer sich Ihnen im Alltag eine negative Emotion, ein negativer Gedanke oder eine negative Situation zeigt, übernehmen Sie die Verantwortung und spenden Sie Ihrem Inneren Kind Trost. Es braucht Sie so sehr … es sehnt sich so sehr nach Ihrer Liebe und Zuwendung. Übernehmen sie die Verantwortung für alles in Ihrem Leben. Sie sind es, auf den Sie gewartet haben. Heile Sie sich und die Welt!

# Die universale Ordnung

## Die wichtigsten 12 (13) Geistigen Gesetze

Es gibt im Rahmen der universalen Ordnung zahlreiche Geistige Gesetze, von denen jedoch zwölf bzw. dreizehn besonders wichtig sind. Diese sind:

1. Geistigkeit, Einheit, Ganzheit, Vollkommenheit und wechselseitige Vernetzung
   - ❖ Alles kommt aus einer (geistigen) Quelle.
   - ❖ Alles ist mit allem verbunden.
   - ❖ Alles aus der Quelle Kommende ist vollkommen.

2. Polarität und Dualität
   - ❖ Erfahrungen macht man nur in der Spiegelung der Polarität.

3. Trinität und permanente Dreiheit

   Alles Sein im Universum besteht gleichermaßen
   - ❖ aus Licht – Leben – Liebe,
   - ❖ aus Weisheit – Wille – Ausdruck im Stoff,
   - ❖ aus Information – Energie – Materie/Verdichtung.

4. Die vier Gesichter Gottes

   Aus dem Licht kommend hin zur Dunkelheit erfolgt der »Abstieg in die Materie« in der Verdichtung des
   - ❖ Elementes Feuer = Überbewusstsein, spirituelle Identität, Hohes Selbst und Kosmischer Plan zum
   - ❖ Element Luft = Wachbewusstsein, Kopfhirn, freier Wille: Verstand – Vernunft – Intellekt und Entscheidungsfindung durch (elektrische) Gedankenimpulse zum

- ❖ Element Wasser = Unterbewusstsein, Bauchhirn, Gefühle – Psyche – Emotionen, Langzeitspeicherung, Sinneswahrnehmungen, Karma, Resonanzverhalten, Körpersteuerung zum
- ❖ Element Erde = grobstofflicher, physischer Körper.

## 5. Schwingung und Rhythmus

- ❖ Der Geist der Urquelle ist Schwingung im Urton Om/Aum. Diese hat harmonische Obertöne in einem bestimmten natürlichen Rhythmus.
- ❖ Es ist unsinnig und disharmonisch, sich gegen natürliche und individuelle Biorhythmen zu stellen.

## 6. Resonanz

- ❖ Alles, was man aussendet, kommt irgendwann einmal zu einem selbst zurück, vielleicht in späteren Leben.
- ❖ Alles, was (in diesem Leben) auf einen zukommt, hat man vorher einmal ausgesendet (vielleicht in einem früheren Leben).

## 7. Kausalität

- ❖ Jede Ursache führt zu einer Wirkung, also auch jeder Gedanke, jedes Gefühl, jedes Wort und jede Aktion.
- ❖ Jede Wirkung geht zurück auf eine Ursache.

## 8. Harmonie

- ❖ Geben und Nehmen müssen immer im Einklang (nicht im Gleichklang) sein.
- ❖ Alles im Leben muss subjektiv »stimmig« sein.

## 9. Geschlechtlichkeit

- ❖ Die »doppelte Polarität« von licht-männlich, licht-weiblich, dunkel-weiblich und dunkel-männlich muss durch bedingungslose Liebe überwunden werden.
- ❖ Rein körperliche Sexualität muss zu spiritueller Sexualität transformiert werden.

## 10. Entsprechung

- ❖ Wie oben, so unten – wie innen, so außen – wie im Kleinen, so im Großen.
- ❖ Alles ist eins.

## 11. Fülle

- ❖ Es ist in jedem Moment und in jeder Hinsicht für jeden von allem genug da.
- ❖ Man kann anderen eigentlich nichts wegnehmen, wenn diese das nicht wollen.

## 12. Gnade

- ❖ Ein einziger, ausschließlich liebender Gott will nur, dass es mir immer, in jedem Moment und in jeder Hinsicht gut geht.
- ❖ Negativpotenziale können vom Hohen Selbst im Rahmen der individuellen kosmischen Pläne mit – eventuell auch zukünftigen – Positivpotenzialen gegenverrechnet werden.

## 13. Liebe

- ❖ Bedingungslose, grenzenlose, selbstlose Liebe ist die stärkste Macht und Kraft im Universum.
- ❖ Liebe ist nur und gibt nur.
- ❖ Liebe wird mehr, wenn man sie teilt.
- ❖ Liebe verbindet alles mit allem, auch die dunkle mit der lichten Seite.
- ❖ Liebe erfüllt sich im Geben.

# Die wichtigsten 12 (13) Negativprogramme der »künstlichen Matrix«

Im Laufe der Menschheitsentwicklung seit Erschaffung unserer Spezies, des Homo sapiens erectus, vor etwa 230 000 Jahren wurden bereits in den ersten Siedlungen, später von etwa 130 000 bis 50.000 v. Chr. in der Hochkultur von Lemuria und danach in jener von Atlantis von etwa 60 000 bis 9 000 v. Chr. im morphogenetischen Feld Negativprogramme zu den wichtigsten, eigentlich ausschließlich positiven Geistigen Gesetzen herausgebildet und gespeichert. Gemäß dem 2. Geistigen Gesetz der Polarität konnten »Erfahrungen nur in der Spiegelung der Gegensätzlichkeit« gemacht werden, d. h., es entwickelten sich langsam zum besseren Verständnis der Erfahrung der positiven Geistigen Gesetze entsprechende Negativprogramme in der sogenannten künstlichen Matrix. Diese beeinflussen seither in sehr starkem Maße das Glauben, Denken, Fühlen und Handeln aller Menschen. Die wichtigsten von ihnen sind:

1. Mangel an Vertrauen und spiritueller Identität
   Verbindung zur dunklen Seite, Nichtvorhandensein von Eigenverantwortung, Erdung, Lebenswillen und Lebensfreude, Trennung von Innen und Außen, Unsicherheit, Zweifel

2. Schmerz und Leid, Widerstand und Starre
   Verhärtung, Verbitterung, Unbeweglichkeit, Freudlosigkeit, mangelnde Aufarbeitung von Karmaprogrammen, Nichtannahme des momentanen Umfeldes und damit notwendiger Lernerfahrungen

3. Falscher Umgang mit Wissen
   Fachidiotentum, Hochmut, Selbstüberschätzung, Arroganz, Manipulation zum eigenen Vorteil auf Kosten anderer, Machtstreben, Magiemissbrauch, Rücksichtslosigkeit, Zerstörungswille, Abkehr vom Licht, »Verherrlichung der Materie«

4. Nichanerkennung dieser Inkarnation

   mangelnde Erdung, Auf-der-Erde-nicht-angekommen-Sein, geringer Kontakt zum morphogenetischen Feld der Menschheit, Beziehungsprobleme, das »ungelebte Leben«, Ablehnung des eigenen physischen Körpers

5. Ohnmacht, Lähmung, Bewegungslosigkeit, Starre

   Angst, Furcht, Sorgen, Neurosen, Phobien, Traumata, Unsicherheit, Zweifel, Druck, Egozentrik, Penibilität, Perfektionismus, Mangel an Selbstvergebung und Loslassen, Probleme mit der Annahme der eigenen Geschlechtlichkeit

6. Eigenwertmangel, Selbstzerstörung, Druck, Schuld

   Nicht-loslassen-Können, Todessehnsucht, innere Leere, Trauer, Scham, mangelnder Selbstwert, Armut, Missgunst, Eifersucht, Hass, Rachsucht, Bestrafungsbereitschaft, Helfersyndrom, Opferrollenspiel, emotionaler Schock, Konkurrenzdenken, Mobbing, Kritikunverträglichkeit, Wissensmissbrauch

7. Mangel an Eigenliebe, Suchtverhalten

   Selbstablehnung, Abhängigkeit, Eitelkeit, Mutlosigkeit, Gleichgültigkeit, Egozentrik, Leben in Scheinwelten

8. Disharmonie, Groll, aufgestaute Wut, Ärger

   nach innen gerichtete Aggression, Depression, mangelnde Kommunikation, Energiestau, Angst davor, zu kurz zu kommen, Konfliktsucht, Raffgier

9. Nichtüberwindung der doppelten Polarität, mangelnde spirituelle Identität

   Begierden, Triebe, Scham, nicht aufgelöstes Karma führen zur schuldhaften Betrachtung der eigenen Spiritualität, zu einem gestörten Verhältnis zu Gott und zum Hohen Selbst.

10. Sinnlosigkeit des Lebens, geistige Isolation, spiritueller Identitätsverlust

Depression, Selbstzerstörungsprogramme, Ablehnung der eigenen Heilung, Kleinkariertheit, Konzentrationslosigkeit, Hilflosigkeit, Orientierungslosigkeit

11. Mangel, Armut, Besitzlosigkeit

materielle Verhaftung, Neid, Geiz, Minderwertigkeitskomplexe, Selbstverbote, Opferrollenspiel, Eigenablehnung, Eingrenzung, Nichtannahmemuster

12. Individualitätsverlust, schwere Depressionen, Suizidgefährdung

Ausgrenzung, Selbstisolation, mangelnder Kontakt zum Hohen Selbst, Nichtbeachtung des eigenen kosmischen Plans, Verneinung der universalen Weisheit und Wahrheit

13. Mangel an Liebe, Trennung von Außen und Innen

Isolation, fehlendes Gott- und Urvertrauen, Orientierungslosigkeit, mangelnde Zentrierung

# Wichtige wissenschaftliche Grundlagen von Ho'oponopono

## Die Auffassung der christlichen Kirchen

Durch das 4. Konzil von Konstantinopel von 869 bis 870 n. Chr. wurde unter Kaiser Basilios I. die vordem gültige Zwei-Seelen-Lehre von Photios mit dem Bannfluch belegt. Diese sagte aus, dass der Mensch sowohl eine höhere, unsterbliche Geist-Seele als auch eine sterbliche, irdische Körperseele hat, die eine Einheit bilden.

Nach dem Konzil wurde die Trennung der unsterblichen göttlichen von der vergänglichen irdischen Realität offizielle Lehrmeinung. Für letztere war ab diesem Zeitpunkt allein die (Natur-)Wissenschaft zuständig, für erstere die christliche Religion in Gestalt des katholischen Klerus. Diese Trennung führte schließlich zur Formulierung des deterministischen Weltbildes durch René Descartes (1596–1650), der vor allem bekannt ist für seinen Ausspruch:

»Cogito ergo sum.
= Ich denke, also bin ich.«

## Aussagen der klassischen Naturwissenschaft

Seit etwa 350 Jahren ist die Wissenschaft weitgehend von dem sogenannten Kartesischen Weltbild geprägt. Dieses geht – wie oben erwähnt – zurück auf den französischen Philosophen und Naturwissenschaftler René Descartes (1596–1650) und den deutschen Mathematiker und Physiker Gott-

René Descartes
Gottfried Wilhelm Leibnitz
Sir Isaac Newton

fried Wilhelm Leibnitz (1646–1716). Eine große Rolle in dieser Entwicklung spielte auch der englische Physiker Sir Isaac Newton (1642–1726), der in seiner berühmten Schrift von 1687 »Philosophiae Naturalis Principia Mathematica« die physikalischen Naturgesetze beschrieb, die den Lauf der Dinge im Universum bestimmen.

Nach ihrer rein mechanischen Auffassung besteht das Universum aus winzig kleinen Teilchen, Atome genannt, deren Verhalten in jedem Moment – ähnlich Billardkugeln auf einem Billardtisch – exakt bestimmbar ist.

Alles ist festgelegt, erklärbar, berechenbar und bestimmbar. Menschen haben auf Dinge im Außen keinen Einfluss. Sie sind immer nur ohnmächtige Zuschauer und Opfer.

Es gelten folgende Aussagen:

- Der Raum zwischen den »Dingen« ist leer.
- Unsere inneren Erfahrungen haben keine Auswirkungen auf die Welt außerhalb unseres physischen Körpers.

Neben Quanten ohne Masse und ohne Ladung = Neutronen sowie Quanten ohne Masse aber mit Ladung = Elektronen (–) bzw. Positronen (+) gibt es auch Quanten mit Ladung und mit Masse = Protonen (+). Atome stellen dabei das kleinste funktionierende »Sonnensystem« im Universum dar. In ihrem Zentrum befindet sich normalerweise ein atomarer Kern. Dieser besteht aus positiv geladenen Protonen und Neutronen im Nullpotenzial. Die positive Ladung im Atomkern zieht als Ruhemasse sich frei bewegende, kleinste Ladungseinheiten = Elementarteilchen an. Diese elementare Kraft im Universum bezeichnet man als Gravitation oder Schwerkraft. Sie ist dafür verantwortlich, dass Massen einander anziehen, die normalerweise positiv polarisiert sind. Es gibt auch negative Massen, die unter Einwirkung der Schwerkraft von »normalen«, d. h. positiv polarisierten Massen nicht angezogen, sondern abgestoßen werden. Dieses Phänomen bezeichnet man als Antigravitation.

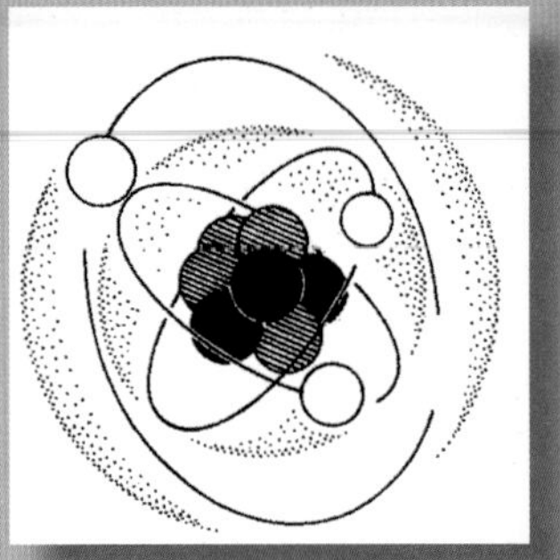

Der durch die Protonen positiv polarisierte Atomkern zieht die entsprechende Anzahl frei beweglicher negativ polarisierter Elementarteilchen an. Sie werden als Elektronen bezeichnet. Haben sie zeitweise keine Verbindung zu einem entsprechenden atomaren Kern, nennt man sie Ionen. Nach dem größtenteils in der heutigen Naturwissenschaft immer noch angewendeten Bohr-Rutherford'schen Denkmodell für atomare Strukturen bewegen sich je nach Element eine unterschiedliche Anzahl von Elektronen wie in einer Zwiebel schalenförmig auf verschiedenen Orbits bzw. Umlaufbahnen um den Atomkern herum. Je höher die Umlaufbahn, desto höher ist deren Geschwindigkeit. Diese kann bis zu 9/10 der Lichtgeschwindigkeit, also bis zu etwa 270.000 km pro Sekunde, betragen. Diese verschiedenen Atome sind im Periodensystem der Elemente angeordnet, das der russische Forscher Mendelejew entwickelte (Abb. S. 28 oben).

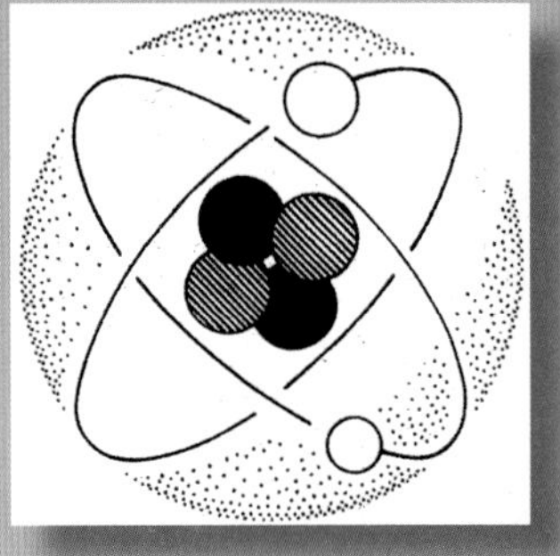

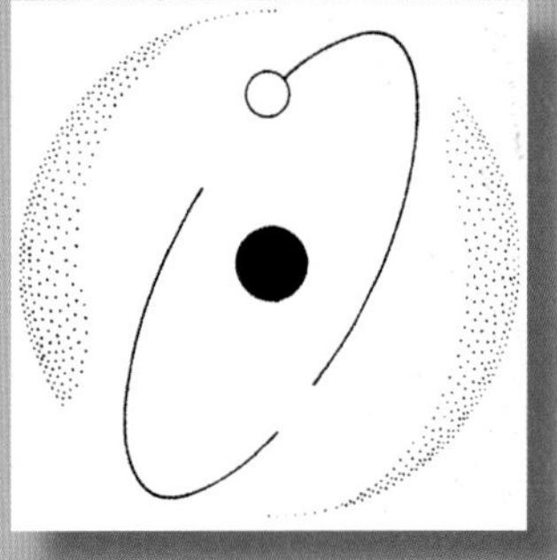

Der britische Wissenschaftler James Maxwell (1831–1879) ergänzte diese Naturgesetze noch durch die Theorien der Elektrizität und des Magnetismus, Albert Einstein (1879–1955) später durch die Gravitationsgesetze und die Relativitätstheorien.

Die Anwendung der physikalischen Naturgesetze ist ausschließlich nach außen gerichtet, was dazu geführt hat, dass sich die Wissenschaft immer mehr von Gott entfernt hat.

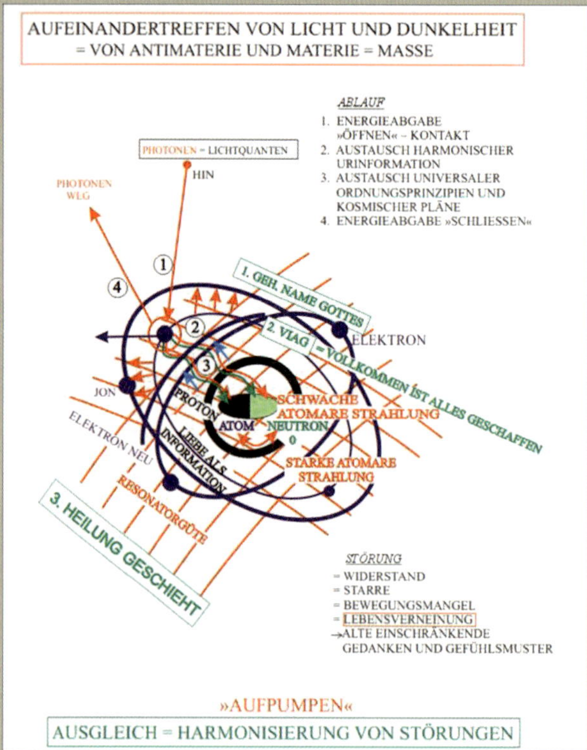


Abbildungen S. 35:
James Maxwell
Albert Einstein
Werner Heisenberg
Niels Bohr

# Neue Erkenntnisse der modernen Quantenphysik

Dieses für etwa 350 Jahre feste mechanische Weltbild der modernen Wissenschaft begann jedoch Anfang des 20. Jahrhunderts zu wackeln, als man erkannte, dass die physikalischen Naturgesetze nicht auf Vorgänge in der großen Welt der Galaxien und das Zusammenwirken von Elementarteilchen im subatomaren Bereich anwendbar waren. Immer mehr moderne Forschungsergebnisse, etwa die Schrödingergleichung von Erwin Schrödinger (1887–1961), bestätigten diesen Sachverhalt und führten zur Formulierung der Erkenntnisse der modernen Quantenphysik.

Diese wurde zusammengefasst und einheitlich formuliert von den Quantenphysikern Werner Heisenberg (1901–1976) und Niels Bohr

(1885–1965) in der sogenannten Kopenhagener Deutung von 1927.

Vom Physik-Nobelpreisträger Werner Heisenberg stammt der Spruch:

»Der erste Schluck aus dem Becher der Wissenschaft bringt den Atheismus.
Aber auf dem Boden wartet Gott! «

Niels Bohr wird das Zitat zugesprochen:

»Wer über die Quantentheorie nicht entsetzt ist, der hat sie nicht verstanden.«

## Das Quanten- oder Nullpunktfeld

In dem allumfassenden, alldurchdringenden und allverbindenden kosmischen Lichtgitternetz, in der Wissenschaft auch als Higg'sches Feld bezeichnet, ruht in jeder kleinsten Einheit ohne Ladung und ohne Masse = Neutronen (Neutrinos, Quarks, etc.) die Gottheit im Nullpotenzial gemäß dem 1. Geistigen Gesetz der Geistigkeit, Einheit, Ganzheit, Vollkommenheit und wechselseitigen Vernetzung. Besitzen diese kleinsten denkbaren Teilchen Ladung und damit ein funktionierendes Energiefeld, welches als eigentliches Leben im Universum angesehen werden kann, jedoch keine Ruhemasse, werden sie als Lichtquanten = Photonen bezeichnet. Das Licht – und seine kleinsten Teilcheneinheiten, die Photonen – stellt also die fließende energetische Verbindung im Rahmen des allumfassenden kosmischen Gitternetzes, die erste klare Definition und Ausrichtung und damit die Substanz Gottes dar. Licht ist Leben im Universum. Durchdrungen

werden die Mittelpunkte aller Quanten permanent ohne Anfang, Pause und Ende durch die Essenz Gottes, eine Information und Botschaft, die Liebe ist.

Alle Universen haben also ein gemeinsames Energiefeld. Dieses verbindet alles mit allem im Licht, der Substanz, sowie in Liebe, der Essenz Gottes als Leben, der permanenten Bewegung der Elementarteilchen von Quanten. Dieses Energiefeld beinhaltet das Nullpotenzial und wird auch als Quanten- oder Nullpunktfeld bzw. als »Göttliche Matrix« bezeichnet.[1] Es enthält höchstes göttliches Bewusstsein der Urquelle als die

»Ich bin, der ich bin«-Präsenz.

Dieses höchste göttliche Bewusstsein ist der Ursprung der Schöpfung und gleichzeitig ihr Motor. Ein wichtiger Teil dieser Welt ist der Mensch mit seinem freien Willen als kreativ schöpferische Wesenheit. Er handelt sowohl als kollektiver Aspekt des höchsten göttlichen Bewusstseins als auch als individueller Schöpfer, quasi als verlängerter Arm Gottes. Diese Schöpferkraft ergibt sich aus unseren Vorstellungen, Visualisierungen und Visionen. Hieraus folgt, dass wir keine willkürlichen Opfer von Naturereignissen usw., sondern eigenständige Schöpferwesen sind, sowohl kollektiv als auch individuell. Wir gestalten die Schöpfung aktiv mit, erhalten sie und verändern sie laufend kreativ und schöpferisch, oder auch ausbeutend und zerstörerisch. Wir nehmen aktiv an einem globalen Geschehen teil.

Das Quantenfeld ist holografisch aufgebaut, d.h., jede einzelne Information enthält auch alles, was es als Formen in diesem Feld gibt. Jeder einzelne Teil spiegelt auch das große Ganze wider. Verändern wir also etwas in unserem Innen, verändert sich automatisch auch etwas im Außen.

1 Ausführlich bei: Braden, Gregg: *Im Einklang mit der Göttlichen Matrix.* KOHA, Burgrain 2008 und Neuner, Werner Johannes: *Der Matrixcode und die Bewusstseinsformen.* Antasira, Graz, 2005.

Die Hinwendung der Naturwissenschaft nach Innen im Rahmen der Quantenphysik hat die Wissenschaftler zu Gott geführt. Ein bekanntes Beispiel ist die berühmte Rede des deutschen Physikers Max Planck (1858–1947) auf einem Wissenschaftlerkongress in Florenz 1944 über »Das Wesen der Materie«:[2]

»Meine Herren, als Physiker, also als Mann, der sein ganzes Leben der nüchternsten Wissenschaft, der Erforschung der Materie diente, bin ich sicher von dem Verdacht frei, für einen Schwarmgeist gehalten zu werden. Und so sage ich Ihnen nach meinen Erforschungen des Atoms dieses: Es gibt keine Materie an sich! Alle Materie entsteht und besteht nur durch eine Kraft, welche die Atomteilchen in Schwingung bringt und sie zum winzigsten Sonnensystem des Atoms zusammenhält.

Da es im ganzen Weltall aber weder eine intelligente noch eine ewige Kraft gibt, so müssen wir hinter dieser Kraft einen bewussten, intelligenten Geist annehmen. Dieser Geist ist der Urgrund aller Materie. Nicht die sichtbare, aber vergängliche Materie ist das Reale, Wahre, Wirkliche, sondern der unsichtbare, unsterbliche Geist ist das Wahre. Da es aber Geist an sich allein ebenfalls nicht geben kann, sondern jeder Geist einem Wesen zugehört, so müssen wir zwingend Geistwesen annehmen.

Da aber auch Geistwesen nicht aus sich selber sein können, sondern geschaffen worden sein müssen, so scheue ich mich nicht, diesen geheimnisvollen Schöpfer ebenso zu benennen, wie ihn alle alten Kulturvölker der Erde früherer Jahrtausende genannt haben: Gott.«

Auch der Universalgelehrte Albert Einstein (1879–1955) stellte fest:

»Jeder, der sich ernsthaft mit der Wissenschaft beschäftigt, gelangt zu der Überzeugung, dass sich in den Gesetzen des Universums ein Geist manifestiert – ein Geist, der dem des Menschen weit überlegen ist und angesichts dessen wir uns mit unseren beschränkten Kräften demütig fühlen müssen.«

2 Quelle: Archiv zur Geschichte der Max-Planck-Gesellschaft, Abt Va, Rep. 11 Planck Nr. 1797.

Max Planck

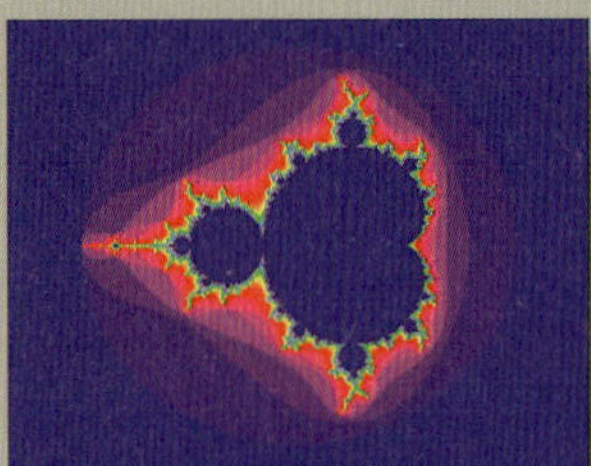

Das Mandelbrotsche »Apfelmännchen« als fraktale Form

Diese Feststellungen bedeutender moderner Physiker entsprechen sehr stark den alt-hawaiianischen Huna-Vorstellungen von der Existenz einer einzigen, universalen Urquelle = Akua in Licht (haw.: La'akea), Leben (haw.: Ola) und Liebe (haw.: Aloha).

## Die Quantenenergie

Im Universum besteht alles aus demselben Stoff, der aus der Urquelle entstanden ist als eine riesige »Ursuppe« (haw.: Aka-Substanz) aus Quantenenergie. Letztere bezeichneten die alten Hawaiianer als Mana.

Diese »Ursuppe« enthält höchstes göttliches Bewusstsein der Urquelle Akua als Geist in Form von Schwingungen im Urton Aum als Sinuskurve mit der Wellenlänge 7,23 cm. Diese Schwingung gibt im Quantenfeld Informationen weiter, die sich als Energie zeigen und zu Stoff, Masse/Materie verdichten.

Masse/Materie/Stoff ist dabei in genau festgelegten Mustern, geometrischen Formen und Symbolen nach Regeln der »fraktalen Geometrie« bzw. Chaostheorie gemäß dem »Prinzip der Selbstähnlichkeit« aufgebaut. Mentale Zielfunktionen, beispielsweise als Gedankenprogramme und Entscheidungen, zeigen sich in Zahlencodes als sogenannte Attraktoren, die sich in Formen vervielfältigen und stofflich ausdrücken. Jeder stoffliche Ausdruck wiederholt dabei immer die durch die Zahl des Attraktors/Multiplikators festgelegte Form.

»Die Energie in einem einzigen Kubikmeter des Quantenfeldes reicht aus, um alle Ozeane der Welt zum Kochen zu bringen.«
Richard Feynman

Geist der Urquelle
als Schwingung

↙ ↓ ↘

| | | |
|---|---|---|
| Licht<br>Weisheit,<br>Bewusstsein | Leben<br>Wille, Bewegung | Liebe<br>Ausdruck im<br>Stoff |
| ↓ | ↓ | ↓ |
| als Information ⟷ | als Welle in Form von Energie ⟷ | als Masse/Materie |

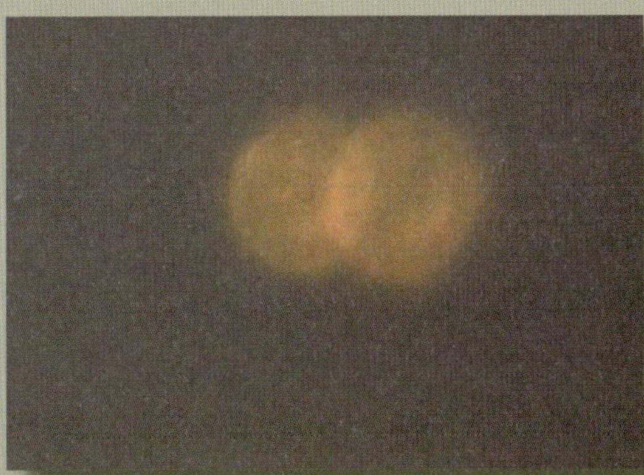

Gedankenimpulse erschaffen also in der Wirklichkeit stoffliche Verdichtungen, aber nur, wenn wir von ihrer Macht überzeugt sind.

Wir Menschen müssen in uns selbst die Gewissheit haben, dass unsere Entscheidungen in Gedanken und Gefühlen = Glauben wahr sind. Dann haben wir Zugang zur mächtigsten Kraft im Universum, nämlich der Fähigkeit, in uns und um uns herum alles zu verändern.

## Die Quantenverschränkung

Quanten sind die kleinsten definierbaren Teilchen in der modernen Physik. Es wurde festgestellt, dass sämtliche Objekte, die jemals Informations-, Energie- oder Massekontakt miteinander hatten, danach immer miteinander verbunden und somit quantenverschränkt bleiben. Verbundene, also quantenverschränkte Dinge, verhalten sich, nachdem sie getrennt wurden, in der Folge so, als wären sie noch immer miteinander verbunden.

Dieses Phänomen wurde in der Wissenschaft als Einstein-Podolski-Rosen-(EPR-)Paradoxon bekannt. Die drei berühmten Forscher der amerikanischen Princeton University fanden heraus, dass zwei Materieteilchen, die irgendwann einmal zusammengehörten und später getrennt wurden, für immer miteinander verbunden bleiben. Wird eines dieser Teilchen später verändert, reagiert darauf unverzüglich das andere, auch wenn es sich zwischenzeitlich Lichtjahre vom ersten entfernt hat.

Quantenteilchen können sowohl in der quantitativen, linearen Zeit von Vergangenheit, Gegenwart und Zukunft, als auch in der qualitativen, punktuellen Zeit ausschließlich im Hier und Jetzt miteinander Verbindung aufnehmen.

Da auch wir Menschen letztlich aus Quantenteilchen bestehen, können wir jederzeit und in jeder Hinsicht Ereignisse aus der Vergangenheit durch Entscheidungen in der Gegenwart verändern. Das Universum reagiert auf unsere Entscheidungen entsprechend.

Jede einzelne Entscheidung eines Menschen erschafft auch eine Wirkung im Universum, die wiederum auf ihn selbst zurückwirkt sowie auf die Welt insgesamt.

Quantenverschränkte Objekte können voneinander Informationen ohne zeitlichen Verzug, also in Überlichtgeschwindigkeit übernehmen. Dies gilt auch für unsere Gedanken, Gefühle, Glaubenssätze und den gesamten menschlichen Organismus.

Was einmal miteinander durch Information, Energie oder Materie verbunden war, bleibt für immer miteinander verbunden. Zwei gemeinsam erzeugte Lichtquanten = Photonen sind »quantenverschränkt« und bleiben es für immer. Trennt man sie willkürlich und sendet sie in Lichtgeschwindigkeit in zwei verschiedene Richtungen, dann empfängt das weit entfernte Zwillingsquant dieselben Impulse wie das Teilchen, das man bearbeitet. Dies geschieht ohne zeitlichen Verzug, der Informationsaustausch ist also nicht an das »Tempolimit« von 300.000 km pro Sekunde gebunden, was nahelegt, dass ihm ein allseitig verbundenes Quantenfeld als Ursache zugrunde liegt. Das sagte bereits der amerikanische Physiker John Archibald Wheeler (1911–2008):

John Archibald Wheeler

»Alles, aber auch alles, ist mit allem verbunden.«

Sämtliche Informationen können unendlich schnell und ohne Grenzen von Raum und Zeit ausgetauscht werden. Dies bewies u. a. der Physiker Anton Zeilinger (*1945) in zahlreichen Versuchen. Auch er trennte zwei

Photonen voneinander und veränderte bei einem die Rotationsrichtung (den Spin), was dann bei dem weit entfernten anderen Teilchen auch eintrat.

Folgerung:

- ❖ Es gibt keine »passiven« Beobachter, sondern nur Teilnehmer, d. h. »aktive« Beobachter. (Wheeler, 1987)
- ❖ Wir sind nicht passive Beobachter, sondern wirken beim Beobachten aktiv darauf ein, welche Quanteneigenschaften sich manifestieren.

Auch alle unsere etwa 60 Billionen grobstofflichen Körperzellen sind in unendlich großer Geschwindigkeit im Innen und im Außen miteinander verbunden. Ihr Informationsaustausch geschieht insbesondere über die menschliche DNS, das Makromolekül Desoxyribonukleinsäure, das eine Art Superantenne darstellt, die außerhalb der derzeit geltenden Gesetze von Raum und Zeit mit dem Nullpunktfeld verbunden ist. Im Kern jeder Zelle haben wir Menschen ein organisches Riesenmolekül DNS, also pro Individuum ca. 60 Billionen DNS. Diese sind die Träger des genetischen Codes, aus dem alle Informationen bezogen werden, die für den Aufbau unseres Körpers verantwortlich sind. Die DNS bilden einen etwa zwei Meter langen Doppelstrang aus Basenpaaren, in dem die Erbinformationen codiert sind, nach denen im Zellinneren Eiweißkörper hergestellt werden können. Menschliche Überzeugungen haben einen direkten Einfluss auf die DNS und damit auch auf das Quantenfeld.

Die Veränderung von Überzeugungen wirkt über unsere DNS auch auf unseren physischen Körper und das Nullpunktfeld ein und verändert damit die Wirklichkeit im Innen und Außen.

Deshalb sind wir Menschen machtvolle Schöpferwesen.

## Das Makromolekül Desoxyribonukleinsäure (DNS) als Hauptantenne des Menschen für das Nullpunktfeld

Die menschliche DNS ist als Antennenkonstruktion in Spiralform aufgebaut und nimmt u. a. auch Frequenzen des Umfeldes auf.[3] Dies betrifft vor allem elektromagnetische Wellen als sichtbare und unsichtbare Strahlung. So können auch Informationen aus dem Quantenfeld aufgenommen werden. Diese treten überwiegend als sogenanntes kohärentes, also gleichschwingendes, biologisches Laserlicht auf.

Ein Teil der DNS-Konstruktion wirkt als langgestreckte Stabantenne für elektrische Impulse. Von oben gesehen ist die Doppelhelix ringförmig und damit eine sehr gute magnetische Antenne. So nimmt die DNS elektromagnetische Lichtstrahlung aus der Umwelt auf und speichert diese mit einer Eigenfrequenz von 150 Megahertz und einem Vielfachen davon.

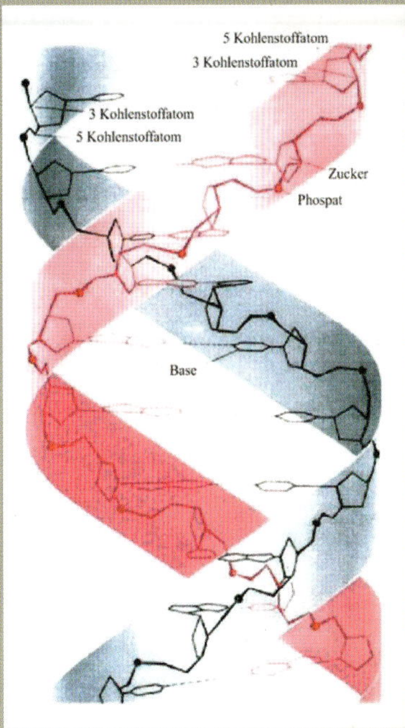


1995 wurde in der russischen Wirtschaftsakademie nachgewiesen, dass sich, wenn man eine DNS in ein Vakuumgefäß gibt und dieses mit Laser bestrahlt, eine wellenförmige Anordnung von Photonen auf einem Schirm ergibt.[4] Bestrahlt man ein leeres Gefäß, ergibt sich eine zufällige Anordnung. Wird die DNS nun aber wieder herausgenommen, bleibt das Photonenmuster erhalten, auf dem Schirm erscheint weiterhin

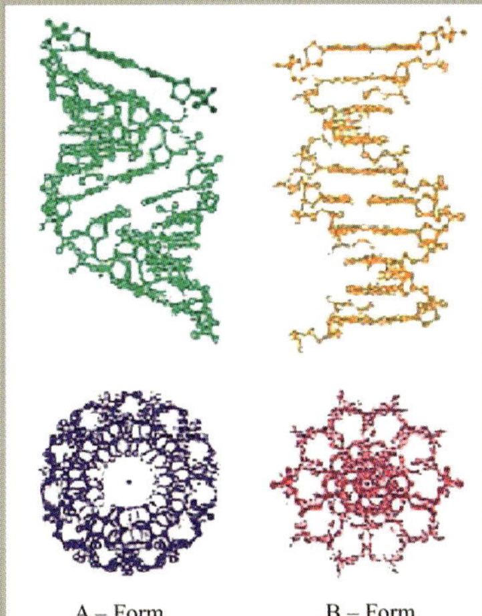


3 Ausführlich u. a. bei Stelzl, Diethard: *Heilen mit Kosmischen Symbolen.* Schirner, Darmstadt 2004. S. 151 ff.

4 Poponin, v./ Gariaev, V. P, P.: *The DNA Phantom Effect.* Health Math Insitute, Boulder Creek. CA 95006.

die DNS-Information. Offensichtlich erzeugt die DNS selbst ein Störungsmuster im Vakuum aufgrund der Anwesenheit lebender Materie. Dieser Effekt konnte in einigen Testreihen mehrere Monate lang aufrechterhalten werden. Die russischen Wissenschaftler fanden darüber hinaus heraus, dass 90% des DNS-Moleküls nicht mit Eiweißsynthese beschäftigt sind, sondern der Kommunikation dienen und als riesiger Informationsspeicher wirken. Bei der DNS handelt es sich also um einen komplexen interaktiven Biochip auf Lichtbasis mit drei Gigabytes Speicherfähigkeit, denn diese reicht aus, um auch die menschliche Sprache aufzunehmen und zu verstehen, und zwar in einem allgemeingültigen syntaktischen und semantischen Code, den man als »Ursprache der Menschheit« bezeichnen könnte.

Die menschliche DNS kann mit der DNS anderer Lebewesen und Menschen kommunizieren, und zwar außerhalb der Grenzen von Raum und Zeit. Dies geschieht im höherdimensionalen Hyperraum, wie ihn u.a. Burkhard Heim beschrieben hat.[5] Man bezeichnet dies als Hyperkommunikation über sogenannte Wurmlöcher, die direkt am DNS-Molekül andocken. Als »Wurmlöcher« bezeichnete John Archibald Wheeler mikroskopisch kleine Verbindungskanäle im und durch den Hyperraum, die aufgrund der Quantenvakuumfluktuation entstehen. Als Trägersubstanz der DNS wirken dabei nicht-lineare Soliton-Wellen als spezielle Lichtwellen. Diese sind sehr langlebig und stabil und damit besonders geeignet, um Informationsmuster über lange Zeit zu speichern und über große Entfernungen zu transportieren.

---

5 Ausführlicher u.a. bei Stelzl, Diethard: *Die Entwicklung des Lichtkörpers.* Schirner, Darmstadt 2009. S. 89 ff.

Dieses Phänomen wird als DNS-Phantomeffekt bezeichnet.

In einem anderen, im Jahr 1993 von der US-Armee durchgeführten Experiment wurde wiederum ein Teil einer menschlichen DNS vom Spender isoliert und in einer Entfernung von 14 Meilen mit verschiedenen Videosequenzen und starken Gefühlsbelastungen konfrontiert. Darauf reagierte der 14 Meilen entfernte Spender mit gleichgelagerten Gefühlsreaktionen. Die Schlussfolgerungen der mit dem Experiment verbundenen Wissenschaftler waren eindeutig:

- Zwischen lebenden Substanzen gibt es ein allseits verbindendes Energiefeld.
- Menschliche Zellen und ihre DNS kommunizieren ohne Grenzen von Raum und Zeit über dieses universale Quantenfeld.
- Gefühle haben eine direkte Auswirkung auf menschliche DNS und umgekehrt.
- Alles geschieht gleichzeitig. Räumliche Entfernungen sind bedeutungslos.

Weitere Untersuchungen des HeartMath-Institutes in Boulder Creek, Kalifornien, führten in den Jahren 1991 bis 1995 zu folgenden Ergebnissen:[6]

- Bei innerer Harmonie schwingen sich die im Elektroenzephalogramm (EEG) festgehaltenen menschlichen Hirnstromwellen auf den mit dem Elektrokardiogramm (EKG) gemessenen Herzrhythmus ein.
- Das Herz beeinflusst unser Denken, wobei die Magnetwellen des Herzens etwa 5000 Mal stärker sind als jene des Gehirns und die elektrischen Impulse des Herzens 200 Mal intensiver als jene des Kopfhirns.

6 Quelle: http://www.horusmedia.de/2000-herz/herz.php

Die menschlichen DNS reagieren also sehr stark auf Gefühle und Emotionen. Bei negativen Impulsen wie Zweifel, Angst, Schuld, Hass, Wut, Druck usw. rollen sie sich zusammen, bei positiven wie Liebe, Freude, Dankbarkeit, Mitgefühl, Hingabe usw. rollen sie sich wieder auseinander.[7] Die entsprechenden Wirkungen zeigten sich nicht nur in von Probanden beeinflussten Gefäßen mit direktem Zugriff, sondern auch in Proben, die sich 500 Meter entfernt befanden.

Menschliche Gefühle beeinflussen stark die DNS-Stränge. Diese wiederum wirken auf Photonen im Innen und im Außen, auf Letztere auch ohne Grenzen von Raum und Zeit im universalen Quantenfeld.

Jeder Mensch besteht aus einer enormen Zahl von Elektronen, die sämtliche Körperfunktionen beeinflussen. Die Elektronen sind unsterblich und behalten immer ihre informationsspezifische Identität. Sie tragen Informationen und senden Schwingungen in unterschiedlichen Frequenzen aus.

Elektronenwolken kommunizieren durch Lichtquanten = Photonen über elektromagnetische Sensoren des physischen Körpers, z. B. die Haut. Die Verbindung zwischen der individuellen Innen- und der Außenwelt wird mittels Photonen als Botenstoffen und über elektromagnetische Wellen hergestellt, die somit Energie weitergeben.

7 Mc Craty, R./Atkinson, M./Tomasino, D.: *Modulation of DNA confirmation by heart-focused intention.* Institute of HeartMath. 14700 West Park Ave. Boulder Creek, CA 95006.

## Nichtlokalität und Beobachtereffekt

Elementarteilchen können an mehreren Orten gleichzeitig sein. Sie können aus bestimmten Dimensionen verschwinden, beispielsweise in den Hyperraum, und in anderen wieder auftauchen. Dies gilt auch für den Menschen. Wir sind nicht nur materiell-grobstoffliche Körper, sondern auch seelische und geistige Wesen, wie auf den Seiten 73 ff. ausführlicher dargestellt wird.

»Wir haben einen sterblichen grobstofflichen Körper, aber wir sind mehr als das. Wir sind Geist vom Geiste Gottes: nämlich unsterbliches, vollkommenes göttliches Bewusstsein.«

In den Naturwissenschaften ist seit Max Planck unumstritten, dass das Licht in seiner stofflichen, formverhafteten Dimension aus winzigen Partikeln, sogenannten Quanten, besteht. Experimente von Isaac Newton, Thomas Young, dem französischen Forscher Augustin Jean Fresnel sowie den englischen Physikern Albert Michelson und Edward Morley beweisen jedoch auch den Wellencharakter von Licht durch die Sichtbarmachung sogenannter Interferenzmuster.

Im sogenannten Doppelspalt-Experiment stellte der Physiker Geoffrey Ingram Taylor (1886–1975) 1909 eindeutig fest, dass sich Photonen, die auf eine Trennwand mit zwei Spalten geschossen werden, dahinter auf einem Bildschirm in Form des Interferenzmusters von Wellen abbilden. Schließt man jedoch einen der Spalte, zeigt sich ein einzelner heller Strei-

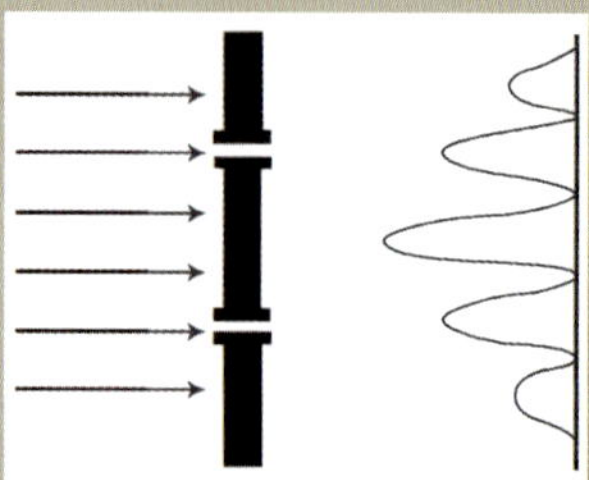

Geoffrey Ingram Taylor

fen, das Licht verhält sich als Teilchen. Dasselbe Verhalten zeigen auch Elektronen. Photonen und Elektronen haben also sowohl Teilchen- als auch Welleneigenschaften. Es scheint, als hinge ihr Verhalten vom Einfluss des Beobachters ab. Dieser Sachverhalt wird als »Quantenverrücktheit« bezeichnet. Sobald der jeweilige Beobachter weiß, durch welchen Spalt es geht, verändert er mit seinem Bewusstsein das Verhalten des Teilchens. 1998 wurde dieser Versuch noch einmal detailliert vom Weizmann-Institut in Tel Aviv, Israel, nachvollzogen und bestätigt.

»Der Akt des Beobachters ist der Grundbaustein des Bewusstseins.«
John Archibald Wheeler[8]

Materie und Energie sind wechselseitig austauschbar und ineinander umwandelbar. Im sogenannten Clausner-Freedman-Experiment wurde gezeigt, dass zwei sich von einer gemeinsamen Lichtquelle mit Lichtgeschwindigkeit in entgegengesetzte Richtungen bewegende Photonen auf die äußere Beeinflussung nur eines Photons gleichzeitig reagieren, also schneller als mit Lichtgeschwindigkeit untereinander kommunizieren können. Haben Photonen eigenes Bewusstsein? Und mit welchem System verständigen sie sich untereinander?

Beim Menschen fließt die Lichtenergie über das Hohe Selbst, die Epiphyse und Hypophyse zum spirituellen Herzen der rechten Herzkammer sowie über die Milz zum physischen Herzen der linken Herzkammer. Gleichen sich beide Energieströme an, so verbinden sie sich im Herzen und formen dort eine Lemniskate, die den Äquator der Kugel der Neuen Aura bildet. Mangel an spiritueller Liebe für Gott, das Universum und das eigene Hohe Selbst bzw. Mangel an Liebe für sich selbst,

8 Quelle: Gerhart, Mirjanar in »Forum«, John A. Wheeler: *Cosmic Search.* Band 1, Nr. 4 (1979).

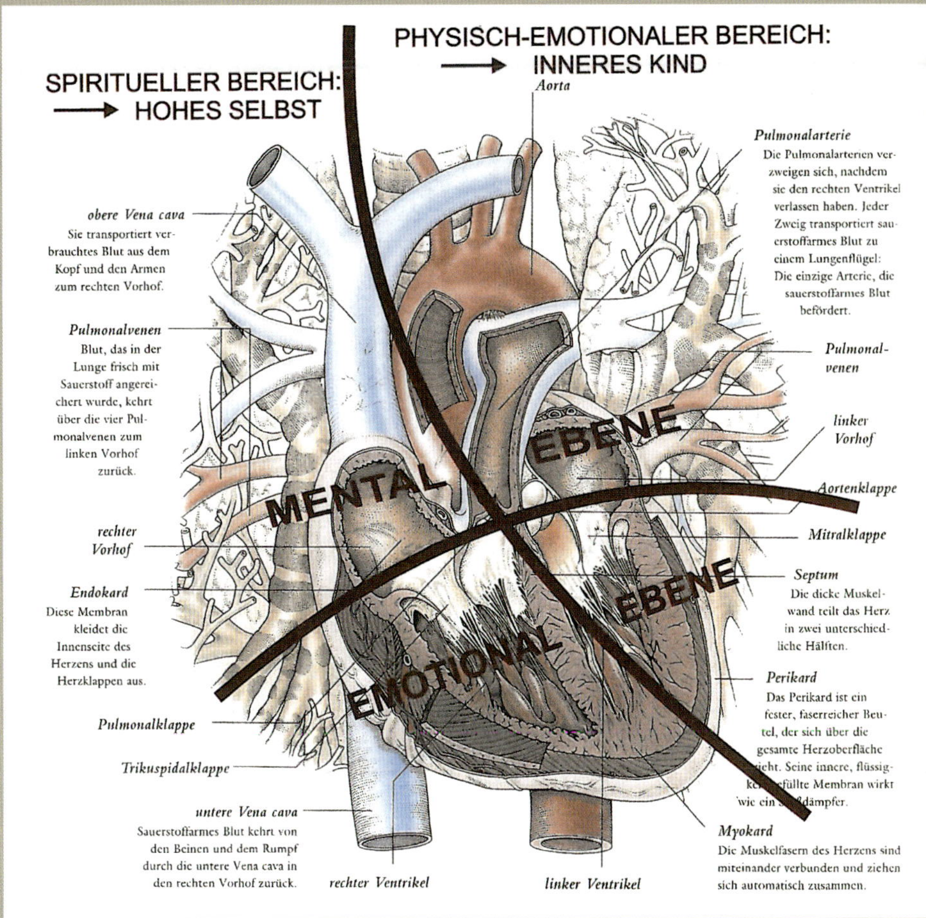


für die eigene Persönlichkeit und für den eigenen Körper schwächen das physische Herz, ebenso die Beschäftigung mit der dunklen Seite und mit negativen Gedanken- und Gefühlsprogrammen.

Erst durch die individuelle Energie eines Beobachters entsteht Wirklichkeit.

Unterschiedliche persönliche Energien führen damit auch unabdingbar zu verschiedenen Wirklichkeiten. Dies bewies eindrucksvoll der britische Physiker Paul Davies (* 1946) 1990 in verschiedenen Versuchen mit Änderungen des Spins von Elektronen durch die bewusste Absicht von menschlichen Beobachtern. Dabei stellte sich heraus, dass positive Gedanken den Spin aufbauend-positiv nach rechts drehten, negative jedoch abbauend-negativ nach links. Diese Feststellung sagt viel aus über den Aufbau von Molekülen in physischen Körperzellen. Dies beweist u. a. auch der kinesiologische Armtest:

**Positive Gedanken bauen Energie auf, negative schmälern diese und bauen Energie ab.**

Es gibt von Menschen keine objektiven Ansichten und Realitäten, sondern nur subjektive Beobachtungen und Wirklichkeiten, aber diese haben alle Auswirkungen auf das universale Quantenfeld.

Teilchen, die einmal in Wechselwirkung gestanden haben, lassen sich nicht mehr als getrennte Objekte betrachten, selbst wenn sie räumlich weit voneinander entfernt sind. Die atomare Wirklichkeit besteht aus ausgedehnten »Quantenobjekten«, die nur als Ganzheit beschrieben werden können.

Die Quantenphysik zeichnet das Bild einer Wirklichkeit, in der Beobachter und Beobachtetes untrennbar miteinander verbunden sind. Dabei sind die energetischen Gedanken- und Gefühlsimpulse der Beobachtung für die entstehende Realität ausschlaggebend. Sie sind fest gespeichert und können nicht verändert werden. Ist ein Teilchen vom Umfeld abgeschnitten und hat es keinen mit ihm verbundenen, intelligenten Beobachter, so bleibt es in einem Zustand der Unentschlossenheit.

Individuelle Erkenntnis ergibt sich also als Umsetzung von virtueller Möglichkeit in reale Wirklichkeit durch einen entsprechenden Beobachter.

»Das Etwas ist die Aufmerksamkeit des Beobachters.«

In der für unsere Sinneswahrnehmungen unsichtbaren Wirklichkeit erzeugen wir also Informationsmuster, die sich in der sichtbaren Welt darstellen. Wir müssen folglich in unserem Leben im Inneren zu dem werden, was wir im Außen erfahren wollen. Durch unsere individuellen Entscheidungen geben wir im Quantenfeld der »göttlichen Matrix« eine entsprechende Information, an deren Verwirklichung wir glauben müssen.

Um eine Möglichkeit aus der Quantensuppe »herauszufischen«, müssen wir spüren, wie sie sich in unserem Leben anfühlt. Die neue Möglichkeit muss mit Gedanken, Gefühlen und Überzeugungen zum Leben erweckt werden. Gefühle sind die Sprache der göttlichen Matrix, wenn wir so fühlen, als wäre unser Ziel bereits erreicht, ist unser Gebet bereits erhört – das Gebet ist das Gefühl! Es ist jedoch notwendig, den jeweiligen Impuls mindestens drei Sekunden lang festzuhalten.

Jeder Mensch ist Imagination, seine persönliche Realität ist so wirklich, wie er glaubt, dass sie es ist.

Wir können also die Welt im Außen verändern, wenn wir uns selbst im Innen verändern.

Wir erschaffen bewusst und unbewusst permanent unsere eigene Wirklichkeit und werden dadurch zum Lenker unseres Schicksals.

Das ist eine wichtige Aussage von Huna.

## Die Heisenberg'sche Unschärferelation

Der deutsche Physiker und Nobelpreisträger Werner Heisenberg (1901–1976) stellte in zahlreichen Experimenten fest, dass man während einer Messung die Eigenschaften eines Elektrons nicht vollständig erfassen kann. Es ist möglich, entweder den Standort oder die Geschwindigkeit zu bestimmen, aber niemals beide Faktoren gleichzeitig. Seine Versuche zeigten, dass sich die Elektronen nicht auf festen Umlaufbahnen bewegen, wie bisher angenommen worden war, sondern sich während der Rotation überall gleichzeitig befinden. Nach Ansicht des Heisenberg-Schülers Hans-Peter Dürr (*1929) »verschmieren« sie.

Hans-Peter Dürr

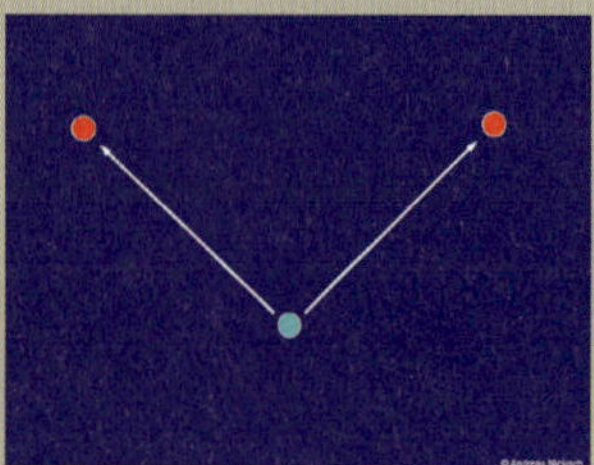

Feststellbar sind also immer nur Teilaspekte, nie aber die Gesamtheit. Gleichzeitig ergab sich, dass Beobachtungen eines außenstehenden Teilnehmers an einem Ort Auswirkungen auf Aspekte an einem anderen Ort haben. Allein durch das Betrachten der Elementarteilchen wurde der jeweilige Beobachter zu einem aktiven Beeinflusser als Teil des Betrachteten. Die Konsequenz hieraus lautet:

Werden z. B. zwei Lichtquellen gleichzeitig im selben Prozess erzeugt, bleiben ihre Eigenschaften »verschränkt«, d. h. aneinandergekoppelt, auch wenn sich die beiden Quanten mit Lichtgeschwindigkeit voneinander entfernen, z. B. bezüglich dem

- Winkel ihrer Ausbreitungsrichtung (Polarisationsfilter)
- Impuls
- Ort

Verändert man das eine Quant, dann »fühlt« das Zwillingsquant – so weit es auch entfernt sein mag – das sofort und verändert sich ebenfalls.

In einer interaktiven Wirklichkeit verändern wir Menschen die Welt um uns herum, indem wir in uns selbst etwas verändern durch Glaubenssätze, Gedanken, Gefühle, Erinnerungen und Überzeugungen.
Durch innere Erfahrungen beeinflussen wir also die äußere Wirklichkeit.

Erst individuelle und subjektiv gefärbte menschliche Beobachtung lässt aus der Vielzahl von Möglichkeiten eine Wirklichkeit entstehen, wobei gilt:

Wille = Wahl

Die eigene positive oder negative Einstellung zu allen Ereignissen im Innen und im Außen bestimmt also maßgeblich deren Ergebnis. Das gilt insbesondere auch für die eigene Heilung und die von anderen.

Die kosmische Aufgabe jedes einzelnen Menschen besteht also darin, positive, lichte und hoch schwingende Gedanken zu aktivieren und auszusenden, damit diese sich mit der »Ursuppe« (haw.: Aka-Substanz) und dem Quanten- oder Nullpunktfeld (haw.: Noho'ana) verbinden, mit Quantenenergie (haw.: Mana) des höchsten göttlichen Bewusstseins der Urquelle (haw.: Akua) aufladen und diesen »Atem der Schöpfung« (haw.: Ha oder Ho'omanamana) in Licht (haw.: La'akea), Leben (haw.: Ola) und Liebe (haw.: Aloha) weitergeben.
Die Kontrolle der eigenen Gedanken ist also eine entscheidende Voraussetzung für den Aufbau positiver Gefühle und einen uneingeschränkten Glauben an die Realisierung der eigenen positiven Zielvorstellung und eine daraus resultierende gleichgerichtete (positive) Antwort aus dem Universum – die Wunscherfüllung.

Genau auf diesem Wissen, das die moderne Quantenphysik bestätigt, baute bereits vor Hunderten von Jahren die alt-hawaiianische Huna-Methode des Ho'oponopono auf.

»Wenn wir Herr über Informationen sind, dann sind wir Herr über die Materie.«

Elektrische Gedankenimpulse der logisch-analytischen Gehirnhälfte des Ego wirken als Quanten-Informationswellen, die sich im Ich der rechten kreativschöpferischen Gehirnhälfte als höher schwingende, bewegte Bilder in Form von Visualisierungen zeigen. Dies wirkt u. a. auch im hawaiianischen Huna-Gebet Haipule der realen Erschaffung neuer Wirklichkeiten und der Erfüllung subjektiver Wunschvorstellungen.[9]

9 Ausführlich in: Stelzl, Diethard: *HUNA-Einführung*. Schirner, Darmstadt 2010, S. 256 ff.

Der bereits mehrmals genannte amerikanische Physiker John Archibald Wheeler meinte dazu:

»Die Welt ist so, wie wir sie sehen.«

Das erinnert sehr stark an die alt-hawaiianische Lebensweisheit Ike, die u. a. aussagt:

»Ich.
Ich bin.
Ich bin, was ich denke.
Ich bin, was ich denke, was ich bin.
Und die Welt ist so,
wie ich denke, dass sie ist
in meiner subjektiven Wirklichkeit.«

Da im Ich der rechten Gehirnhälfte das Hier und Jetzt die qualitative Zeitkomponente bestimmt, ist es wichtig, in der Vorstellung bereits bildlich das positive Finalergebnis aufzubauen und fest an seine Wirklichkeit zu glauben, wie es beispielsweise im wichtigen Abschlusssatz des Ho'oponopono der Fall ist:

Heilung mit Liebe geschieht im Hier und Jetzt.

Darauf weist auch ein wichtiges Bibelzitat hin:

»Was immer ihr euch wünschet, bittet darum und glaubet, dass es euch schon gegeben wurde, und es wird euch zuteil werden.«

**GOTT**

**ein einziger, liebender Weltengeist**

nicht richtend – nicht wertend – nicht verurteilend

**Danksager**
**Glas halb voll**
**+**

Danke!
Dankbarkeit
„Es steht mit zu“
→ Einheit
→ Fülle
→ Gnade
→ Energie
Nachher → Jetzt

**Bittsteller**
**Glas halb leer**
**-**

Bitte!
Unsicherheit
Zweifel
Mangel
„Es steht mir nicht zu“
Jetzt → Nachher

**In dieser Schiene denken**

**Einstellung**

Danke für die für mich beste Lösung

→ Danke für Fülle
→ „Ich verdiene es“
→ „Es steht mir zu“

## Übung:

Ist ein Glas objektiv zur Hälfte mit Wasser gefüllt, so stimmt es, wenn ich sage: »Das Glas ist halb voll.« Ich könnte ebenso sagen, und hätte dabei genauso recht: »Das Glas ist halb leer.«

Im ersten Fall denke ich positiv, komme aus der Fülle und dem Plus-Bereich. Im zweiten Fall komme ich aus dem Mangel und dem Minus-Bereich, der immer auch nur Minus anzieht. Es liegt also an mir und meinem Denken, was ich aus mir mache, aussende und dadurch auch empfange, denn: Das Universum wertet nicht.

Deshalb:

- Leben Sie achtsam, bewusst und intensiv.
- Seien Sie Sie selbst, erkennen Sie sich selbst, und nehmen Sie sich an, wie Sie sind.
- Lassen Sie alles los, was hinter Ihnen liegt, aber bewahren Sie wertvolle Erfahrungen als Erinnerungen auf.
- Denken Sie positiv, denn mit Ihren Gedanken gestalten Sie Ihr Leben.
- Wollen Sie ihr Umfeld bzw. bestimmte Situationen ändern, so ändern Sie zuerst ihre Einstellung und Ihre Gedanken dazu.
- Freude im Leben bringt Erfüllung und Frieden.
- Lieben Sie das Leben, und leben Sie die Liebe.
- Leben Sie achtsam und bewusst, so als wäre der momentane Augenblick Ihr letzter.

Auch die Quantenphysik stellt fest, dass der Glaube als Verbindung von Denken und Fühlen, als Einheit von Kopf- und Bauchhirn Wirklichkeit erschafft. Dieser Glaube muss jedoch absolut frei sein von jeglichem Zweifel. Glaube erschafft Wirklichkeit erst dann, wenn man fest von der Erfüllung im Hier und Jetzt überzeugt ist (= positive Finalvorstellung).

Ich muss wissen, dass die Verwirklichung meiner Wünsche im universalen Quantenfeld bereits vorhanden ist. Ich muss dies über meinen Glauben nur in meiner Welt realisieren.

# Uralte Huna-Weisheiten

## Das alt-hawaiianische Gedankengut von Huna

Huna[10] (haw., »geheimes inneres Wissen«) ist eine uralte Weisheit aus Polynesien, die so alt ist wie die Menschheit selbst. Ursprünglich handelte es sich dabei um ein ausschließlich positives Denken, Fühlen, Sprechen und Handeln auf der Grundlage der universalen Ordnung. Weil es auf der »göttlichen Matrix« beruht, ist dieses Denken auch bis heute im Zellgedächtnis von uns Menschen gespeichert.

Im Mittelpunkt von Huna steht der Mensch, und zwar nicht irgendein Mensch, sondern Sie. Ganzheitlich, pragmatisch, undogmatisch und logisch aufgebaut, vermittelt es ein umfassendes Wissen auch und gerade für Menschen, die sich bereits seit längerer Zeit auf dem sogenannten spirituellen Weg befinden. Huna ist der Weg des positiven Denkens. Viele moderne Mentaltechniken gehen auf diesen Ursprung zurück.

Der zentrale hawaiianische Gott Akua (haw., »Urquelle«) ist ein lebender Weltengeist, dessen unaufhörliche Botschaft über das universale Lichtgitternetz immer und ausschließlich Liebe ist. Er will, dass die Menschen in Glück, Erfolg, Gesundheit und Harmonie leben und nicht in Angst, Zweifeln, Schuldkomplexen, Druck, Hass und Wut. Huna zeigt den Ursprung und Werdegang des Menschen als Lichtwesen und seine auch heute noch starke Verbindung zu Kosmos, Sternen und Planeten auf. Aufgabe und Sinn des menschlichen Daseins wird in einem respektvollen Umgang mit der Natur gesehen.

BITTEN Sie, sind Sie automatisch in der schwachen und negativ gepolten Position eines Bittstellers, in der Sie mit Zweifeln, Vertrauensmangel,

10 Ausführlich in: Stelzl, Diethard: *HUNA-Einführung.* Schirner, Darmstadt 2010 und Stelzl, Diethard: *HUNA-Kompendium.* Schirner, Darmstadt 2009.

Unsicherheit, Sorgen, Furcht, Angst und Druck verbunden sind. Gehen Sie jedoch davon aus, dass die eine und einzige Urquelle Akua nur liebt und immer nur das Beste für Sie will, so entsteht in Ihnen die Gewissheit, dass Ihnen das auch zusteht. Gesundheit, Glück, Erfolg, Harmonie, äußerer und innerer Frieden usw. sind Lebensumstände, die aus der Sicht der Urquelle und des Universums den Normalfall darstellen und nicht die Ausnahme. Also brauchen Sie darum nicht zu bitten, sondern nur dafür zu DANKEN.

Danken bringt Sie in eine starke und positiv gepolte Position, in der Sie mit Vertrauen, Selbstachtung, Eigenliebe, Freiheit, Frieden und äußerer und innerer Führung verbunden sind. Sie erwarten nur das Beste und bedanken sich dafür.

Huna steckt von Anfang an in jedem Einzelnen. Deshalb kommt Ihnen sicherlich vieles von dem, was Sie in der Folge lesen werden, bekannt, wenn das auch nicht immer bewusst, vor. Huna bezeichnet die Einheit der beiden Komponenten Hu und Na. Na beschreibt im Hawaiianischen die Weisheit als weiblichen Teil der Urquelle Akua. Sie gilt als passiv, aufnehmend, deshalb negativ polarisiert, *ohne Impuls*. Dem steht polar Hu, die individuelle Anwendung der Weisheit in der Praxis = das Wissen als männlicher Teil des einen, einzigen Gottes gegenüber. Es gilt als aktive, ausströmende, deshalb positiv polarisierte Kraft *mit Impuls*. Wissen wird als der praktische Einsatz der Weisheit des Weltengeistes in persönlicher Auslegung und Verantwortung verstanden.

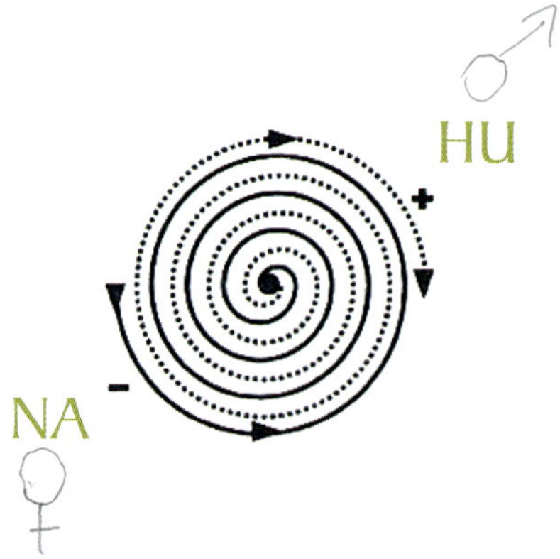

Alle drei müssen zusammenwirken, damit Realität entstehen kann. Dabei steht am Anfang immer der freie, menschliche Wille in Form von Gedanken. Diese werden als Informationen mit Energie aufgeladen und vom Hohen Selbst auf Vorschlag des Mittleren Selbst (ausführlich auf Seite 81 ff.) mit feinstofflicher Aka-Substanz verdichtet. Nach Abstimmung mit der Universalen Ordnung und den Geistigen Gesetzen wandelt das Hohe Selbst dann die »Ursuppe« (haw.: Aka-Substanz), in der alles mit allem vernetzt ist, in grobstoffliche Wirklichkeit um. Jeder Einzelne von uns bestimmt also letztlich sein Leben und damit auch sein Schicksal durch seine Gedankenprogramme, Gefühlsmuster und Glaubenssätze selbst. Positive Impulse führen dabei immer zu positiven Wirkungen, negative zu negativen. Aber:

Das Universum wertet nicht.

Also erwarten Sie nicht, dass positive Wirkungen aus dem Universum auf Sie zukommen, wenn Sie negative Impulse aussenden. Das ist nicht der Fall.

# Wichtige Einzelaussagen von Huna

## Die Urquelle allen Seins = hawaiianisch Akua

Nach Meinung von Huna gibt es einen einzigen Gott, der alles in allen Universen erschaffen hat. Er wird im Hawaiianischen als Urquelle Akua bezeichnet und besteht in seiner Essenz als Nullpotenzial ausschließlich aus Liebe: grenzenloser, selbstloser, bedingungsloser Liebe (haw.: Aloha). Im Zustand der Leere, Stille und des ewigen Seins in unpolarisierter Liebe befand sich die Urquelle eine lange Zeit als Geistwesen im Zustand des höchsten göttlichen Bewusstseins als »lieber Gott« im Zentrum allen Seins.

Die Urquelle ist Liebe. Sie verströmt unaufhörlich nur Liebe. Deshalb ist die wichtigste Erkenntnis für alles Sein:

In Wahrheit ist es nur Liebe.«

Dieser Gott wertet nicht, richtet nicht, sondern liebt nur grenzenlos, bedingungslos und selbstlos.

Das unbegrenzt vorhandene göttliche Liebespotenzial wirkt im universalen Quanten- oder Nullpunktfeld bis in die kleinsten denkbaren Einheiten hinein. Als nichtpolarisiertes Nullpotenzial kann es von jedem jederzeit erfahren werden. Dies geschieht beispielsweise in der Stille und Leere der Glückseligkeit der christlichen Mystiker und der muslimischen

Sufis sowie in der Ekstase eines intensiven Gebetes. Die Urquelle Akua verbindet in allen Universen alles mit allem bis in die kleinsten Einheiten der Zellen und Atome hinein.

Sie ist für jeden Einzelnen problemlos erreichbar. Hierfür werden keinerlei vermittelnde Personen oder Institutionen benötigt. Deshalb gab es im alten Hawaii keine Tempel und Kirchen, sondern nur energetische Kraftplätze, Heiaus genannt.

An diesen Heiaus lebten Schamanen, auch als Kahunas bezeichnet, also »Träger des geheimen Wissens« von Huna. Spezielle Priester gab es nicht.

## Der »liebe«, der »lichte« und der »dunkle« Gott

Die Urquelle allen Seins, Akua, ist ausschließlich selbstlose, grenzenlose und bedingungslose Liebe, Aloha, im Nullpotenzial des »lieben Gottes«, in Leere und Stille als »Atem der Schöpfung« (haw.: Haha'o) im Zentrum aller Welten.

Als diese Urquelle (vielleicht) über sich nachdachte und göttliches Bewusstsein in Form von Energie ausströmte (in der Wissenschaft auch als »Big Bang« bezeichnet), schuf sie nach dem 1. Geistigen Gesetz von Geistigkeit, Einheit, Ganzheit, Vollkommenheit und wechselseitiger Vernetzung automatisch das 2. Geistige Gesetz der universalen Ordnung der Polarität und Dualität, das besagt:

»Erfahrungen macht man nur in der Spiegelung der Gegensätzlichkeit.«

Es entstanden als erste positive Polarität das Licht als »lichter Gott« (haw.: Kane, was auch den Lichtaspekt im Menschen bezeichnet) und als negative Polarität die Dunkelheit und grobstoffliche, physisch-materielle Verdichtung als der »dunkle Gott« (haw.: Ku), womit auch der menschliche physische Körper als »dunkler Spiegel« gemeint ist, quasi als »Licht im dunklen Umfeld« und somit »Lichtträger« (lat.: Luzifer).

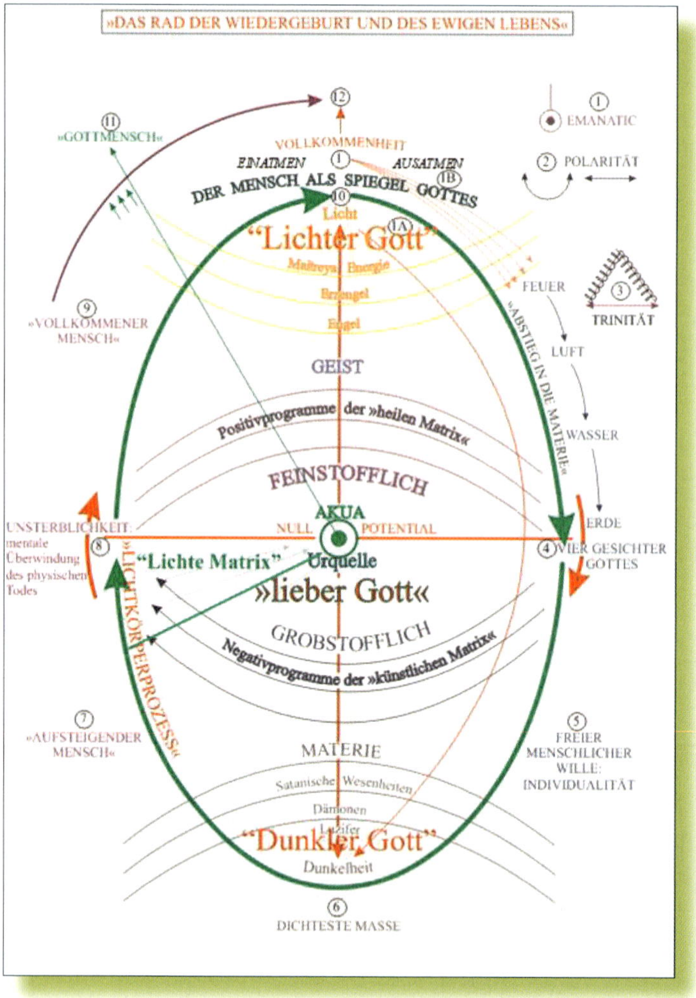


Aus dem Gesamtkonzept der universalen, göttlichen, aber auch menschlichen Evolution entstanden die Vorstellungen der hawaiianischen Schöpfergötter als Einzelaspekte des Einen, der Urquelle Akua.

# Alles ist Schwingung

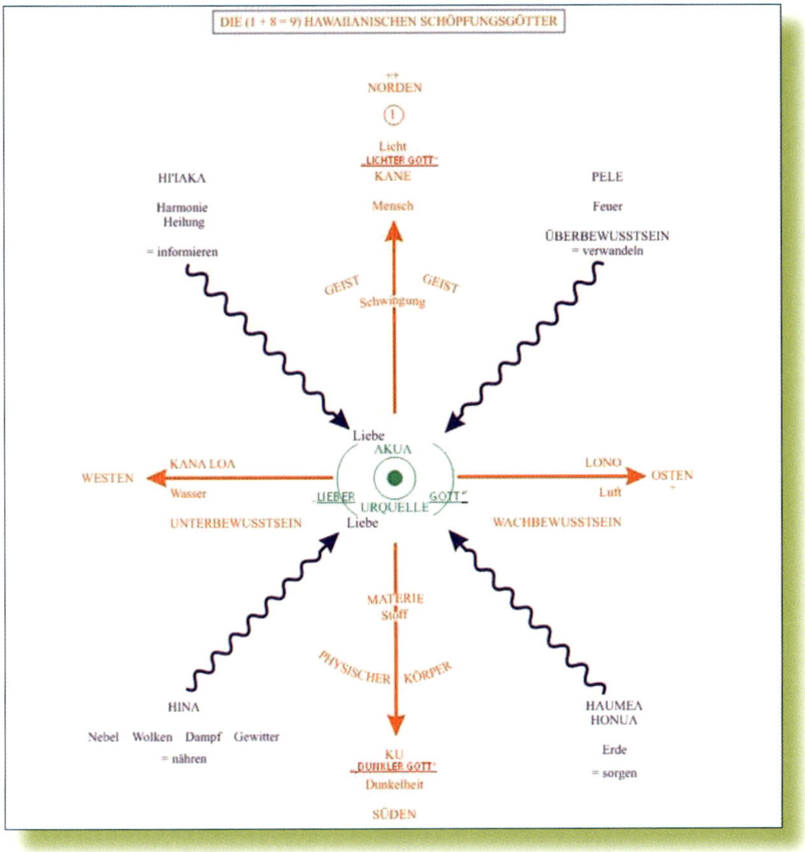


»Alles ist Schwingung, alles ist im Fluss (= das Panta Rhei des griechischen Weisen Heraklit) und im ständigen Wandel, in Bewegung begriffen (= 5. Geistiges Gesetz bzw. das Waiwai (haw., »fließendes Wasser«) der alten Hawaiianer).«. Durch den bestimmten Rhythmus, in dem dies geschieht, ergibt sich Leben. Leben ist Energie, also Kraft, alles mit allem verbindend und durchdringend.

Der Geist der Urquelle, ihr höchstes göttliches Bewusstsein, zeigt sich als Urschwingung Aum. Diese ausströmende, aktive und deshalb positive Qualität der sich ausdehnenden Urquelle wirkte in der Substanz als Licht

**Energetisch-feinstoffliche Bedeutung oktavierter Schwingungsfrequenzen elektromagnetischer Wellen der 2. Dimension**

| Nummer der Oktave | Frequenz in Hertz | | Energetische Bedeutung |
|---|---|---|---|
| 1 | 2 | | Niedrigster unhörbarer Ton |
| 2 | 4 | | Niedriger unhörbarer Ton |
| 3 | 8 | | Unhörbarer Ton |
| 4 | 16 | | Niedrigster hörbarer Ton |
| 5 | 32 | vom Menschen hörbare TONFREQUENZEN | Großes C 3: Unterste Klaviertaste |
| 6 | 64 | | Großes C 2 |
| 7 | 128 | | Kleines C |
| 8 | 256 | | Mittleres C |
| 9 | 512 | | C 2 |
| 10 | 1.024 | | C 3 |
| 11 | 2.048 | | C 4 |
| 12 | 4.096 | | C 5: Oberste Klaviertaste |
| 13 | 8.192 | | Musikalischer Ultraklang |
| 14 | 16.384 | | ÑEntomosisches Summen' |
| 15 | 32.768 | | Nicht mehr hörbarer Ton |
| 16 | 65.536 | ÄTHERBEREICH | Niedrigster ätherischer Klang |
| 17 | 131.072 | | Niedriger ätherischer Klang |
| 18 | 262.144 | | Mittlerer ätherischer Klang |
| 19 | 524.288 | | Hoher ätherischer Klang |
| 20 | 1.048.576 | | Höchster ätherischer Klang |
| 21 | 2.097.152 | ASTRALBEREICH | Ka –Wellen |
| 22 | 4.194.304 | | Kha – Wellen |
| 23 | 8.388.608 | | Ga – Wellen |
| 24 | 16.777.216 | | Cha – Strahlen |
| 25 | 33.554.432 | | Ja – Wellen |
| 26 | 67.108.864 | | Ta – Wellen |
| 27 | 134.217.728 | MENTALBEREICH | Tha – Wellen |
| 28 | 268.435.456 | | Da – Wellen |
| 29 | 536.870.912 | | Pa – Wellen |
| 30 | 1.073.741.824 | | Fa – Wellen |
| 31 | 2.147.483.648 | | Ba – Wellen |
| 32 | 4.294.967.296 | | Bha – Wellen |
| 33 | 8.589.934.592 | | Ma – Wellen |
| 34 | 17.179.869.184 | | Ya – Wellen |
| 35 | 34.359.738.368 | | Ra – Wellen |
| 36 | 68.179.476.736 | | La – Wellen |
| 37 | 137.438.953.472 | | Va – Wellen |
| 38 | 274.877.906.944 | | Sha – Wellen |
| 39 | 549.755.813.888 | | Sa – Wellen |
| 40 | 1.099.511.627.776 | | Kshah – Wellen |
| 41 | 2.199.023.255.552 | | Ina – Wellen |
| 42 | 4.398.046.511.104 | | Längste Fotowellen |
| 43 | 8.796.093.022.208 | | Niedrigste Wärmewellen |
| 44 | 17.592.186.044.416 | | Niedrige Wärmewellen |
| 45 | 35.184.372.088.832 | SPIRITUALBEREICH | Hitzewellen |
| 46 | 70.368.744.177.664 | | Destruktive Infrarotwellen |
| 47 | 140.737.488.355.328 | | Infrarotwellen |
| 48 | 281.474.976.710.656 | | Angenehme Infrarotwellen |
| 49 | 562.949.953.421.312 | | Sichtbares Licht als Farbe: LINDGRÜN |
| 50 | 1.125.899.906.842.624 | | Unsichtbares Licht: UV-Wellen |
| 51 | 2.251.799.813.685.248 | | Unsichtbares Licht über dem UV-Wellenbereich |
| 52 | 4.503.599.627.370.496 | | |
| 53 | 9.007.199.254.740,992 | | |
| 54 | 18.014.398.509.481.984 | | |
| 55 | 36.028.797.018.963.968 | | Kürzeste Fotowellen |
| 56 | 72.057.594.037.927.936 | | Zerstörende UV-Strahlen |
| 57 | 144.115.188.075.855.872 | | Leichteste Röntgenstrahlen |
| 58 | 288.230.376.151.711.744 | | Leichte Röntgenstrahlen |
| 59 | 576.460.752.303.423.488 | | Harte Röntgenstrahlen |
| 60 | 1.152.921.504.606.846.976 | | Starke Röntgenstrahlen |
| 61 | 2.305.843.009.213.693.952 | | Radium-Austritt |
| 62 | 4.611.686.018.427.387.904 | | Gamma-Strahlen |
| 63 | 9.223.372.036.854.775.808 | | Delta-Strahlen |
| 64 | 18.446.744.073.709.551.616 | | Magnetismus |

und definierte den »lichten Gott« (haw.: Kane). Dem stand als aufnehmende, passive und deshalb negative Qualität die Dunkelheit mit dem »dunklen Gott« (haw.: Ku) gegenüber. Daraus ergab sich die gleichmäßig in allen Universen vorhandene Polarität, die im Spiegel der dunklen Seite der Gegensätzlichkeit erst Identität und Individualität sowie die persönliche Entwicklung durch Erfahrungen in der Polarität (= 2. Geistiges Gesetz) ermöglicht.

## Im Universum ist alles polar aufgebaut

Diese Polarität von Positiv und Negativ (= 2. Geistiges Gesetz) hat nichts mit Gut oder Schlecht bzw. Gut oder Böse zu tun. Sie entspricht lediglich den zwei unterschiedlichen Seiten einer Münze, der »Außen- und Innenschau der Dinge«, wie es der Jesuitenpater und Geisteswissenschaftler Pierre Teilhard de Chardin (1881–1955) bezeichnete. Beide Seiten ergänzen einander, ohne die eine Seite gäbe es die andere nicht und umgekehrt. Sie sind also beide gleich wichtig bzw. gleich »gut« oder »schlecht«. Damit beispielsweise Licht sichtbar und damit erfahrbar wird, ist die Dunkelheit unabdingbar.

Er stellte fest:

**»… In jedem Teilchen, jedem Atom, jedem Molekül, jeder Materiezelle leben und wirken im Verborgenen die Allwissenheit des Ewigen und die Allmacht des Unendlichen.«**

**Im Universum wird nicht gewertet.**

Sie sollten das auch nicht tun. Wenn Sie die Dinge und Ereignisse bewerten, schränkt das nur Ihre persönliche Sicht der Dinge ein und baut ein subjektives, mentales und emotionales Gefängnis auf.

Leben als permanente Bewegung und Dynamik der Elementarteilchen in der subatomaren Welt hat ebenfalls ein Gegenteil, nämlich Starre, Widerstand und Stillstand. Dieses ist immer auch die eigentliche Ursache von

Schmerz und Leid. Schmerz rüttelt auf, Leid lähmt. Wissenschaftlich gesehen ist Starre, dieser extreme Zustand perfekter Ordnung, gegeben im sogenannten thermodynamischen Gleichgewicht bei –273,15 Grad Celsius = Null Kelvin. In diesem Zustand gibt es keinen Austausch von Information, Energie und Stoff mehr, was dem absoluten Tod gleichzusetzen ist. Er wurde bisher aber noch nirgendwo festgestellt, sodass es den absoluten Tod im Universum (zumindest nach bisherigem Wissensstand) nicht gibt, nur den ewigen Wandel der Transformation von Tod = Ende eines bisherigen Erfahrungszustandes und Neugeburt = Beginn einer neuen Entwicklungsstufe. Darauf fußt – wie bereits erwähnt – die wichtige Erkenntnis:

Wir Menschen haben einen endlichen, grobstofflichen Körper als dunklen Spiegel. Aber eigentlich sind wir ewiges, unsterbliches, vollkommenes, göttliches Bewusstsein.

## Die Trinität allen Seins

Gemäß dem 3. Geistigen Gesetz der permanenten Dreiheit oder Trinität steht der sich ausbreitende Geist der Urquelle am Beginn der Schöpfung. Nach dem Geistigen Gesetz der Polarität entstand aus dem Geist Bewusstsein auf der Grundlage der passiv-aufnehmenden, deshalb negativ polarisierten, weiblichen Komponente der Gottheit, die sich manifestiert als Weisheit. Diese wurde deshalb von alters her als Frau dargestellt: als Isis/Hathor bei den alten Ägyptern, als Sophia/Lilith im Mittelalter sowie als Heiliger Geist auf frühmittelalterlichen Darstellungen. Das nebenstehende Bild neu restaurierter Fresken in der Apsis der Dorfkirche von Urschalling bei Prien am Chiemsee zeigt die Dreifaltigkeit Gottes mit dem Heiligen Geist als junger Frau in der Mitte des Motivs, Gottvater vom Betrachter aus gesehen rechts, Gottes Sohn entsprechend links. Die Gesamtgruppe hat gemeinsam zwei Hände, zwei Füße und einen Mantel.

Gemäß allen uralten Weisheitslehren und auch der Bibel hat Gott den Menschen nach seinem Ebenbild erschaffen und ihm als seinen Tempel den physischen Leib für dieses Leben auf Erden als Leihgabe zur Verfügung gestellt. Damit die Urquelle als göttliche Präsenz, als ewiges Licht im Herzen des Menschen, in der Spiegelung des Äußeren ebenfalls eigenständige und individuelle Erfahrungen machen konnte, hat Gott dem Menschen als seinem Ebenbild den freien Willen gegeben und ihn damit als nunmehr eigenen, selbstständigen, kreativen Schöpfer quasi an Gottes statt eingesetzt. Jede menschliche Erfahrung wird somit automatisch auch zu einer Erfahrung der Gottheit.

Die drei Hauptkomponenten sind:

1. das Bewusstsein (Über-, Wach- und Unterbewusstsein) mit seinen Steuerinstanzen (Hohes, Mittleres und Unteres Selbst)
2. die Energie (Liebes-, Licht-, Willens-, Lebens- und Vitalenergie)
3. der Stoff (feinstofflich als Aura bzw. Schattenkörpersubstanz (haw.: Aka) und grobstofflich als physischer Körper in Masse und Materie (haw.: Kino) verdichtet)

Das Mittlere Selbst ist als eigenständige Wesenheit die alleinige Steuerinstanz des Wachbewusstseins im Kopfhirn. Jenes ist ein Spiegel des Elements Luft. Das Mittlere Selbst drückt den freien menschlichen Willen in der Form individueller Gedanken aus.

Entscheidend ist, was Sie achtsam und bewusst denken und worauf Sie Ihre Aufmerksamkeit richten. Dieser Gedanke, wird er mindestens drei Sekunden festgehalten, geht dann in einen bewussten Zustand über aufgrund der eigenen Bestimmung. Dadurch übernehmen Sie Verantwortung für Ihr Leben. Kontrollieren Sie Ihr Denken nicht bzw. nicht bewusst, übernehmen Sie keine Eigenverantwortung, und das ist dann »die Wurzel allen Übels«.

Das überragende Ziel im Leben jedes Menschen ist die harmonische Zusammenarbeit der drei Selbste:

Hohes, Mittleres und Unteres Selbst, als selbstständige Steuerinstanzen der drei Bewusstseinsebenen von Über-, Wach- und Unterbewusstsein.

## Das Hohe Selbst (haw.: Aumakua) als Steuerinstanz des Überbewusstseins im Zwischenhirn

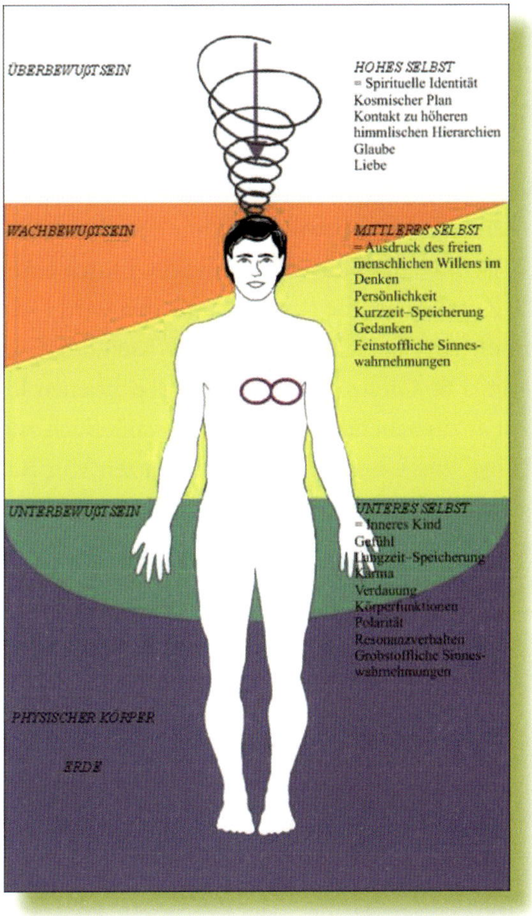


Das Hohe Selbst, die Steuerinstanz des Überbewusstseins, ist ein selbstständiges Geistwesen, das sozusagen als androgyne Lichtgestalt und großer Schutzengel mit dem Menschen, dessen Identität und dessen Körper durch eine Silberschnur verbunden ist, die aus dem Zwischenhirn hinausführt. Im Bereich des Überbewusstseins ist es als eine erste Verdichtung des Lichtes im Element Feuer entstanden. Sitz des Hohen Selbst ist – neben wichtigen Drüsen des Zwischenhirns wie der Epiphyse bzw. Pyramide im Hinterkopf – auch das Herz und das »Gottesmodul« in der Stirnmitte.

Das Hohe Selbst ist der Botschafter Gottes in uns selbst und stellt eine direkte Spiegelung des Geistes Gottes dar. Es ist die Verbindung zur inneren Gottheit, des Gottes in uns, des Geistes Gottes, der sich in uns niederschlägt. Das Hohe Selbst ist Quelle höchster Intelligenz, die von unbegrenzter Kraft und Energie ist, wodurch es zum Ausdruck der individuellen schöpferischen Kreativität des Universums wird. In Form von Inspiration schlägt es die Brücke zwischen dem materiellen und dem spirituellen Aspekt des gesamten individuellen Bewusstseins. Es verbindet als höchste Instanz das Wachbewusstsein mit dem Unterbewusstsein. Das Mittlere Selbst »denkt«, das Hohe Selbst »weiß«. Durch eine sehr enge und vertrauensvolle Zusammenarbeit zwischen beiden wird Denken im Kopfhirn des Wachbewusstseins schließlich zum Wissen des Zwischenhirns im Überbewusstsein. Die Grenzen zwischen beiden Ebenen lösen sich langsam auf, was im anzustrebenden Endzustand schließlich zur persönlichen Erleuchtung führt, zur Überwindung der Grenzen von Raum und Zeit, zum All-eins-Sein und zur grenzen- und bedingungslosen Liebe Aloha. In diesem Zustand öffnet sich uns auch der Zugang zu Datenbanken der 5. und 6. Dimension im Universum.

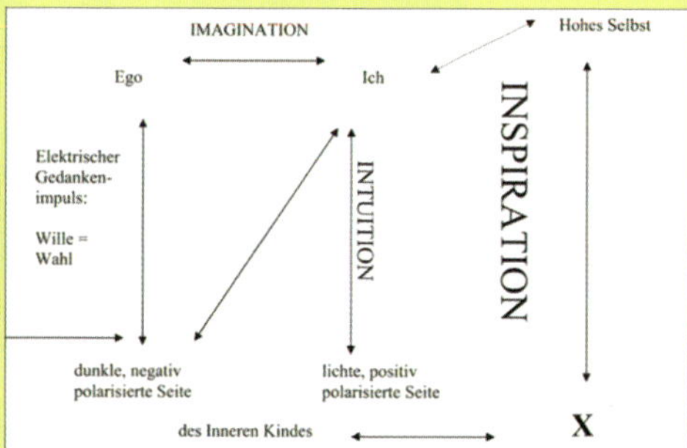


Wir können mit unserem Denken in jedem Moment und in jeder Hinsicht eine bewusste Veränderung unserer Wirklichkeit vornehmen. Das Universum wertet nicht. Es schickt verstärkt jene Programme und Realitäten zurück, die wir vorher aussenden: positive bei positivem Impuls, negative bei negativem. Die Verantwortung für unsere Wunscherfüllung liegt ausschließlich bei uns selbst, nicht beim Universum.

Das Hohe Selbst kann über Gebete, Meditationen und Kontemplation erreicht werden, beispielsweise über die vom Autor besprochene Meditations-CD »Der Weg zum Hohen Selbst« bzw. »Die drei Ebenen meines Bewusstseins« (siehe Anhang). Das Hohe Selbst ist der Impuls und die Verkörperung des Ursprungs in uns, der »Botschafter der Urquelle«. Es bringt Gott in unsere Reichweite – einen liebenden, um uns besorgten Gott, der nicht wertet oder straft, da man sich als Mensch gegen ihn gar nicht versündigen kann. Es ist ein spiritueller Lehrer, der uns als Führer, Begleiter, Verwalter des individuellen göttlichen Plans, stets anwesender Beschützer und großer Schutzengel zur Seite steht.

Es vermittelt uns die Bekanntschaft Gottes und das Wissen, dass es Gott wirklich gibt und dieser jederzeit für uns ansprechbar und erreichbar ist. Ebenso wie unser Hohes Selbst liebt Gott uns immer und bedingungslos. Er und das Hohe Selbst sind nur reines Licht, grenzenlose und bedingungslose Liebe, Schutz, Führung, Kraft und Geborgenheit.

## Das Mittlere Selbst (haw.: Uhane) als Steuerinstanz des Wachbewusstseins im Kopfhirn

Das Mittlere Selbst ist als eigenständige Wesenheit die alleinige Steuerinstanz des Wachbewusstseins im Kopfhirn. Jenes ist ein Spiegel des Elements Luft. Das Mittlere Selbst drückt den freien menschlichen Willen in Form individueller Gedanken aus. Entscheidend ist also, was Sie achtsam und bewusst denken und worauf Sie Ihre Aufmerksamkeit richten.

Es ist notwendig, einen bestimmten Gedanken mindestens drei Sekunden festzuhalten, damit er sich manifestiert, sonst wird er nur zu einem von täglich Tausenden von »herumirrenden Gedankensplittern«,[11] die ein starkes Störpotenzial im Kopf bzw. im Denken darstellen. Der »festgehaltene« Gedanke geht in einen bewussten Zustand aufgrund Ihrer eigenen Bestimmung über. Dadurch übernehmen Sie Verantwortung für Ihr Leben. Kontrollieren Sie Ihr

---

11 Long, Max Freedom: *Kahuna-Magie.* Schirner, Darmstadt 2005.

Denken nicht bzw. nicht bewusst, übernehmen Sie keine Eigenverantwortung, und das ist dann »die Wurzel allen Übels«.

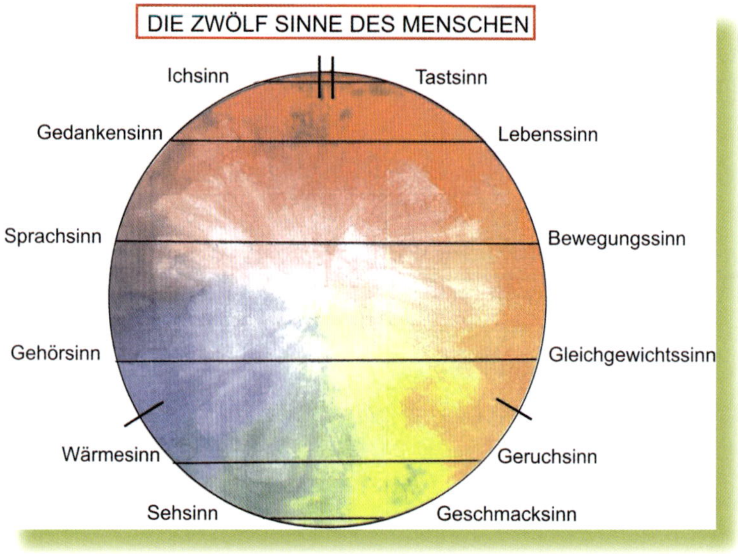


Die rechte Gehirnhälfte ist im Rahmen der Verarbeitung der Sinneswahrnehmungen dreidimensional ausgerichtet und steuert die linke Körperhälfte sowie den Bereich des passiven, intuitiven Erfahrens und Aufnehmens. Sie stellt immer den Gesamteindruck vor die Details und kommuniziert ohne Wörter in Bildern anhand von Imagination und Intuition. Sie ist nach innen ausgerichtet, auf das Subjekt. In der rechten Gehirnhälfte findet ebenfalls die Verarbeitung von Sinneseindrücken statt, jedoch schwingen die entsprechenden Rezeptoren auf einer wesentlich höheren Frequenz als diejenige für die in der linken Gehirnhälfte verarbeiteten Informationen. Den grobstofflichen Sinneswahrnehmungen von Geschmack, Geruch, Gefühl, Gehör und Sehvermögen entsprechen im Bereich der rechten Gehirnhälfte die Sinneswahrnehmungen Hellschmecken, Hellriechen, Hellfühlen, Hellhören und Hellsehen, die oft auch als außersinnliche Wahrnehmungen bezeichnet werden. Diese stehen in enger Verbindung mit der lichten Seite des Inneren Kindes und dem Hohen Selbst.

Die in der Wahrnehmungsverarbeitung zweidimensional ausgerichtete linke Gehirnhälfte steuert die rechte Körperseite mit Ausnahme der Bereiche von Augen und Nase und hat die Aufgabe, uns das Außen grobstofflich erfahrbar zu machen, ist also auf das Objekt ausgerichtet. Diese Komponente ist ganz auf das jetzige Leben und das materiell erfahrbare Außen bezogen. Die Verarbeitung durch die linke Gehirnhälfte ist immer nach vorne ausgerichtet. Sie verarbeitet Einzeleindrücke und ist der Sitz der nach außen orientierten Fähigkeiten von Intellekt, Logik, Analytik und Verstand.

Das Mittlere Selbst als selbstständige Steuerinstanz des Wachbewusstseins ist also ein soziales, dualistisches Wesen mit zwei Bewusstseinsaspekten:

1. Eher emotional angelegte, ständig veränderbare Reaktionen auf jeweilige Lebenserfahrungen: Innenschau, Intuition, Kreativität, Gefühlsausdruck. Dieser Aspekt ist in unserer rechten Gehirnhälfte manifestiert.
2. Mentale Reaktionen auf äußere Ereignisse: Entscheidungsfindung, Zielsetzung, Zukunftsplanung, Intellekt, logisches Denken, Analyse, Induktion. Dieser Aspekt ist in unserer linken Gehirnhälfte manifestiert.

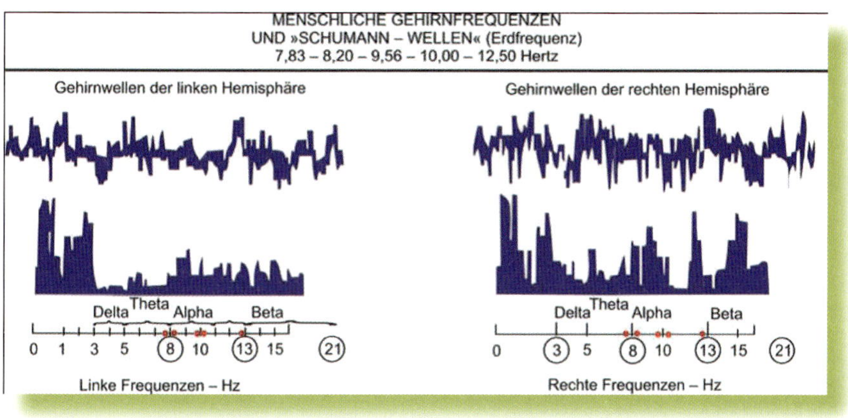

Die wichtigste Aufgabe beim Denken ist es, mit beiden Aspekten zurechtzukommen und sie miteinander zu verbinden, also »mit dem Herzen zu denken und mit dem Verstand zu fühlen«![12] Das Mittlere Selbst hat mit der Möglichkeit, sich zur Achtsamkeit zu entscheiden, auch die Bewusstheit des Bewusstseins erhalten. Praktisch heißt das, es kontrolliert alle Vorgänge zuerst in den Gedanken und trifft danach Entscheidungen im Sinne von Wille als Wahl.

Nur das Mittlere Selbst kann sündigen, und nur es kann eigene Sünden sühnen, durch Selbstvergebung wieder aufheben und dadurch eine Öffnung des »blockierten Pfades« herbeiführen. Nur das Mittlere Selbst entscheidet über sein Leben, sein Schicksal, seine Evolution, sein spirituelles Wachstum und seine Wandlung zu einem Hohen Selbst.

Gott ist Geist.
Der Mensch ist Geist vom Geiste Gottes.
Gott wirkt durch den Menschen ... durch dessen freien Willen
im Rahmen der geistigen Gesetze,
im Rahmen der kosmischen Pläne,
ohne jeglichen Eingriff von außen,
in dessen ausschließlich eigener Verantwortung.

Gedanken und Schicksal
Achte auf deine Gedanken, sie werden zu deinen Gefühlen.
Achte auf deine Gefühle, sie werden zu deinen Worten.
Achte auf deine Worte, sie werden zu deinen Taten.
Achte auf deine Taten, sie werden zu deinen Gewohnheiten.
Achte auf deine Gewohnheiten, sie werden zu deinem Charakter.
Achte auf deinen Charakter, er wird zu deinem Schicksal.
(aus dem Talmud)

Denke mit dem Herzen und fühle mit dem Verstand – dann wirst du eins in und mit dir.

---

12 Vgl. hierzu auch die gleichlautende Meditations-CD des Autors (siehe Anhang).

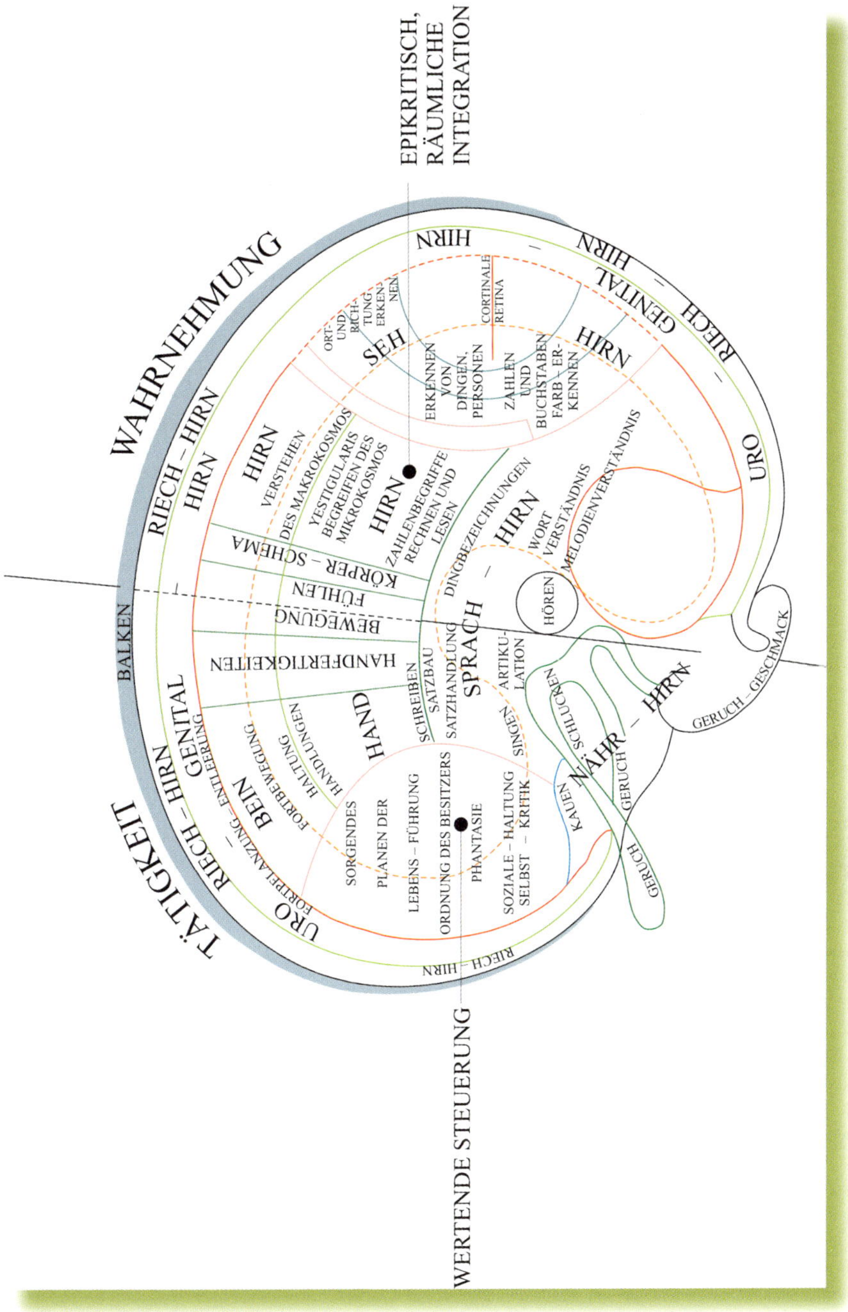

WAHRNEHMUNG
TÄTIGKEIT
WERTENDE STEUERUNG
EPIKRITISCH, RÄUMLICHE INTEGRATION
BALKEN
RIECH – HIRN
RIECH – HIRN
RIECH – HIRN
RIECH – HIRN
HIRN
GENITAL
GENITAL
HIRN
URO
URO
FORTPFLANZUNG – ENTLEERUNG
BEIN
FORTBEWEGUNG
HALTUNG
HANDLUNGEN
HAND
HANDFERTIGKEITEN
BEWEGUNG
FÜHLEN
KÖRPER – SCHEMA
HIRN
VERSTEHEN DES MAKROKOSMOS
VESTIGULARIS BEGREIFEN DES MIKROKOSMOS
HIRN
ZAHLENBEGRIFFE RECHNEN UND LESEN
SEH
HIRN
ORT- UND RICH-TUNG-ERKEN-NEN
ERKENNEN VON DINGEN, PERSONEN
CORTINALE RETINA
ZAHLEN UND BUCHSTABEN
FARB- ER-KENNEN
SPRACH – HIRN
DINGBEZEICHNUNGEN
WORT VERSTÄNDNIS
MELODIENVERSTÄNDNIS
HÖREN
SCHREIBEN
SATZBAU
SATZHANDLUNG
ARTIKU-LATION
SINGEN
SORGENDES PLANEN DER LEBENS – FÜHRUNG
ORDNUNG DES BESITZERS
PHANTASIE
SOZIALE – HALTUNG
SELBST – KRITIK
NÄHR – HIRN
KAUEN
SCHLUCKEN
GERUCH
GERUCH
GERUCH – GESCHMACK

## Das Untere Selbst (haw.: Unihipili) als Steuerinstanz des Unterbewusstseins im Bauchhirn

Der Bereich des Unterbewusstseins ist ein Spiegel des Elements Wasser und umfasst den gesamten emotionalen, psychischen und gefühlsmäßigen Bereich mit entsprechenden positiv und negativ ausgerichteten Charaktereigenschaften. Dies gilt sowohl für den jeweiligen momentanen Ausdruck als auch für die karmische Speicherung. Dazu werden permanent elektromagnetische Schwingungen zu Formen und Farben verdichtet und an Stellen in der Aura-Ebene zusammengefasst, die dem jeweiligen Resonanzverhalten entsprechen.

**Was uns im Leben am meisten Schwierigkeiten bereitet, ist nicht unsere Vergangenheit als solche, sondern einzelne Erinnerungen an sie, die im Langzeitgedächtnis des Bauchhirns gespeichert sind. Zuständig dafür ist unser Unteres Selbst oder Inneres Kind.**

Wie bei einem Eisberg stellen die Arbeit und das Aufgabengebiet des Wachbewusstseins nur die Spitze der die Persönlichkeit bestimmenden Prozesse dar. Die eigentliche Arbeit und der größte Teil des gesamten Eisblockes sind von außen nicht sichtbar. Sie entspricht der Arbeit und den Aufgaben des Unterbewusstseins und des Unteren Selbst, welches das Bauchhirn steuert, auch Inneres Kind genannt (haw.: Keiki Pono Loha).

Im Rahmen der Forschung zur Neurogastroenterologie wurde in den letzten Jahren festgestellt, dass im Bereich der Körperkommunikation etwa 95 % der Impulse vom Bauchhirn zum Kopfhirn und nur etwa 5 % vom Kopfhirn zum Bauchhirn gehen. Wir denken also größtenteils mit dem Bauch und nicht mit dem Kopf.[13]

13 Näheres bei: Gershon, Michael: *Der kluge Bauch.* Goldmann, München 2000 sowie Libet, Benjamin: *Mind Time.* Suhrkamp, Frankfurt a. M. 2005.

Einige wichtige Hormone werden ebenfalls im Bauch hergestellt. Besonders wichtig ist dabei das Glückshormon Serotonin, das zu etwa 95 % im Dickdarm und nur zu etwa 5 % in der Epiphyse im Zwischenhirn produziert wird.

Das Unterbewusstsein wird vom Unteren Selbst bzw. dem Inneren Kind gesteuert, das man sich zur besseren Kommunikation als einen kleinen Jungen bzw. ein kleines Mädchen im Alter zwischen drei und sieben Jahren vorstellen kann.

Dieses Innere Kind = Untere Selbst hat seinen eigenen Evolutionsweg, entwickelt sich und altert gemäß seinen Lernerfahrungen sozusagen bis zu einem Alter von etwa 18 Jahren. Das Innere Kind hat im Rahmen seiner praktischen Arbeit einer Münze vergleichbar zwei unterschiedliche Seiten: eine lichte Seite, die den Positivspeicher im Bauchbereich bedient und kontrolliert, und eine dunkle Seite, die alle negativ gepolten Gefühlsprogramme und Informationen abspeichert und verwaltet. Die lichte Seite des Inneren Kindes ist eng verbunden mit der rechten Gehirnhälfte des Menschen, die dunkle Seite des Inneren Kindes entsprechend mit der linken Gehirnhälfte.

Der Sitz des Inneren Kindes ist wie derjenige der Steuerungsinstanzen Hohes und Mittleres Selbst im Herzen. Das Untere Selbst kann jedoch auch mit bestimmten Bereichen des Bauchhirns identifiziert werden. Man kann in diesem Zusammenhang die dunkle Seite des Inneren Kindes mit dem Dickdarm in Verbindung bringen, die lichte Seite des inneren Kindes mit dem Dünndarm.

Der eigentliche Arbeitsbereich des Inneren Kindes ist der Solarplexus. Das Untere Selbst hat wichtige Aufgaben zu erfüllen und verbindet den Menschen instinktiv und intuitiv mit Umwelt und Umfeld. Es sollte niemals die Kontrolle über das Wachbewusstsein haben, dies führt sonst zu krankhaften Erscheinungen im psychischen und mentalen Bereich mit den entsprechenden physischen Auswirkungen.

Gedanken sind Impulse mit einer feineren, höheren und damit stärkeren Schwingungsenergie als Gefühle. Die 5 % der Gedankenimpulse müssen also die 95 % der Gefühlsregungen liebevoll führen und kontrollieren. Gedanken sollten immer über Gefühle herrschen, nicht umgekehrt.

In der Kommunikation zwischen Wach- und Unterbewusstsein können viele Fragen beantwortet und zahlreiche Aufgaben optimal erfüllt werden. Nur das Untere Selbst hat nämlich den Zugang zu Datenspeichern und Langzeitgedächtnis. Es ist daher zuständig für Fragen, die die Vergangenheit betreffen, jedoch nicht für solche über die Zukunft oder für Entscheidungen, die eindeutig auf der mentalen Ebene des Wachbewusstseins zu treffen sind. Die gelungene Kommunikation zwischen Wach- und Unterbewusstsein entscheidet letztlich über innere und äußere Harmonie.

Es ist deshalb von außerordentlich großer Bedeutung, mit welchen Gedanken- und Gefühlsmustern man einschläft. Diese funktionieren während der Nacht wie ein entsprechender Befehl an das deduktiv und entscheidungsfrei arbeitende Unterbewusstsein. Das Innere Kind, das nachts mit Teilen der Astralaura in Parallelebenen unterwegs sein kann, wird alles tun, um den erhaltenen Befehl auszuführen, unabhängig davon, wie dieser polarisiert war, negativ oder positiv. Es kann nicht entscheiden, es ist ein reiner Befehlsempfänger ohne eigentliche Verantwortung. Diese liegt ausschließlich beim Mittleren Selbst.

Nur das Mittlere Selbst kann entscheiden.

## Die Macht der Gedanken

Wie bereits erwähnt, entscheiden Sie selbst über Art und Folgen Ihres Denkens. Ist ein Glas Wasser zur Hälfte gefüllt, so ist es

- zur Hälfte gefüllt,
- halb voll und/oder
- halb leer.

Alle drei Feststellungen sind richtig, die letzte (»halb leer«) kostet jedoch Energie, die mittlere (»halb voll«) baut Energie auf, die erste ist relativ neutral. Denken Sie positiv, bauen Sie Energie auf und ziehen positive Umstände an, denken Sie negativ, bauen Sie Energie ab und ziehen negative Umstände und Ereignisse in Ihr Leben. Dies können Sie kinesiologisch z. B. über einen Armtest leicht selbst feststellen.

Eine uralte hawaiianische Lebensweisheit der »Bewusstheit des Bewusstseins« = Ike lautet:

Ich.
Ich bin.
Ich bin, was ich denke.
Ich bin, was ich denke, was ich bin, und
die Welt ist so, wie ich denke, dass sie ist.

»Ich kann nicht!«
»Das geht nicht!«
»Ich verdiene es nicht!«
»Es steht mir nicht zu!«
Grenzen oder Nichtgrenzen entstehen im eigenen Denken!

Die Hummel ist hierfür ein gutes Vorbild:
Sie hat 0,7 $cm^2$ Flügelfläche bei 1,2 Gramm Gewicht. Nach den Gesetzen der Aerodynamik ist es unmöglich, bei diesem Verhältnis zu fliegen. Die Hummel weiß das aber nicht und fliegt einfach!

Bei derzeit 6,83 Mrd. Menschen gibt es also 6,83 Mrd. unterschiedliche Meinungen und subjektive Wirklichkeiten. Diese Tatsache ist jedoch den meisten Menschen nicht bewusst. Sie nehmen an, jeder andere müsse auch so denken wie sie selbst. Das ist jedoch nicht der Fall. Neben der subjektiven Wertung in Gut und Böse, stellt die persönliche Erwartungshaltung die zweite große mentale und emotionale Einschränkung dar. Versuchen Sie, sich auch davon zu lösen. Sie werden sich freier und beweglicher im Denken, Fühlen, Glauben, Sprechen und Handeln fühlen.

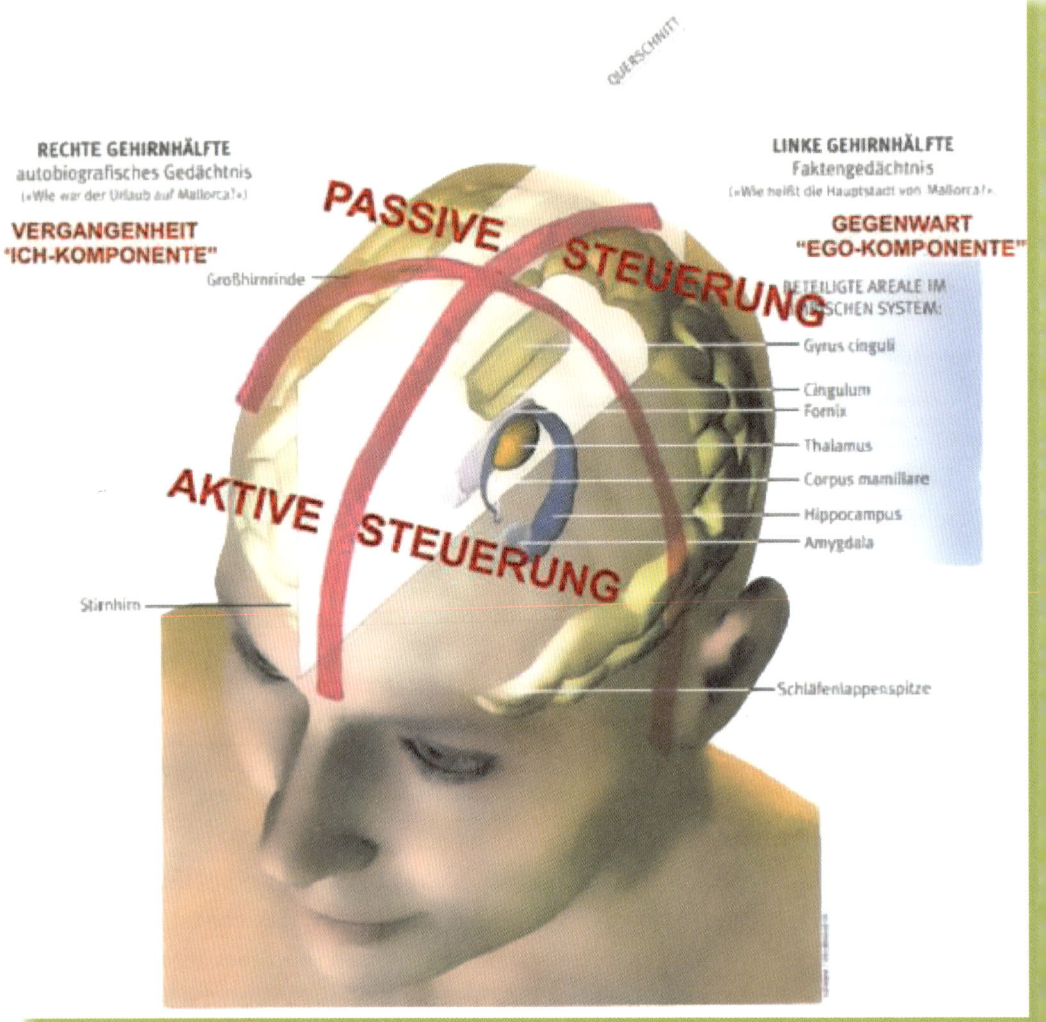
QUERSCHNITT
RECHTE GEHIRNHÄLFTE
autobiografisches Gedächtnis
(»Wie war der Urlaub auf Mallorca?«)
VERGANGENHEIT
"ICH-KOMPONENTE"
PASSIVE STEUERUNG
LINKE GEHIRNHÄLFTE
Faktengedächtnis
(»Wie heißt die Hauptstadt von Mallorca?«)
GEGENWART
"EGO-KOMPONENTE"
BETEILIGTE AREALE IM
Großhirnrinde
Gyrus cinguli
Cingulum
Fornix
Thalamus
Corpus mamillare
Hippocampus
Amygdala
AKTIVE STEUERUNG
Stirnhirn
Schläfenlappenspitze

## Das Universum wertet nicht

Also erwarten Sie nicht, dass von außen etwas Positives zurückkommt, wenn Sie vorher etwas Negatives ausgesandt haben. Wie bereits ausgeführt, haben Sie als einmaliges Gottesgeschenk Ihren freien menschlichen Willen erhalten, um anstelle der Urquelle kreativ schöpferische Entscheidungen zu treffen, denn

Wille = Wahl.

Jeder Gedanke ist ein im Universum bereits vorhandener Impuls. Sie haben die persönliche Wahlmöglichkeit, aus dieser riesigen Datenbank eine Möglichkeit aus unzähligen zu bestimmen und damit eine Entscheidung zu treffen.

Das Wichtigste im Leben ist es, Entscheidungen zu treffen.

Es gibt grundsätzlich keine falschen Entscheidungen. Der einzige Fehler, den Sie machen können, ist, keinen zu machen.

Jeder Mensch entwickelt sich individuell und einmalig durch seine persönlichen Erfahrungen infolge seiner subjektiven Willensentscheidungen. Dazu gehören auch Umwege, Rückschritte und Schicksalsschläge. Auch aus diesen Ereignissen lernen wir. Oftmals lernt man aus schwierigen Lebensumständen und schweren Krankheiten mehr als aus einem sorgenfreien Leben.

Jeder bekommt das, was er braucht.

## Alles ist wechselseitig vernetzt und steht in Resonanz

Das im täglichen Leben außerordentlich wichtige 6. Geistige Gesetz der Resonanz lautet:

**»Das, was Sie aussenden, kommt wieder zu Ihnen (gleichgerichtet und verstärkt) zurück, und das, was zu Ihnen zurückkommt, haben Sie irgendwann in der Vergangenheit einmal (in diesem oder auch in früheren Leben) ausgesandt.«**

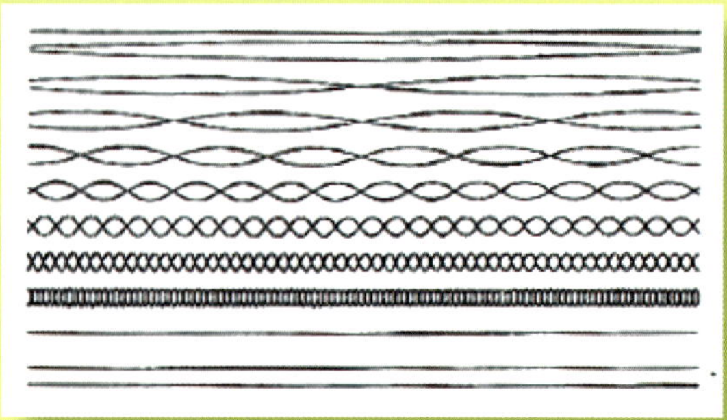

Vieles von dem, was jetzt im Außen auf Sie zukommt, haben Sie möglicherweise in einem oder mehreren früheren Leben selbst verursacht, es kommt also zu Ihnen zurück. Das ist Ihnen aber heute nicht (mehr) bewusst, was in der Regel zu einem mangelnden Verstehen führt.

### Beispiel

Zielt und schießt beispielsweise jemand mit Pfeil und Bogen auf mich und trifft, so bereitet mir das Schmerzen, und ich mache eine Erfahrung. Wiederholt sich dieser Vorgang kurze Zeit später, dieselbe Person trifft wieder die gleichen Vorbereitungen wie vorher, legt an, zielt und schießt, so kenne ich die Situation bereits aus meiner vorherigen Erfahrung. Möchte ich dieselbe (Schmerz- und Leid-)Situation nochmals erleben, bleibe ich stehen. Reicht mir aber die erste Erfahrung, treffe ich eine bewusste neue Entscheidung, mache einen Schritt zur Seite, und der Pfeil fliegt vorbei. Durch meine bewusste Willensentscheidung, die Folge meines Lernverhaltens ist, habe ich selbst meine Resonanz aktiv verändert mit dem Ergebnis, dass mir die bereits erlebten Schmerz- und Leiderfahrungen beim zweiten Mal erspart bleiben. Jeder Mensch bestimmt folglich in jeder Hinsicht seine individuelle Schmerzgrenze immer selbst.

## Materie ist verdichtete Energie

Nach der Energie entstand die Materie selbst. Materie ist Energie in ihrer am stärksten verdichteten Form. Sie besteht aus masselosen Lichtquanten (Photonen), die Träger harmonischer Ur-Informationen und kosmischer Ordnungskriterien sind. Schon der Quantenphysiker Max Planck erkannte bei der Erforschung des Atoms, dass es an sich keine Materie gibt, wie bereits auf Seite 36 ausgeführt. Alle Materie entsteht und besteht allein durch eine Kraft, die die Atomteilchen in Schwingung bringt und sie in einem winzigen Sonnensystem zusammenhält. Und schon Planck nahm hinter dieser Kraft einen bewussten, intelligenten Geist an. Nicht die sichtbare, vergängliche Materie ist also das Reale, Wahre, Wirkliche, sondern der unsichtbare, unsterbliche Geist, stellte er fest. Der kleinste Teil der Materie, das Atom, besteht aus Schwingungen in der Bewegung kleinster Quanten. Jedes Individuum, ob es aus Fleisch und Blut ist oder nicht, jeder Teil dessen, jedes Organ hat seine eigene Schwingung, seine eigene Frequenz. Diese jedes Atom zum Leben erweckende Kraft ist demnach Licht als »Seele und Atem der Schöpfung«. Alles Sein im Universum ist beseelt, es gibt im Kosmos keine »tote« Materie. Materie lebt und hat Bewusstsein!

Nach hawaiianischer Auffassung ist grundsätzlich jede Störung behebbar und damit jede Krankheit heilbar. Schon der griechische Weise und Arzt Hippokrates (460–370 v. Chr.) wusste:

»Es gibt keine unheilbaren Krankheiten, nur unheilbare Menschen.«

# DER MENSCH: EIN SPIEGEL GOTTES

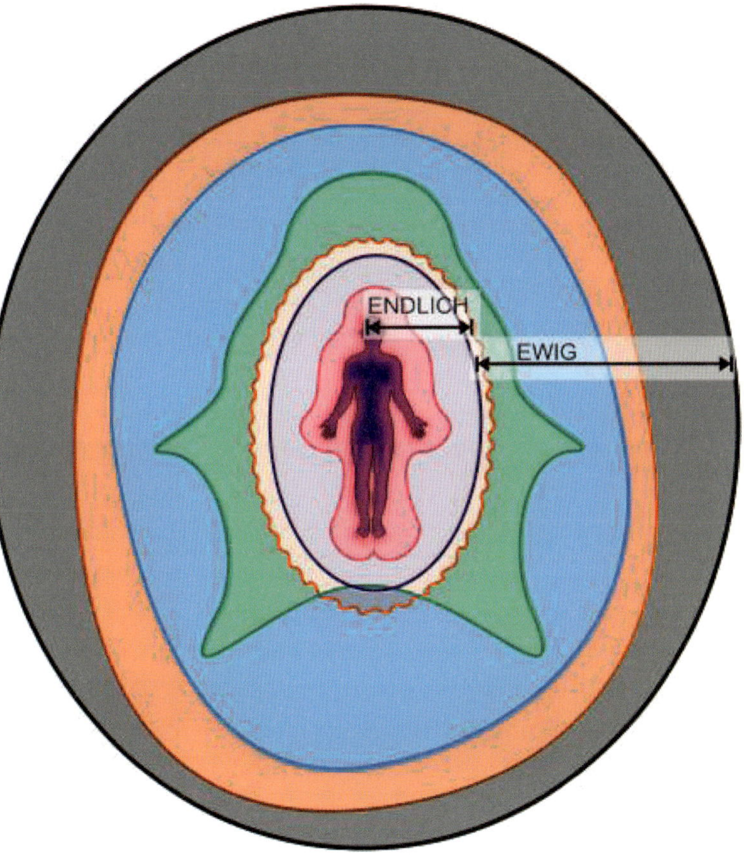


LEGENDE: HIMMELSVERBUNDENER, EWIG – UNSTERBLICHER ASPEKT DES MENSCHEN

- ENERGIEKÖRPER als »ÄTHERISCHES DOUBLE«
- ASTRALAURA in FORM und FARBE mit EMOTIONAL MUSTERN und KARMA
- MENTALAURA in PASTELLFARBEN mit GEDANKENPROGRAMMEN
- SPIRITUALAURA in SCHWARZ/WEISS mit POLARITÄTS– und DUNKELHEITSPROGRAMMEN

LEGENDE: ERDVERBUNDENER, ENDLICH STERBLICHER TEIL DES MENSCHEN

- GROBSTOFFLICHER PHYSISCHER KÖRPER
- FLUIDALEBENE = GRÖBSTER FEINSTOFFLICHER BEREICH
- TRANSFORMATIONSEBENE = OPTIMALE ENERGIEVERSORGUNG durch CHAKRAS
- HARMONISCHE ÄTHERISCHE BLAUPAUSE

## Die Aura: Feinstoffliche Ebenen und Schutzmaßnahmen

Der Mensch hat sich in einer langen Evolution durch die Verschmelzung von Bewusstsein mit Energie aus Licht zu Materie verdichtet. Aus komprimierter Energie haben sich dabei stoffliche Teile gebildet, die zu Beginn aufgrund ihrer hohen Schwingungsfrequenzen nur sehr schwach wahrzunehmen waren.

Nach Meinung der alten Hawaiianer entsteht bei jeder Art von Kontakt – über die Sinnesorgane, durch das Glauben, Denken und Fühlen von Menschen – ein unsichtbarer Kontakt, auch Rapport genannt, als ektoplasmaähnlicher Faden aus feinstofflicher, klebriger Aka-Schattensubstanz. Wie im Universum verbindet diese im individuellen Leben »alles mit allem« als Blick-, Gedanken-, Gefühls- oder Körperkontakt.

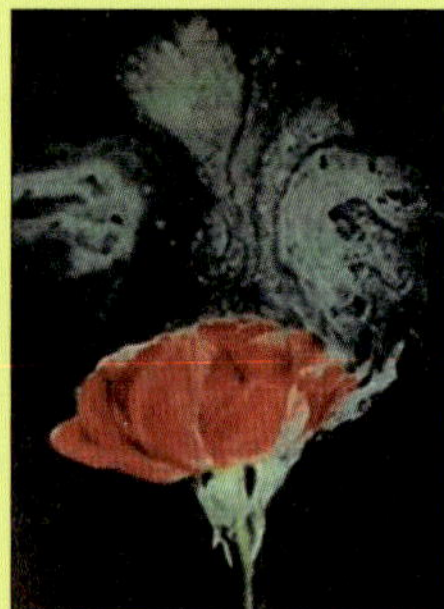

Die Kahunas waren der Ansicht, dass das Untere Selbst einen regenerierbaren Schattenkörper besitzt, aus dem es unsichtbare Aka-Fäden an Menschen und Gegenstände heftet, mit denen man in einen wie auch immer gearteten Kontakt tritt. Auch Gedanken kontrollieren Aka-Substanz, indem das Denken die allgegenwärtige Lebensenergie Mana in eine bestimmte Form bringt. Dies entspricht der Entwicklung von Realitäten durch Attraktoren gemäß der modernen Chaostheorie.

Den Aka-Schattenkörper muss man sich als eine exakte Blaupause der drei Selbste aus durchsichtigem, feinstofflichem Aka-Material vorstellen, das detailgetreu die Informationsmuster jedes der drei Selbste abbildet. Diese Muster sind miteinander verbunden (und insbesondere beim Mittleren und Unteren Selbst ineinander verwoben) und durchdringen den physischen Körper. Je nach Dichte und Schwingungsfrequenz umschließen sie diesen auch wie eine Eierschale als Aura (haw.: Ho Aka).

Das Untere Selbst entnimmt Mana aus der Nahrung und der Luft und bildet selbst Aka durch Umwandlung von Blutzucker (Glukose) in Vitalenergie. Mana wird im Schattenkörper (haw.: Kino Aka) des Unteren Selbst gespeichert und bei Bedarf an das Mittlere und das Hohe Selbst abgegeben. Der Energiekörper (Kino Mana), eine exakte Blaupause des physischen Körpers, kann vergrößert und verkleinert und mit Mana gefüllt werden. Er liegt am Ende des Ätherbereiches vor der Astralaura und wird auch als »ätherisches Double« bezeichnet.

Außersinnliche Wahrnehmungsphänomene auf Seancen, Poltergeistphänomene, Tischrücken etc. sind Geschehen auf der Ebene des Energiekörpers. Manchmal wird ungewollt der Erscheinungskörper statt des Energiekörpers mit Mana aufgeladen, das wird dann als Vampirismus bezeichnet. Das Untere Selbst speichert im wie eine Datenbank funktionierenden Energiekörper Farben, Symbole und (Gedanken-)Formen infolge eines energetischen Impulses des Mittleren Selbst als Bild (nicht als Wort). Später kann dieses Bild abgerufen werden.

Im Aka-Körper befinden sich alle Informationen. Sie werden nach dem physischen Tod wie auf einer Festplatte gespeichert, sodass sie in die nächste, höher schwingende Dimension mitgenommen werden. Jeder Gedankenimpuls wird nach Ansicht der alten Hawaiianer hauptsächlich als Erinnerungspotenzial im Schattenkörper des Menschen in Form von

Aka in einer bestimmten Farbe gespeichert. Diese Substanz ist aufgrund ihrer Beschaffenheit in der Lage, den physischen Tod eines Menschen zu überdauern und auch in einer weiteren Inkarnation dem ewigen, unsterblichen, vollkommenen, göttlichen Bewusstsein als Erinnerung zu dienen. Auf diese Weise werden unerledigte »karmische Hausaufgaben« in weitere Leben mitgenommen.

Die feinstoffliche menschliche Aura um den grobstofflich-physischen Körper herum hat die Form einer Kugel bzw. eines Eies, das – ähnlich einer Zwiebel – aus unterschiedlichen Schichten aufgebaut ist. Diese ergeben sich aufgrund unterschiedlicher Schwingungsfrequenzen entsprechend der Aufgabenstellung und Entstehung der einzelnen Ebenen. Obwohl innerhalb der einzelnen Schichten – je nach Resonanzverhalten und Speicherung – im permanenten Wechsel der individuell ausgesandten Gedanken- und Gefühlsimpulse unterschiedliche Farben und Formen vorkommen, sind die eigentlichen Grenzen der einzelnen Aura-Ebenen durch bestimmte Farben definiert. Sie stellen praktisch die Grobabstimmung der einzelnen Schwingungsfrequenzen des Menschen gemäß seiner individuellen Entwicklung dar – zu vergleichen in etwa mit den unterschiedlichen Empfangsfrequenzen eines Radios, also dem Lang-, Mittel-, Kurz- und Ultrakurzwellenbereich.

Dies sind die Farben der einzelnen Aura-Abgrenzungen und deren Definitionen:

- Weiß oder Silber für Spiritualebene, Überbewusstsein und Hohes Selbst
- Gold für Mentalebene, Wachbewusstsein und Mittleres Selbst
- Grün für Astralebene, Unterbewusstsein und Unteres Selbst bzw. Inneres Kind
- Magenta für die Ätherebene der Energiesteuerung und -verteilung

Die Auraschichten können sich durch starke negative Einwirkungen und Schwingungsimpulse von innen und außen in jedem Moment verändern und im Extremfall sogar zusammenbrechen. Damit verschwindet ihre Definition, die speziellen Funktionen der einzelnen Ebenen und Steuerinstanzen sind geschwächt oder gar vollständig aufgehoben, und massive mentale, psychische und energetische Auswirkungen sind die Folge.

Aus diesem Grunde sollte der individuelle Zustand der eigenen Aura regelmäßig, d. h. zwei- bis dreimal täglich, abgefragt werden, insbesondere auch in Augenblicken unerklärlicher plötzlicher Schwächezustände. Dies kann intuitiv geschehen mit Pendeln und Ruten oder durch kinesiologische Methoden, z. B. dem Arm- oder Fingertest.

Die einzelnen Schichten der feinstofflichen Aura rotieren gegeneinander, ähnlich wie bei einem Generator. Dabei bewegen sich die Ätherebene in der Außenfarbe Magenta und die Mentalebene in der Außenfarbe Gold synchron zu einer Seite – bei positiven Gedanken im Uhrzeigersinn, bei negativen ihm entgegen. Mit der Polarisation der Gedanken werden die Drehung und auch die Geschwindigkeit der einzelnen Auraebenen bestimmt. Zwischen Äther- und Mentalebene befindet sich die Aura des Astralbereichs mit der Außenfarbe Grün, und alle Schichten werden von der äußersten und feinsten Spiritualebene in der Farbe Weiß/Silber umfasst. Physische Störungen zeigen sich immer zuerst in den feinstofflichen Ebenen, wo auch ihre Ursachen in Form, Farbe und Symbolik festzustellen sind. Mit entsprechenden Visualisierungsübungen können diese teilweise gestörten Auraebenen wieder aufgebaut werden.

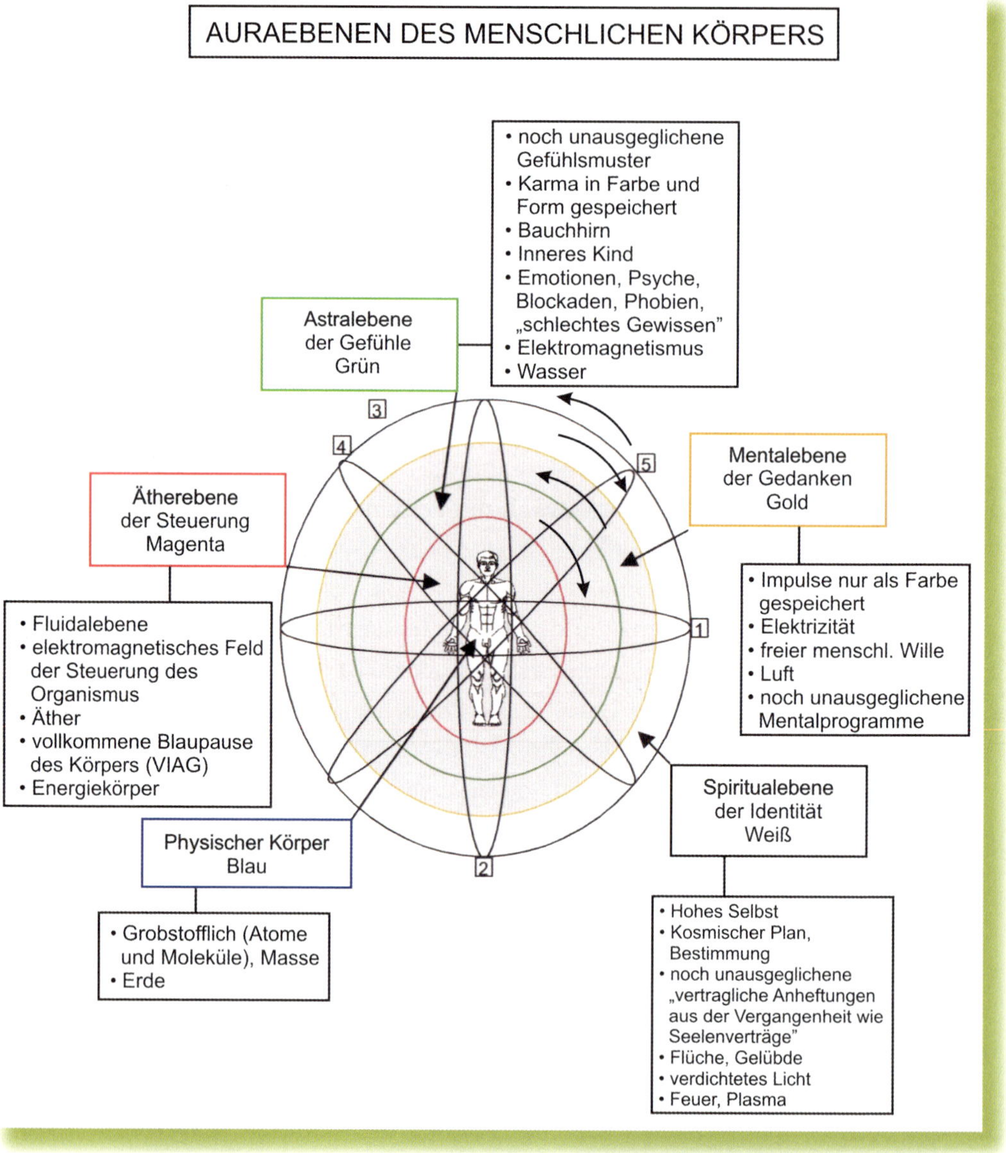

AURAEBENEN DES MENSCHLICHEN KÖRPERS
Astralebene der Gefühle Grün
• noch unausgeglichene Gefühlsmuster
• Karma in Farbe und Form gespeichert
• Bauchhirn
• Inneres Kind
• Emotionen, Psyche, Blockaden, Phobien, „schlechtes Gewissen"
• Elektromagnetismus
• Wasser
Mentalebene der Gedanken Gold
• Impulse nur als Farbe gespeichert
• Elektrizität
• freier menschl. Wille
• Luft
• noch unausgeglichene Mentalprogramme
Ätherebene der Steuerung Magenta
• Fluidalebene
• elektromagnetisches Feld der Steuerung des Organismus
• Äther
• vollkommene Blaupause des Körpers (VIAG)
• Energiekörper
Spiritualebene der Identität Weiß
• Hohes Selbst
• Kosmischer Plan, Bestimmung
• noch unausgeglichene „vertragliche Anheftungen aus der Vergangenheit wie Seelenverträge"
• Flüche, Gelübde
• verdichtetes Licht
• Feuer, Plasma
Physischer Körper Blau
• Grobstofflich (Atome und Moleküle), Masse
• Erde
1
2
3
4
5

## Übung zur Stabilisierung der Aura Teil 1

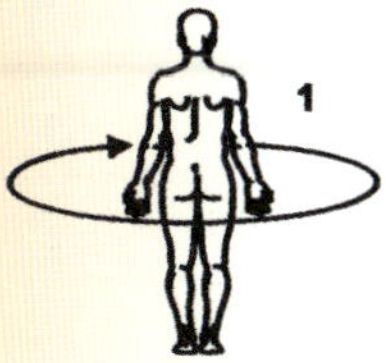

5 Schwungkreise
Mentalebene/Ätherebene
– Sicht von hinten –

Mentalebene: Gold
Ätherebene: Magenta

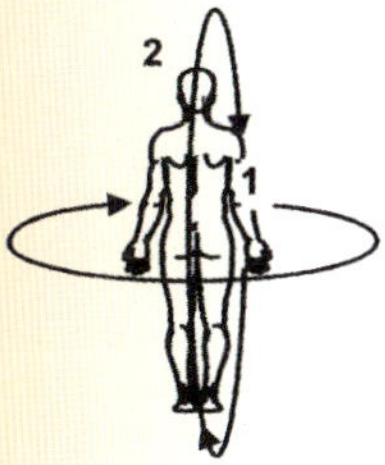

1. Schwungkreis:
   Äquator; rechtsdrehend im Uhrzeigersinn

2. Schwungkreis:
   versetzt um 90° zum 1. Schwungkreis; von hinten (Steiß) über den Kopf nach vorn

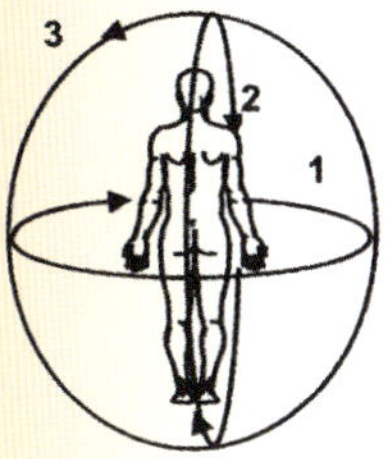

3. Schwungkreis:
   Frontalebene, parallel zur Stirn; versetzt um 90° zum 2. Schwungkreis; von der rechten Schulter über den Kopf zur linken Schulter und gegen den Uhrzeigersinn unter den Füßen durch

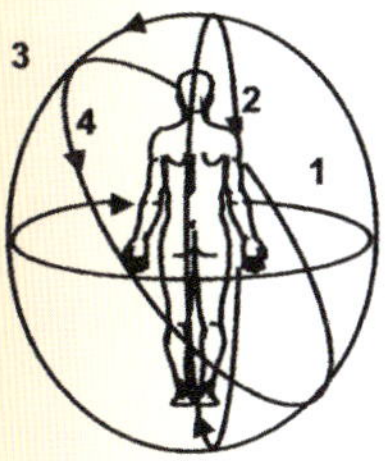

4. Schwungkreis:
   versetzt um 45° zum 3. Schwungkreis; von links oben vorn nach rechts unten hinten

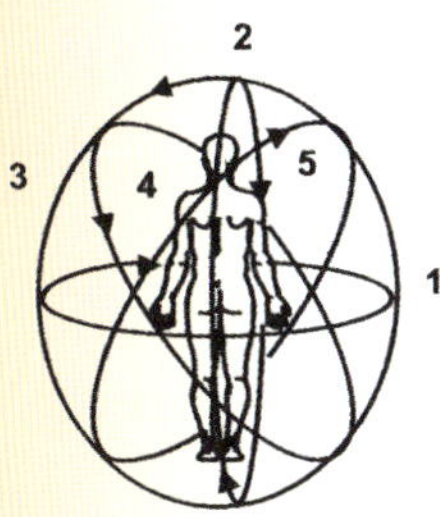

5. Schwungkreis:
   versetzt um 90° zum 4. Schwungkreis; von links unten hinten nach rechts oben vorn

Komplett:

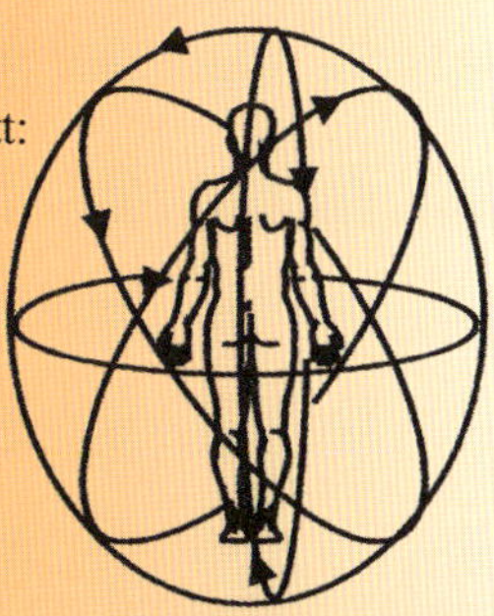

Für beide Übungen gilt: Ziehen Sie jeden Schwungkreis mindestens 5-mal; optimal sind 10- bis 12- oder 13-mal.

## Übung zur Stabilisierung der Aura Teil 2

5 Schwungkreise
Spiritualebene/Astralebene
– Sicht von hinten –

Spiritualebene: Weiß
Astralebene: Grün

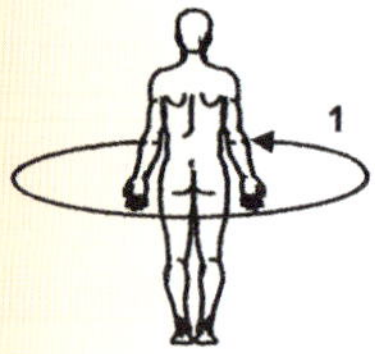

1. Schwungkreis:
   Äquator; linksdrehend gegen den Uhrzeigersinn

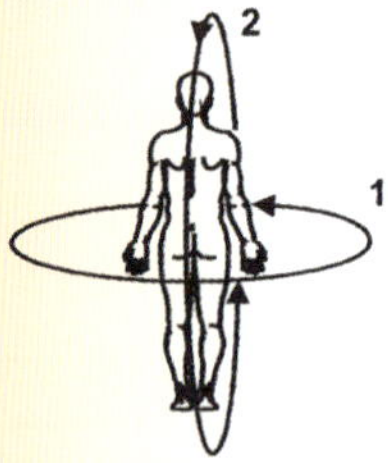

2. Schwungkreis:
   versetzt um 90° zum 1. Schwungkreis; von vorn über den Kopf nach hinten

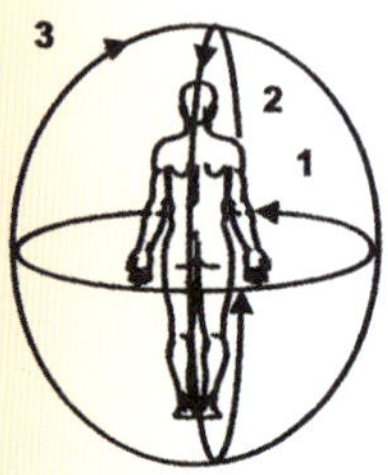

3. Schwungkreis:
   Frontalebene, parallel zur Stirn; versetzt um 90° zum 2. Schwungkreis; von der linken Schulter über den Kopf zur rechten Schulter und im Uhrzeigersinn unter den Füßen durch

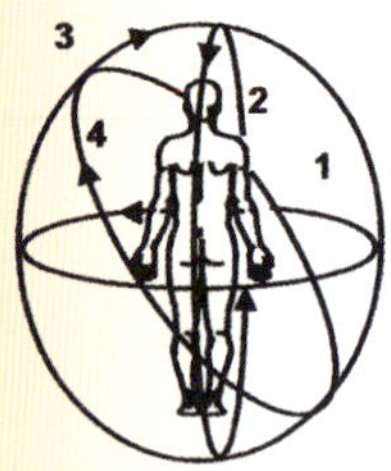

4. Schwungkreis:
   versetzt um 45° zum 3. Schwungkreis; von rechts hinten unten über den Kopf nach links oben vorn

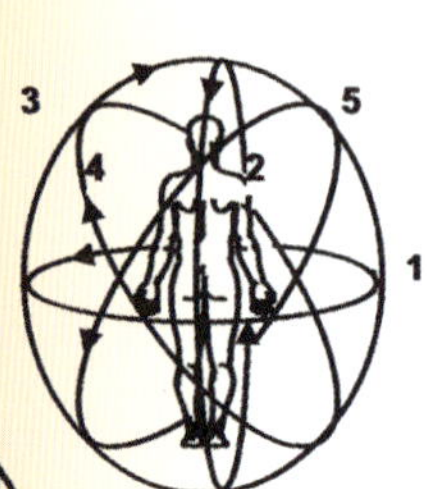

5. Schwungkreis:
   versetzt um 90° zum 4. Schwungkreis; von rechts oben vorn nach links hinten unten

Komplett:

Die regelmäßige Anwendung von Schutzmaßnahmen ist keine Feigheit, sondern eine Notwendigkeit. Sie geben sowohl Schutz als auch anhaltende Sicherheit, Zentrierung, Vertrauen sowie innere und äußere Führung.

## Übung:

Zum Öffnen ziehen Sie mit dem rechten Arm eine Linie von links nach rechts über dem Kopf. Setzen Sie diese vom Kopf die Wirbelsäule hinunter bis zu den Füßen fort, und zeichnen Sie von dort eine dreifache linksdrehend aufsteigend Spirale um Ihren Körper und Ihre Aura. Ziehen Sie zum Schließen mit dem rechten Arm eine Linie von rechts nach links über den Kopf, setzen Sie diese vom Kopf die Wirbelsäule hinunter bis zu den Füßen fort, und hüllen Sie von dort Körper und Aura in eine dreifache rechtsdrehend aufsteigende Spirale.

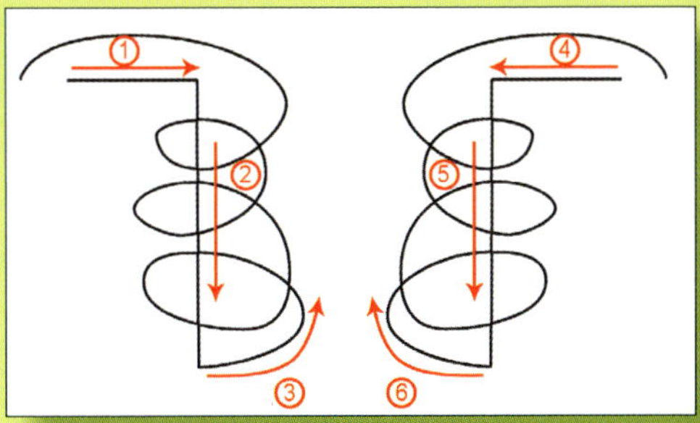


## Übung:

Ein Pentagramm schützt Identität, Individualität, freien menschlichen Willen, Aura und Körper. Gehen Sie in folgenden Schritten vor:

Zeichnen Sie mit dem rechten Arm über dem Kopf ein A in den freien Raum. Ziehen Sie von dort in Gedanken eine Linie nach vorne links unten zum Punkt B, von dort zum Punkt C des nach rechts

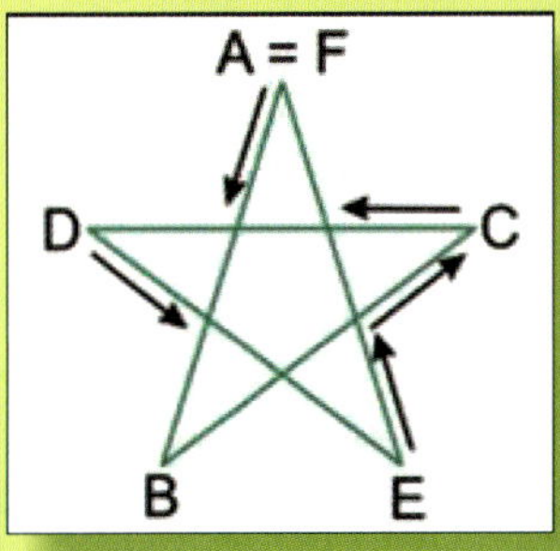

ausgestreckten Arms. Führen sie die gedachte Linie dann nach links durch Körper und Herz zum Ende des nach links ausgestreckten linken Arms zum Punkt D. Setzen Sie die Linie dann von links außen durch den Körper nach hinten rechts unten zu Punkt E fort und von dort wieder zurück zum Punkt F = A über dem Kopf.

Das Septagramm schützt den freien Willen des aufstrebenden Menschen im Einklang mit dem Willen Gottes gegen dunkle Mächte, Manipulation und Gewalt. Die Übung ist wie die vorige auszuführen, nur dass es zwei zusätzliche Fixierungspunkte gibt.

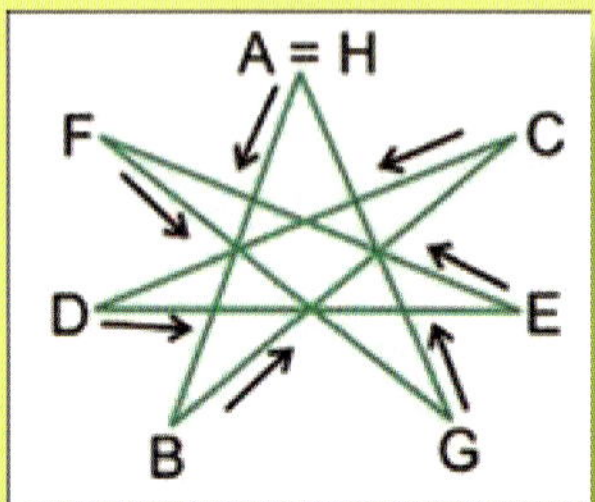

## Übung zum Schutz des Kopfbereiches:

In drei Dimensionen entwickeln sich jetzt eigenständige Energiekreisläufe, die jeweils im Winkel von 90 Grad zueinander verlaufen. Ein Energiekreislauf strömt von der Mitte des Scheitels durch den Hals hindurch ganz nach unten. Ein zweiter verläuft vom Zwischenhirn aus durch das Dritte Auge hindurch nach vorne zur Stirn. Der dritte Kreislauf fließt durch das linke Ohr herein, durch das Zwischenhirn und in einem Bogen durch das rechte Ohr wieder hinaus. Genau in der Mitte des Lichtkelchs stehen sie still. Von hier aus drehen sie sich in die entgegengesetzte Richtung, nämlich rechtsdrehend, vom Zwischenhirn nach unten, nach vorne und durch das Ohr.

## Grundaussagen von Huna

- Huna zeigt Wege auf, wie man seine individuelle Lebensqualität auf allen Seinsebenen verbessern kann: physisch – energetisch – psychisch – mental – spirituell.
- Huna weist Möglichkeiten auf, wie man den Charakter, den Seelenfrieden sowie die körperliche, seelische und geistige Harmonie verbessern kann.
- Huna bringt Beispiele zum Aufbau und zur Speicherung von Lebensenergie.
- Huna beweist, dass jeder Mensch ein wertvolles, einmaliges Wesen mit einem individuellen Lebensplan im Rahmen des gesamten kosmischen Plans darstellt.
- Jeder Einzelne beherbergt sozusagen als materielles Gefäß drei unabhängige Aktionsbereiche, Überbewusstsein, Unterbewusstsein und Wachbewusstsein, die jeweils über eigene Steuerinstanzen als eigenständige Wesenheiten, Hohes, Mittleres und Unteres Selbst, und verschiedene feinstoffliche Substanzen von Energie (haw.: Mana) und Speicherung (haw.: Aka) verfügen.
- Der Mensch schafft durch die Kommunikation mit der Ebene des Überbewusstseins als spiritueller Komponente jeder menschlichen Identität eine direkte Verbindung zu Gott und kommt deshalb ohne Klerus und Priesterschaft, Tempel und Kirchen aus.
- Gott ist eine grenzenlos liebende, nicht wertende oder richtende Urquelle (haw.: Akua) und überall und jederzeit im Gebet zu erreichen.

Neben dem Hinweis auf den Sinn menschlicher Existenz zeigt Huna auf, wie jeder Einzelne mithilfe simpler Methoden in die Lage versetzt wird, praktisch, aktiv und eigenverantwortlich den Sinn und die Ziele seines eigenen Lebens zu realisieren und den Umgang mit sich selbst und seinem jeweiligen Umfeld sinnvoll zu gestalten.

Hilf den Menschen, sich selbst zu helfen. –
Help people to help themselves.

Gerade in unserer heutigen Zeit, einer Epoche des Zerfalls einstmals stabiler Traditionen, vor allem des Zusammenlebens in der (Großfamilien-)

Gemeinschaft (haw.: Ohana), kann Huna eine feste Grundlage für die Überwindung von Lebenskrisen und die Ausrichtung auf den wirklichen Sinn des Lebens sein, auch und besonders für die Jugend. Immer mehr, vor allem auch junge, Menschen vermissen überzeugende Ideale und Vorbilder und sind vom Verhalten und den Aussagen traditioneller Einrichtungen wie den Kirchen enttäuscht. Nur so ist zu erklären, dass so viele Suchende den Verheißungen von Sekten, undurchsichtigen spirituellen Gruppen und Heilslehrern erliegen.

Huna ist einfach, undogmatisch und logisch aufgebaut. Viele der uralten Gedankengänge hat die heutige Wissenschaft, insbesondere die Quantenphysik, bestätigt.

Auf der Suche nach einer einzigen Wahrheit, einer Weisheit, die nicht nur auf Glauben beruht, sondern durch laufende Erfahrung und individuelle Einflussnahme zum Wissen und zur Realität wird, ist Huna eine überzeugende Alternative, ein »Weg im Licht« zum inneren Göttlichen Bewusstsein, das jeder Mensch in sich trägt. Auch Schicksalsschläge, Probleme, Lebenskrisen, Existenzängste und Krankheiten sind aus dieser Sicht notwendige und wertvolle Aspekte eines Lernprozesses in diesem Leben auf Erden, der die große Chance bereithält, auf dem persönlichen seelischen und geistigen Entwicklungsweg weiterzukommen.

Huna kennt gottähnliche Wesen als Kreation der Urquelle (Akua) und energetisch außergewöhnliche Plätze in der freien Natur, Heiaus genannt. Im Unterschied zu anderen Weisheitslehren kennt Huna aber keine Dogmen, keine Gebote mit Strafandrohungen, verlangt keine sklavische Unterwerfung ohne eigenes Mitdenken – im Gegenteil: Die Auseinandersetzung mit Huna bewirkt geradezu eigene kritische Gedanken, und Huna erwartet eine verantwortungsvolle und engagierte Mitarbeit, damit die Lehre und ihre Anwendung überhaupt erst sinnvoll dauerhaft im täglichen Leben umgesetzt werden kann. Damit stellt Huna eine wertvolle, funktionierende Lebenshilfe dar, die zu keiner Glaubensrichtung, Religion oder Konfession in Widerspruch oder Konkurrenz steht.

Huna folgt ausschließlich dem kosmischen Grundsatz: »nie, um zu verletzen – immer, um zu helfen«, der im Mittelpunkt des Umgangs jedes Einzelnen mit den unterschiedlichen Erscheinungsformen seiner eigenen Identität, mit allen Aspekten der Schöpfung in der Natur, Pflanzen- und Tierwelt sowie mit allen Mitmenschen steht. Der gesunde, natürliche und verantwortungsbewusste Umgang mit dem eigenen Sein und mit anderen Lebewesen wird durch Huna klar und einleuchtend vorgegeben.

Nimmt man das Gedankengut wirklich ernst, so steht die absolute Notwendigkeit des Sich-selbst-Erkennens am Anfang aller Überlegungen und allen Tuns. Die kritische Auseinandersetzung mit eigenen Gedanken, Gefühlen, Worten und Taten ist dabei die notwendige Voraussetzung für eine positive Ausrichtung des Charakters und das Erreichen höherer ethischer Entwicklungsebenen. Die wichtigste positive Kraft im Universum ist dabei die selbstlose Liebe. Diese fängt jedoch immer bei der Liebe zur eigenen Person an.

Erst wenn man gelernt hat, sich selbst bedingungslos zu lieben, ist man in der Lage, auch andere und anderes selbstlos zu lieben.

Huna ist gerade in unserer heutigen Zeit eine wertvolle Lebenshilfe, ein zuverlässiges System für den optimalen Umgang mit Umfeld, Umwelt und eigener Individualität. Es beinhaltet und bewirkt:

- ❖ eine positive Lebensgestaltung und bewusste Lenkung des eigenen Schicksals
- ❖ ein Verständnis der Zusammenhänge zwischen materieller Existenz im Außen und geistig-spirituellem Sein im Innen
- ❖ das Begreifen des Individuums Mensch als Einheit von Körper, Seele und Geist
- ❖ einen permanenten Lernprozess auf dem Wege der individuellen Evolution in den Grenzen des eigenen kosmischen Plans
- ❖ ein ganzheitliches Gedankengut ohne jegliche Dogmatik
- ❖ die uneingeschränkte Verantwortung für das eigene Denken, Wollen, Fühlen, Sprechen, Handeln und Leben
- ❖ eine wichtige Hilfe bei der Suche nach dem eigenen Sinn des Lebens und der Erkenntnis der eigenen Identität
- ❖ Harmonie zwischen den drei Bewusstseinsebenen von Wachbewusstsein (Mittleres Selbst), Unterbewusstsein (Unteres Selbst bzw. Inneres Kind) sowie Überbewusstsein (Hohes Selbst)
- ❖ ein kontrollierbares Netzwerk von Energiebereichen mit unterschiedlicher Schwingungsfrequenz und Aufgabenstellung, nämlich:

- der Vitalenergie (haw.: Ki) zur Erhaltung der autonomen Körperfunktionen
- der Lebensenergie (haw.: Mana) für die Steuerung des Gesamtorganismus im Einklang mit dem Universum
- der Willensenergie (haw.: Mana Mana) für die Erschaffung von Wirklichkeiten
- der Lichtenergie (haw.: Mana Loa) durch das Einklinken in die universalen Heilungs- und Harmonisierungspotenziale des »Kosmischen Lichtgitternetzes«
- der Liebesenergie (haw.: Mana Aloha) als »Essenz Gottes«

- einen Bereich feinstofflicher Schattensubstanzen in unterschiedlicher Dichte für die Ebenen der Steuerung, Speicherung und Realisierung von Gedankenimpulsen und Gefühlspotenzialen innerhalb eines grobstofflichen Körpers
- einen bewussten Umgang mit nicht beliebig vermehrbaren lebensnotwendigen Energieformen
- eine wertvolle Hilfe im Umgang mit psychischen Störpotenzialen, Blockaden, Phobien, Fixationen, Schuldkomplexen, Glaubenssätzen, Gedanken- und Gefühlsmustern, Depressionen und Gewissenskonflikten
- eine wichtige Unterstützung beim Erkennen, Annehmen, Bewältigen und Transformieren von eigenen Fehlern, Schwächen, Eigenheiten, schuldverhafteten Handlungen, Krankheiten und negativen Charaktereigenschaften
- ein leicht erlernbares System zum Erreichen von Erfolg, Glück, Zufriedenheit, Gesundheit und Harmonie im Innen und Außen
- einen sinnvollen Umgang mit Phänomenen wie Schuld, Sünde, Sühne und Opfer
- ein annehmbares Konzept des Umgangs mit Karma (haw.: Hana) und Gnade
- eine Kombination von Ideen der einen Wahrheit und Weisheit, dargestellt in einem logisch nachvollziehbaren, geschlossenen System

Nachdem die Huna-Lehre nahezu zwei Jahrtausende lang nur im kleinen Rahmen und im Geheimen angewendet wurde, hat man sie Mitte des vergangenen Jahrhunderts gleich zwei Mal wiederentdeckt. Zum einen durch das gewissenhafte Lebenswerk Max Freedom Longs (1890–1971) auf Hawaii, zum anderen durch die Entdeckung der Essener-Schriftrollen von Qumran am Toten Meer (1947). Da es nach den kosmischen Prinzipien im Universum keinen Zufall gibt, hat auch die Koinzidenz der angeführten Ereignisse mit Sicherheit einen Sinn: In dieser Zeit sollten unser Denken und unser Handeln dem folgenden Grundsatz entsprechen:

»Ich handle nunmehr im Einklang mit der universalen Ordnung, in der Bewusstheit meiner Göttlichen Ich-Bin-Präsenz und meines Höchsten Bewusstseins als Aspekt der Urquelle Akua in meinem Herzen. Ich verstehe mich als wichtigen, aktiven Teil und eigene kreative Schöpferinstanz im kosmischen Ganzen, eingebunden in ein schützendes und permanent erschaffendes einheitliches Feld als fortwährender Ausfluss der grenzen- und bedingungslosen Liebe Gottes. Ich schaffe somit bewusst ein reines und heiles Umfeld in mir, in meiner Umgebung, der Menschheit und der Welt.«

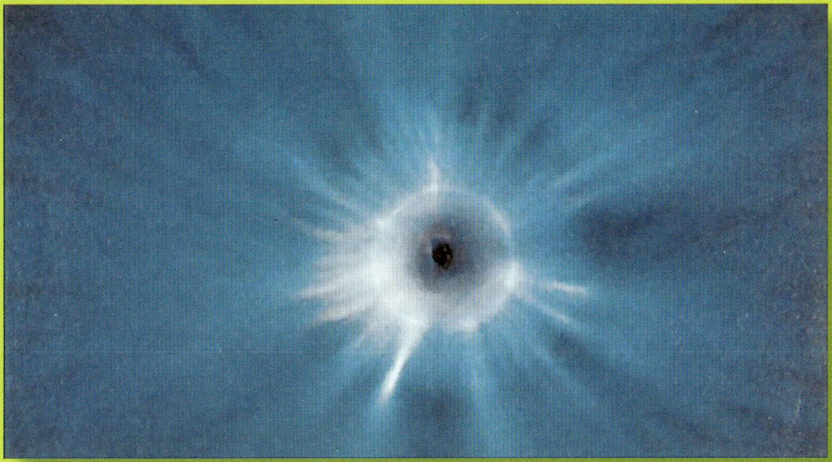

# Unterstützende Hilfsmittel beim Ho'oponopono

## Übliche Störpotenziale

Ho'oponopono ist eine uralte, traditionelle, funktionierende Methode der Lösung von Problemen, Konflikten und Auflösung von Störpotenzialen jeglicher Art. Zu ihr gehört ein außergewöhnlich wirkungsvolles Reinigungsgebet, durch das Sie den individuellen Weg zu Gott wiederfinden.

Grundsätzlich funktioniert das Umprogrammieren negativer Störpotenziale wie physischer Krankheiten, energetischer Schwächezustände, lähmender Glaubenssätze, negativer Gedankenprogramme, einschränkender Gefühlsmuster, spiritueller Identitätsverluste u. a. immer gemäß dem nachfolgenden Ablauf:

### Vorüberlegungen

- Das Universum ist ein Spiegel meiner Gedanken.
- Wenn meine Gedanken negativ sind, werden sie eine negative Realität erzeugen.
- Wenn meine Gedanken positiv sind, werden sie eine positive Realität erzeugen, die angefüllt ist mit Liebe.
- Ich bin zu 100 Prozent verantwortlich dafür, mein Universum in der Form, in der es ist, erschaffen zu haben.
- Ich bin zu 100 Prozent verantwortlich dafür, meine negativen Gedanken zu korrigieren, die eine kranke Realität erzeugen.
- Es gibt nichts, was getrennt von mir ist. Alles existiert als Gedanke in meinem Kopf.

- Nicht ist außerhalb, alles ist in mir.
- Alles, was ich suche und erlebe, alles ist in mir selbst.
- Ich bin nicht Beobachter, sondern Schöpfer.

Wenn Sie ein Problem lösen wollen, arbeiten Sie an sich selbst! Wenn Sie ein Problem mit jemandem anderen haben, fragen Sie sich selbst: »Was geht in mir vor, das diese Person veranlasst, mich zu nerven?« Sie sind für alles verantwortlich, was passiert. Jedes Problem ist eine Chance.

Probleme sind lediglich sich wiederholende Erinnerungen aus der Vergangenheit, die uns eine weitere Chance geben, mit den Augen der Liebe zu sehen und durch Inspiration zu handeln. Das Leben ist eine Wiederholung von Erinnerungen. Wir können sie nicht vermeiden, aber wir können uns entscheiden, mit diesen Wiederholungen aufzuhören. Ho'oponopono hilft uns, die Negativerinnerungen aufzulösen, zu löschen und zu reinigen.

Um negative Gedankenprogramme und energieraubende Gefühlsmuster umzuprogrammieren, sind folgende Schritte notwendig:

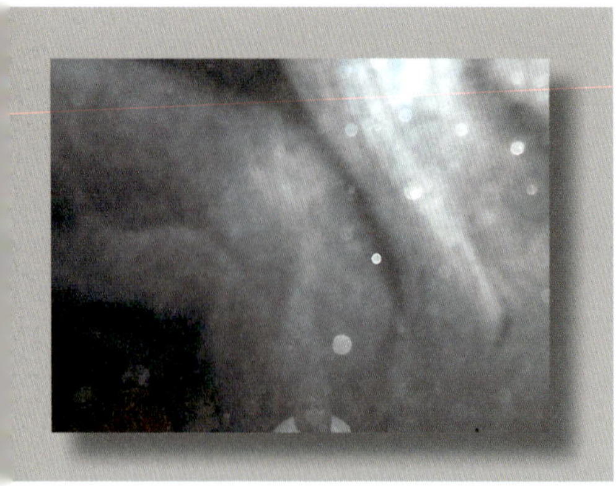

- Erkennen
- Anschauen
- Annehmen als Teil von mir
- Nachdenken
- Entscheiden zum Positiven hin
- dadurch Ändern des alten Programms
- eventuell Sühnen und Kompensieren
- Vergeben und Selbstvergeben
- Löschen
- Loslassen

Dabei sind die wichtigsten Ursachen immer Programme und Muster, die sich als negativ ausgerichtete Informationen bei großer Intensität energieraubend und harmoniestörend im Zellgedächtnis niederschlagen können.

Die wichtigsten Störpotenziale = »Steine im Weg« sind:

- Mangel an Liebe
- Mangel an Gott-, Ur- und Selbstvertrauen
- Zweifel
- Unsicherheit
- Sorgen
- Furcht
- Angst vor: Unfähigkeit, ins Licht zu kommen, Tod, Sterben, Annahme der eigenen Göttlichkeit, Versagen, Verletzung, Schmerzen, Existenz, Arbeitsverlust, Nichterfüllen der Erwartungen anderer, Verlust, Geborgenheitsverlust, Alleinsein, Krankheit, Enge, Technik, Verlust materiellen Besitzes, Zukunft, Tieren, Ausgrenzung, ...
- Ärger
- Groll
- Wut
- Missgunst
- Rachsucht
- Hass
- Eifersucht
- Mangel an Anerkennung
- Mangel an Selbstwert
- Scham
- emotionale Enttäuschung
- Neid
- Geiz
- Hochmut
- Arroganz
- Starre
- unrealistische Erwartungshaltung
- subjektive Wertungen

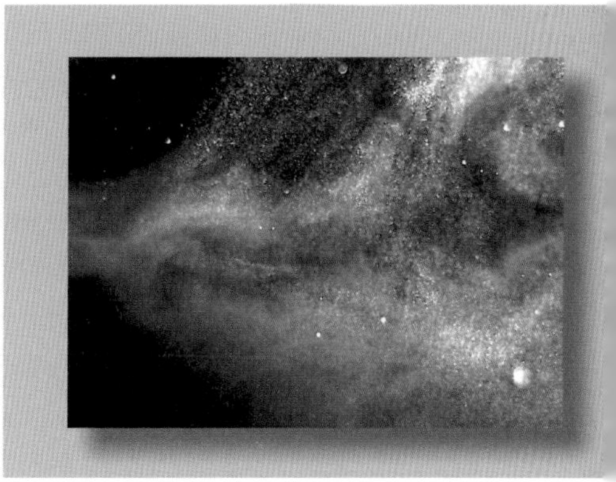

# Generelle Methoden der Umpolung

## Die Tafelmethode

Sie benötigen eine schwarze, eine graue und eine weiße Tafel.

- Schreiben Sie Ihr altes Muster auf die schwarze Tafel.
- Malen Sie 23 grüne Kreuze auf die graue Tafel.
- Schreiben Sie Ihr neues Programm auf eine weiße Tafel.
- Stellen Sie sich vor, Sie schalten einen Fernseher ein, um nachzusehen, was jetzt gespeichert ist: Welches Bild erscheint?
- Wenn das alte Muster erscheint, wiederholen Sie die Methode.

## Die Zählmethode

- Prägen Sie sich die alte Situation in Bildern ein, und empfinden Sie sie mit all Ihren Sinnen möglichst echt.
- Danach zählen Sie, langsam und bewusst – möglichst laut –, rückwärts von 23 bis 0.
- Visualisieren Sie jetzt eine große weiße Leinwand, und malen Sie darauf langsam und bewusst 23 grüne Andreaskreuze.
- Danach zählen Sie wieder, möglichst laut, langsam und bewusst, rückwärts von 23 bis 0. Jetzt prägen Sie sich in Bildern die neue, erwünschte Situation als positive Zielvorstellung ein. Empfinden und erfahren Sie sie wieder mit all Ihren Sinnen möglichst realitätsnah.
- Danach zählen Sie wieder, möglichst laut, langsam und bewusst, rückwärts von 23 bis 0. Zur Kontrolle fragen Sie nach einiger Zeit Ihr Inneres Kind, welche Situation jetzt in Bildern gespeichert ist. Sollte es noch die alte sein, müssen Sie die Methode so lange wiederholen, bis die neue Situation gespeichert ist.

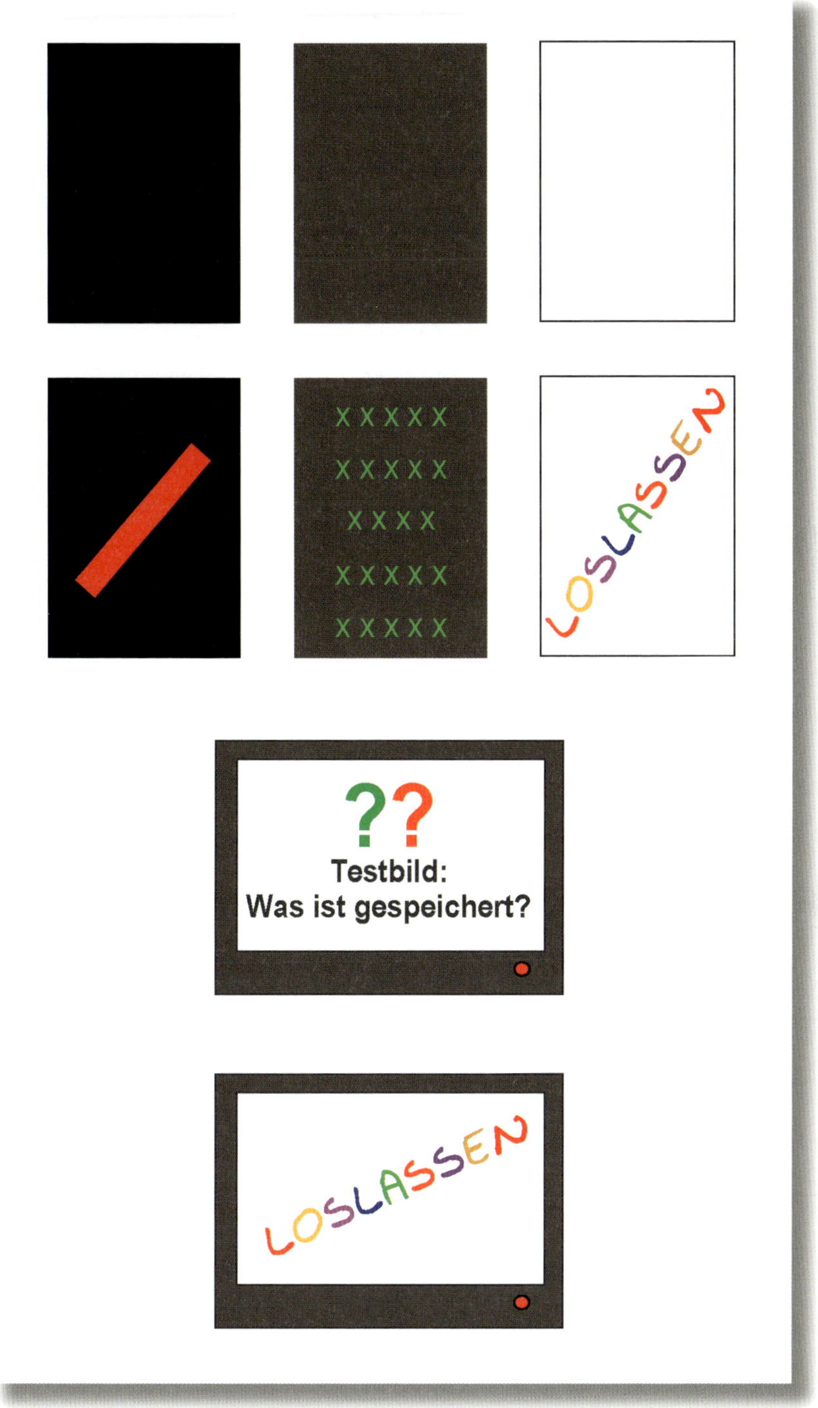
LOSLASSEN
??
Testbild:
Was ist gespeichert?
LOSLASSEN

# Die Dia-Methode

- Stellen Sie sich eine weiße Leinwand vor und sich selbst in einem Sessel davor sitzend.
- Auf der Leinwand erscheint das Bild Ihrer Angst. Visualisieren Sie, wovor Sie Angst haben.
- Sagen Sie zu Ihrem Inneren Kind: »Schau hin, das kennen wir.«
- Drücken Sie den Knopf des Diaprojektors. Jetzt erscheint ein hellgraues Bild mit 23 grünen Andreaskreuzen.
- Sagen Sie zu Ihrem Inneren Kind: »Schau, ... (Name des Inneren Kindes), mit diesem Zeichen löschen wir jetzt die erste Datei. Wir polen sie um, bitte pole du sie jetzt auch um.«
- Drücken Sie wieder den Knopf. Es erscheint ein neues Bild mit dem Inhalt, der jetzt gespeichert werden soll, z. B. Vertrauen, Freude oder Freiheit.
- Erklären Sie dem Inneren Kind das Bild, und bitten Sie es darum, dieses Bild und Gefühl jetzt zu speichern und damit die alte Datei zu überspielen.
- Sagen Sie dem Inneren Kind: »Schau, ... (Name), das ist jetzt unser neues Programm. Lösche bitte das erste Bild, und speichere das Bild, das du jetzt siehst. Es wird dir dann viel besser gehen, und du hast in Zukunft viel weniger Arbeit. Danke, liebe/r ... (Name).«

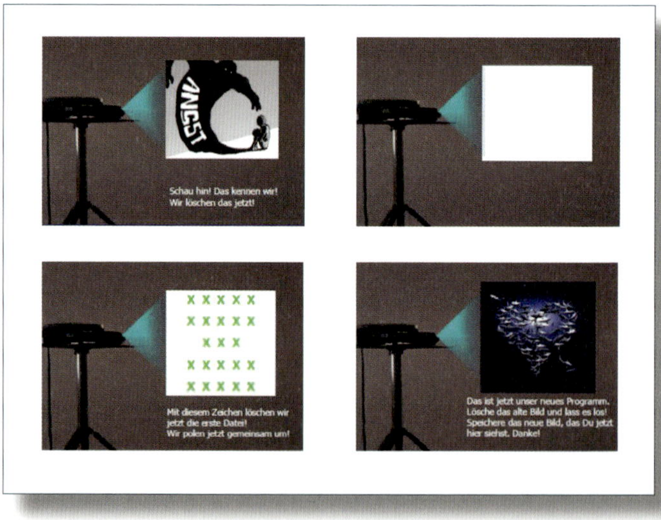

## Löschung durch intuitives Malen

Intuitives Malen stellt die effizienteste Methode der Löschung von Negativprogrammen im Glauben, Denken und Fühlen dar, weil dabei das Innere Kind direkt angesprochen wird. Der wichtigste Schritt ist das Herausnehmen des Zellprogramms aus dem Körperinneren und das nachfolgende informatorische, energetische und stoffliche Aufbringen des neuen Musters durch intuitives Malen auf einem großen weißen Papier.

- ❖ Malen Sie Ihr altes Muster auf einen großen Bogen Papier.
- ❖ Übermalen Sie das Bild mit einem roten Kreuz.
- ❖ Übermalen Sie das gesamte Bild weiß.
- ❖ Löschen Sie das alte Muster, indem Sie 23 grüne Andreaskreuze auf den Bogen malen.
- ❖ Übermalen Sie noch einmal das gesamte Bild weiß.
- ❖ Malen Sie jetzt Ihr neues Programm auf den Bogen, und programmieren Sie sich so um.
- ❖ Das neue (positive) Bild hat das alte (negative) Muster ersetzt!

## Die Videomethode

Auch bei dieser Methode entsprechen die einzelnen Schritte dem bereits beschriebenen Muster:

- Stellen Sie sich z. B. Ihre Schwerhörigkeit als Videosequenz vor, in der Sie mit einem Schild um den Hals vor andere treten, auf dem steht »Ich will es nicht hören!«. Spüren Sie die Traurigkeit und Niedergeschlagenheit, die diese Bilder auslösen. Erleben Sie, wie andere sprechen und Sie sie nicht verstehen. Empfinden Sie, wie Sie vom Gespräch ausgeschlossen sind.
- Sagen Sie: »Wir ändern das jetzt«, und drehen Sie am Videoknopf.
- Sehen Sie, wie sich 23 grüne bewegte Andreaskreuze bilden.
- Nehmen Sie die positive Finalvorstellung wahr. Sagen Sie z. B.: »Ich höre alles«. Hören Sie sich rufen: »Ich nehme alles an, wie es ist. Ich höre alles.« Nehmen Sie voll Freude und Dankbarkeit das gute Hören an. Hören Sie alle Naturgeräusche. Erleben Sie, wie Sie alles Gesprochene verstehen.
- Sprechen Sie: »Das ist jetzt unser neues Programm. Lösche das alte, und lasse es los! Speichere das neue Programm, das du jetzt hier siehst. Danke, danke, danke!«

## Visualisierung des Austausches gestörter Körperorgane: haw.: Papa Ili Ili

Eine weitere sehr effiziente Technik des Huna-Schamanismus wird mit Papa Ili Ili (haw., »Steine legen«) bezeichnet. Am besten führen Sie diese auf Sand durch.

### Übung:

Legen Sie sich auf Sand. Eine zweite Person fährt mit einem Stein oder Holzstab die Konturen Ihres Körpers im Sand nach, wobei Sie die Arme und Beine leicht gespreizt halten sollten. Danach setzen Sie sich vor die Konturen, versetzen sich in einen meditativen Zustand und gehen die einzelnen Körperzonen langsam von unten nach oben durch. Ergeben sich hierbei Schatten oder sonstige Störpotenziale, ordnen Sie diesen Körperzonen bzw. Organen zu. Dann suchen Sie einen Stein, ein Holzstück, eine Muschel oder etwas Ähnliches, das fortan das geschädigte Organ darstellen soll. Diesen Vorgang wiederholen Sie langsam, aber sehr achtsam und bewusst über sämtliche zwölf Körperzonen, insbesondere für die grobstofflichen Zonen bis Ebene 10.

Haben Sie den Körper komplett ausgelegt, denken Sie noch einmal intensiv über den momentanen Zustand der einzelnen Körperzonen nach, und meditieren Sie. Danach nehmen Sie die Steine bzw. sonstigen Hinweisstücke einzeln weg, bedanken sich bei dem jeweiligen Organ für die gemachten Erfahrungen der Vergangenheit und lösen sich von ihm, indem Sie den entsprechenden Gegenstand wegwerfen. Füllen Sie die nun entstandene Lücke achtsam und bewusst mit einem anderen (positiven, hellen und klaren) Stein, einem Holzstück, einer Muschel oder einem ähnlichen Gegenstand. Heißen Sie diesen ausdrücklich willkommen, und legen Sie ihn an die leere Stelle. Zum Schluss senden Sie Energie in diesen Gegenstand als Stellvertreter der Körperzone bzw. des Organs. Nach und nach führen Sie diesen Prozess für sämtliche Körperzonen und Organe durch. Alle geschädigten bzw. gestörten Organe werden sinnbildlich aufgegeben und durch entsprechende positive, starke und gut funktionierende Körperteile ersetzt. Es ist empfehlenswert, sich nach Austausch der

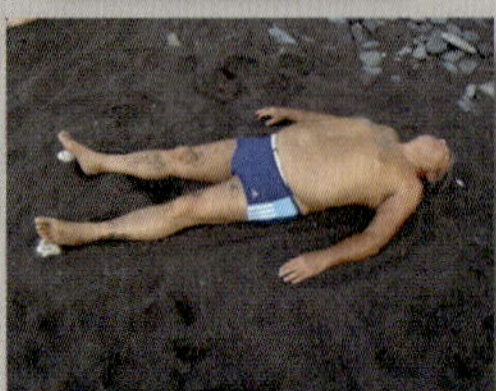

schwachen Organe noch einmal mit dem ganzen Körper auf das positiv umgepolte Schattenbild im Sand zu legen und alle Organe meditativ willkommen zu heißen.

Für hawaiianische Schamanen (Kahunas) war es das höchste Anliegen, den Menschen in Einklang mit sich selbst, den Göttern und dem Kosmos zu bringen. Das wichtigste Hilfsmittel hierfür war das Gebet Pule. Eine Krankheit war für sie ein Zeichen dafür, dass der Patient aus dem Zustand des Einsseins und der engen Verbindung mit Gott, dem Kosmos und sich selbst herausgefallen und damit aus dem Bewusstsein der Ganzheit in den Zustand des Getrenntseins gekommen war. Dadurch konnte sich eine negative Energie in ihm festsetzen, die die Disharmonie verursachte. Dies konnte auch ein Dämon sein. Ma'i'kepa, das Negativpotenzial, musste gefunden, definiert, angesprochen und danach in wechselseitigem Einvernehmen entfernt und im Licht La'akea aufgelöst werden. Danach musste das gesunde Organ, die geheilte Körperzone bzw. der Mensch in Harmonie visualisiert und für die Heilung gedankt werden, als wäre die Heilung bereits eingetreten.

Das Studium des menschlichen Körpers war von allem Anfang an von höchster Bedeutung. Es stand auch zu Beginn der Ausbildung zum Heiler (Kahuna Lapa'au).

Die Diagnose begann mit dem Auslegen von 468 Steinen, die auf einer Bodenmatte in Form eines menschlichen Körpers ausgebreitet wurden. Rote, schwarze und weiße Steine verschiedener Größe wurden verwendet, um Zonen, Organe und Formen dieses menschlichen Körpers darzustellen. Mit geschlossenen Augen mussten bei gleichzeitiger Visualisierung der Einzelsegmente des Patienten diese auf Energiezustand, Gesundheitsgrad und Harmoniezustand erspürt werden.

Die Steinsegmente bildeten anstelle des Patienten die Medien der Diagnose. Diese konnte auch telepathisch geschehen, ohne dass der Patient anwesend war.

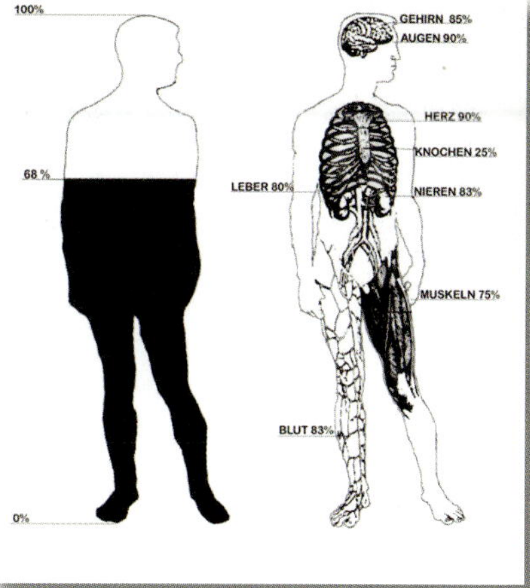


## Die Wasserglas-Methode

Bekanntlich ist Wasser der beste flüssige Leiter von Informationen. Als Dipol speichert es sowohl positive als auch negative Daten. Deswegen können mit seiner Hilfe Störpotenziale entsprechend positiv umgepolt werden. Dies ist besonders wichtig, da der erwachsene Mensch, genau wie die Erdoberfläche, durchschnittlich zu 67 bis 68 % aus Wasser besteht.

Das Prinzip ist dasselbe wie bei jeder Umpolungsmethode. Zuerst wird der alte, gestörte und zu verändernde Sachverhalt auf ein Blatt Papier geschrieben und etwa fünf Minuten lang ein Glas Wasser daraufgestellt.

Danach werden 23 grüne Kreuze auf ein Blatt Papier gezeichnet und das Glas Wasser ebenfalls etwa fünf Minuten lang daraufgestellt.

Zum Schluss wird auf ein Blatt Papier das gewünschte, positive Endziel notiert und das Glas Wasser wieder etwa 5 Minuten lang daraufgestellt.

Das Glas wird dann in die rechte Hand genommen und in kleinen bewussten Schlucken ausgetrunken. Bei jedem Schluck wird der positive Endzustand laut oder leise ausgesprochen, bewusst gemacht und visualisiert.

## Die Zielsetzung: Nala – Der »Weg der Mitte«

Suche den Weg der Mitte.
Habe immer ein eindeutiges, klares und festes Ziel vor Augen.
Gehe den Weg an dein Umfeld angepasst.
Gehe den Weg, ohne Widerstand zu suchen.
Gehe den Weg ohne Erwartungen und Wertungen.
Löse Widerstand und Starre im Fluss auf.
Beharre nie fanatisch auf etwas.

Leben ist fließende Bewegung und Dynamik, es geschieht in Wellenformen, die zu Energie werden. Dies entspricht dem Panta Rhei des Heraklit, dem »Alles ist im Fluss«, sowie dem Wai Wai der alten Hawaiianer, dem »fließenden Wasser«.

Starre als starker Widerstand und Gegenkraft zu Schwingung und Dynamik ist immer die Ursache von Schmerz und Leid auf allen Ebenen und damit der Ausgangspunkt allen Übels. Zu diesen Widerständen gehören auch persönliche Erwartungen und subjektive Wertungen. Sie schaffen ein mentales und emotionales Gefängnis, genau wie sämtliche festgefahrene Programme und Rituale. Den »Weg der Mitte« zu beschreiten, heißt auch, gerade die eigenen Glaubenssätze, Gedankenprogramme und Gefühlsmuster in jedem Moment und in jeder Hinsicht infrage zu stellen, regelmäßig zu überprüfen und – falls notwendig – auch zu verändern und anzupassen.

Der optimale Weg ist die Umsetzung von erlangter Weisheit in praktisches Tun (haw.: Makao).

Den Weg der Mitte zu beschreiten, heißt, Problemsituationen und Herausforderungen erst anzuschauen und zu akzeptieren, anstatt sie vom ersten Moment an zu bekämpfen, und sich den Problemen zu stellen, indem man sie genau betrachtet, ohne dabei den Emotionen von Angst, Wut, Zorn etc. nachzugeben. Das würde entweder zu Kampf und Widerstand führen oder zu einem Angstzustand, Starre und Resignation bis hin zur Selbstaufgabe. Stattdessen sollte man sich in dieser Situation mit dem Problem konfrontieren, um göttliche Heilung und Hilfe bitten und sich mit dem Problem zurück in den Fluss des Lebens begeben. Im Buch »Das Lola-Prinzip« von René Egli werden dieselben Schritte empfohlen:

- sich dem Problem ganz offen stellen
- den Gedanken der Problemlösung loslassen, z. B. den der Heilung, denn sonst wird nur Kampf und Widerstand heraufbeschworen

Es ist wichtig, an göttliche Hilfe, Schutz und die Erfüllung des Heilungswunsches zu glauben. Nicht zu kämpfen, bedeutet nicht, dass man an dem Problem nicht mit Liebe arbeiten darf.

**Bsp. 1:** Bei einer Krankheit darf und sollte man weiterhin an der Ursache arbeiten, doch sollte man extreme Emotionen in Bezug auf sie ausräumen. Dabei kann Nala hilfreich sein, weil jede Emotion durch die Kraft der Liebe und das damit verbundene Nullpotenzial neutralisiert (frei gemacht) wird.

**Bsp. 2:** Bei Konflikten mit anderen sind Gespräche hilfreich. Aber Gespräche unter dem Einfluss extremer Emotionen zu führen, wird meistens geradewegs an einem Kompromiss und damit einer akzeptablen Lösung für beide Seiten vorbeiführen.

»Go with the flow«, haw.: Holo Holo

## Übung:

Versuchen Sie einmal, in einem emotional geladenen Streitgespräch auf Angriff und Aggression mit Liebe zu reagieren. Sie werden schnell merken, dass sich die gerade noch eskalierende Situation auflöst, sich auch das Gegenüber wieder ruhiger, abgeklärter und sachlicher verhält und sogar ein Kompromiss erreicht werden kann. Eine Hilfe kann es dabei sein, sich über dem Kopf des ungeliebten Gesprächspartners einen Heiligenschein vorzustellen. In den allermeisten Fällen ist es einem Menschen nicht möglich, einem Heiligen negative Emotionen wie Hass, Wut oder Zorn entgegenzubringen, im Gegenteil, man begegnet einer Erscheinung mit Heiligenschein mit Liebe und positiven Gefühlen.

Das Geistige Gesetz der Resonanz (Gleiches zieht Gleiches an) bedeutet auch:

»Sät man Liebe, kann man Liebe ernten. Sät man Hass, Angst, Zorn, Zweifel, sollte man nicht erwarten, positive Ergebnisse zu bekommen.« Gerät man beispielsweise in eine Schlägerei, gibt es verschiedene Möglichkeiten, sich zu verhalten. Nach dem Lola-Prinzip wie auch nach dem Prinzip von Nala sollte man sich in einem solchen Moment Folgendes bewusst machen:

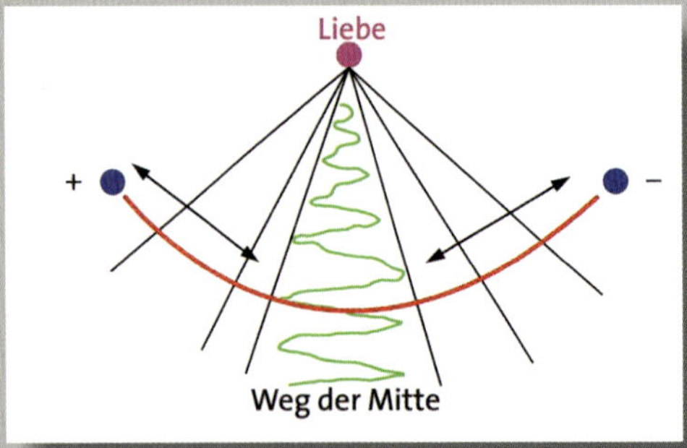

- Ich muss in der Vergangenheit etwas getan haben oder in ein Resonanzverhalten getreten sein, das für diese Situation verantwortlich ist.
- »Wenn dir jemand auf die rechte Wange schlägt, halte ihm auch die linke hin.«

Das Wichtigste auf dem »Weg der Mitte« ist die grenzenlose, göttliche Liebe im Nullpotenzial zwischen den Polaritäten von Plus (+) und Minus (–). Es ist sehr sinnvoll, nicht alles im Leben subjektiv als gut und böse, gut und schlecht usw. zu werten Das führt nur zu starren Positionen und fortwährenden Widerständen. Wenn das Universum nicht wertet, warum sollten Sie das dann tun? Wollen Sie sich gegen Harmonie und Gleichklang im Universum stellen und sich damit permanent isolieren mit weitreichenden negativen Folgen?

Den »Weg der Mitte« findet man durch den Ausgleich von Polaritäten in Offenheit, Vertrauen, Respekt, Aufrichtigkeit, Dankbarkeit und Harmonie. Dabei helfen oftmals ausgesprochene Affirmationen wie:

- »Immer locker bleiben!«
- »Das Leben ist schön!«
- »Immer in der Liebe sein!«
- »Danke für die für mich (uns) beste Lösung!«
- »Es ist alles gut, so, wie es ist.«

Die hier vermittelten Lebenseinstellungen helfen, Extremsituationen nicht zu ernst zu nehmen und die unendliche Leichtigkeit des Seins als Maxime für das eigene Leben anzunehmen.

## Aufladung durch intensive Atmung – haw.: Ha-Ritus

Die alten Hawaiianer luden sich vor wichtigen Ereignissen durch eine intensive Atmung im Rahmen des Ha-Ritus auf. Bei diesem Ritus wird durch das Atmen durch den Mund die Sauerstoffversorgung des Blutes erhöht, durch das Atmen durch die Nase die Leitfähigkeit der Nerven und damit die Übertragung von Gedankenimpulsen verstärkt.

Das hörte man! Weil die christlichen Missionare dies niemals taten, auch nicht vor dem Sprechen eines Gebetes, nannten die Hawaiianer sie Ha'ole (haw.: »die Atemlosen«). Das ist auch heute noch die einheimische Bezeichnung für Nicht-Hawaiianer.

### Die Nasenatmung

Beim Atmen durch die Nase steht der rechte Nasenflügel für die männliche, aktiv-positive Yang-Energie, der linke für die weibliche, passiv-negative Yin-Energie.

Es wird in folgendem Atemrhythmus geatmet:

| 4 | 16 | 8 | 6 |
|---|---|---|---|
| Ein | Stopp | Aus | Stopp |

Die Anzahl der Atemzüge ergibt in ihrer Summe 34 und damit als 33 + 1 nach der Zahlenmystik die Geheimzahl Gottes.

rechts ein – Stopp – links aus – Stopp
links ein – Stopp – rechts aus – Stopp

# Übung:

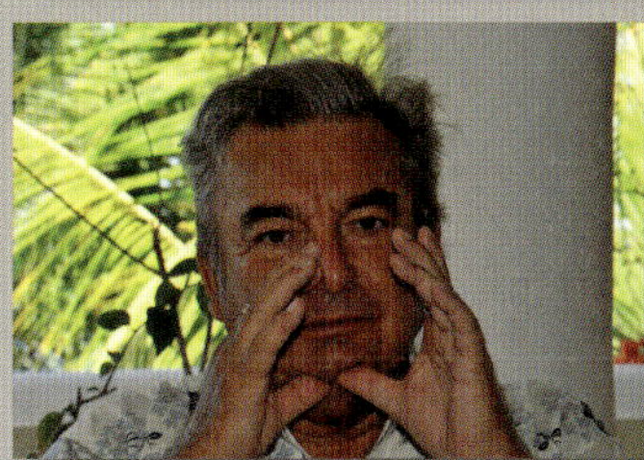

Beim leisen inneren Zählen bis 4 atmen Sie per Bauch- und Brustatmung durch das rechte Nasenloch (Yang) ein und legen dabei beide Daumen unter die Kinnspitzc. Danach drückcn Sic mit beidcn Zeigefingern Ihre Nasenlöcher zu und zählen dabei im gleichen Rhythmus wie vorher weiter bis 16. Anschließend lösen Sie den linken Zeigefinger vom linken Nasenloch, atmen langsam und leicht durch das linke Nasenloch aus und zählen im selben Rhythmus weiter bis 8. Danach schließen Sie beide Nasenlöcher wieder mit beiden Zeigefingern und zählen im gleichen Rhythmus weiter bis 6. Damit ist der erste Atemzug beendet.

Direkt anschließend atmen Sie im zweiten Atemzug so tief wie möglich per Bauch- und Brustatmung über das linke Nasenloch (Yin) ein, indem Sie den Zeigefinger der linken Hand von diesem Nasenloch lösen, und zählen wiederum im gleichen Rhythmus weiter bis 4. Danach folgt das Zuhalten beider Nasenlöcher mit beiden Zeigefingern, und Sie zählen bis 16. In der Folge zählen Sie im gleichen Rhythmus innerlich weiter bis 8, lockern den rechten Zeigefinger am rechten Nasenflügel und atmen dabei langsam und leicht über das rechte Nasenloch aus. Zum Schluss folgt das leichte Zudrücken beider Nasenflügel mit beiden Zeigefingern wobei Sie bis 6 weiterzählen.

Normalerweise reichen diese beiden Rhythmen aus, um sich mit Willensenergie aufzuladen. Selbstverständlich kann die vorgeschlagene Übung auch wiederholt werden. In jedem Fall sollten Sie jedoch mit ihr aufhören, wenn Sie beginnen, sich schwindelig zu fühlen. Sie sind dann genügend mit Energie aufgeladen.

## Die Harmonieatmung

Diese Atemtechnik ist schon sehr alt und spielte bei den alten Ägyptern und Hawaiianern eine große Rolle. In ihrer Vorstellungswelt gab es winzig kleine Energiekanäle, die immer von oben nach unten verliefen, ähnlich den Nadis bzw. Yang- und Yin-Meridianen. Durch die Atmung sollten sie ins Gleichgewicht versetzt werden.

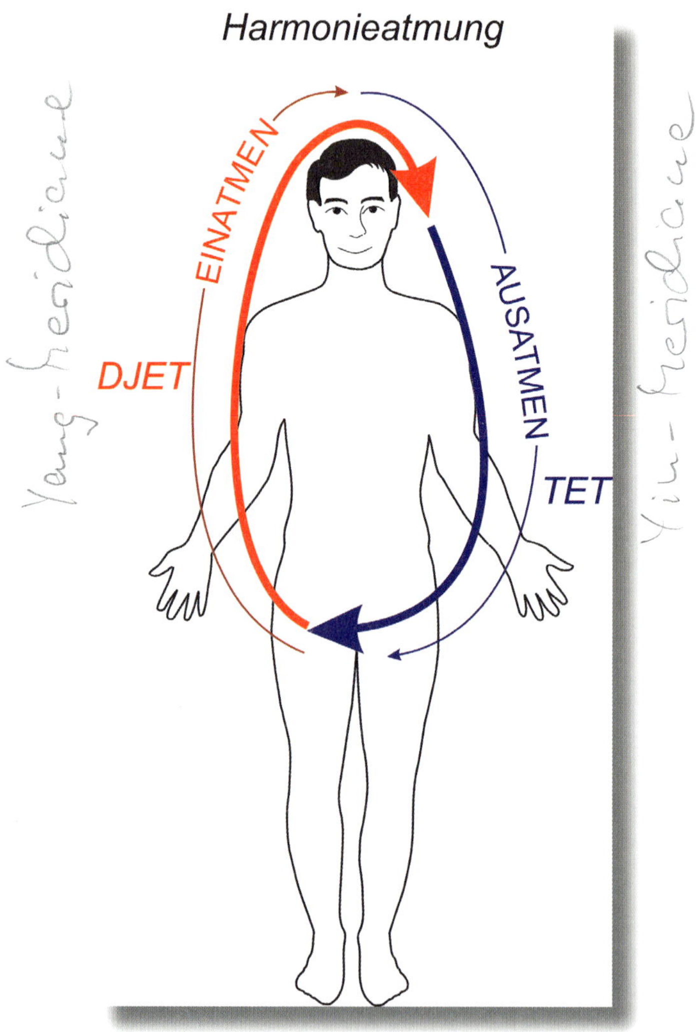

## Übung:

Die mit dieser Atemtechnik angestrebte Harmonie im Außen und Innen führt für die Hawaiianer zum Aufbau von Willensenergie Mana Mana bzw. für die Pharaonen Ägyptens zu Djed, der Wirbelsäule des Osiris, und Tet, den Tränen der Isis. Das aufsteigende rote Djed entspricht dem Ausgleich der Yang-Meridiane, das absteigende blaue Tet dem der Yin-Meridiane. Die Endpunkte ihrer Bewegung liegen am Damm sowie zwischen Ober- und Unterkiefer. Um den Kreislauf zu aktivieren, ist es notwendig, beim Atmen immer die Zunge auf den Gaumen zu legen und damit »die Himmelspforte zu schließen«. Mit dem freien menschlichen Willen können wir das Ausatmen beeinflussen, das Einatmen erfolgt automatisch über den Lungendruck. Zu Beginn ist es sinnvoll, beim Atmen mitzuzählen und einen gleichmäßigen Rhythmus zu wählen, beispielsweise 4:4 oder 5:5. Dieser Rhythmus sollte in Kreis- oder Ellipsenform imaginiert und so lange beibehalten werden, bis es sich harmonisch anfühlt, als würde »es atmen«, also alles automatisch geht. Danach kann man den Rhythmus wechseln, länger aus- als einatmen, 6:4 oder 8:4 bzw. 7:5 oder 9:5. Der angestrebte Finalzustand ist absolute Harmonie und tiefe innere Ruhe, möglichst nahe dem Zustand des ewigen Seins.

# Aufbau des »Inneren Lichtes«

Das Universum besteht aus unbegrenzt vorhandener, reiner Quantenenergie, bei den alten Hawaiianern als Mana, »the breath of life«, bekannt. Dies zeigt sich u.a. im »Rad der Wiedergeburt und des ewigen Lebens« (siehe Abb. unten).

Dieses »Innere Licht« aus dem Universum wurde schon damals durch bewusste Intensivatmung in den Körper aufgenommen. Dies geschieht nach dem rechts abgebildeten Schema.

Wichtig ist hierbei die Regelmäßigkeit:

Einatmen – Stopp – Ausatmen – Stopp
müssen jeweils gleich lang durchgeführt werden, beispielsweise

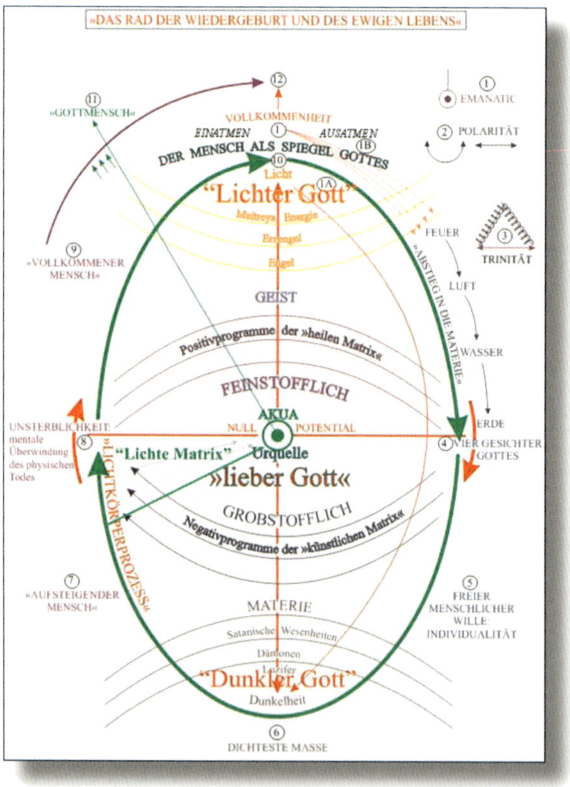

- ❖ im 5er-Rhythmus = freier menschlicher Wille,
- ❖ im 7er-Rhythmus = freier menschlicher Wille im Einklang mit dem Göttlichen Willen,

also:

- ❖ Einatmen (still bis 5 oder 7 zählen)
- ❖ Stopp (still bis 5 oder 7 zählen)
- ❖ Ausatmen (still bis 5 oder 7 zählen)
- ❖ Stopp (still bis 5 oder 7 zählen)

Dieser Zyklus wird jeweils fünf oder sieben (oder ein Vielfaches davon) Mal wiederholt.

Diese Atemtechnik verwendet Dr. Len sehr häufig, wie auf den Seiten 180 ff. erwähnt.

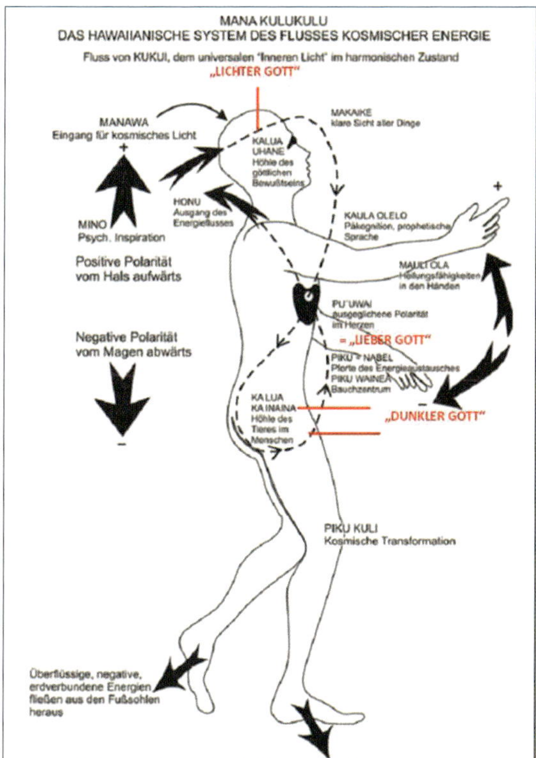

# Die wichtigsten Komponenten von Ho'oponopono

Wenn eine negative Erinnerung durch Ho'oponopono aufgelöst wird, wird sie in allen aufgelöst. Was Ihnen in Ihrer Seele begegnet und passiert, begegnet und passiert allen in ihrer Seele. Durch Ho'oponopono können Sie alle Negativprogramme auflösen und in Ihrer und allen anderen Seelen ersetzen durch göttliche Inspiration in Gedanken, Worten und Taten.

Ho'oponopono ist keine Heilungsmethode und keine Technik, um bestimmte Ergebnisse zu erzielen, sondern eine Möglichkeit, sich zu reinigen und Frieden zu erlangen.

Worauf basiert Ho'oponopono?

- Alles ist Energie und miteinander verbunden.
- Es gibt eine göttliche Quelle, die alles durchdringt.
- Ich bin vollständig verantwortlich für mich selbst und meine eigene Wahrnehmung.
- Frieden beginnt bei mir.
- Harmonie führt zu Heilung, Frieden und Glück.
- Alles, was ich tue, wirkt direkt und indirekt auf mich und auf alles andere.

## Festlegung der Beteiligten und des Themas (haw.: Mana O'kotto)

Im Universum ist es immer sehr wichtig, Dinge, Sachverhalte, Wesenheiten, atmosphärische Störungen usw. genau zu definieren und mit einem beliebigen und intuitiven Namen oder Codewort zu versehen, der bzw. das ab sofort das Gegenüber und/oder sein Thema charakterisiert.

Das kann ein Personenname sein wie: Anna, Otto, Friedolin, Emma oder ein künstlich erschaffenes Codewort wie Zita, Belli, Swimmi, Tinto. Auf der einen Seite stehe ich mit meinem eigenen Vornamen und Familiennamen, auf der anderen Seite das Codewort, das symbolisch für das gesamte Thema des Störpotenzials mit allen Aspekten steht. Im nächsten Schritt wird dieses möglichst genau und umfassend schriftlich festgehalten, z. B.:

- Störungen in der Netzhaut meines linken Auges, wodurch Bilder nicht zurückgespiegelt werden und das Sehvermögen beeinträchtigt wird
- Beschwerden im Hals, die zu Entzündungen, Heiserkeit, Stimmverlust, Schmerzen, vielleicht auch zu Knoten oder einem Hashimoto-Syndrom o. ä. in der Schilddrüse führen
- Probleme mit einer Kollegin am Arbeitsplatz, die mich ablehnt und immer schikaniert
- Schwierigkeiten und Kommunikationsprobleme mit meiner pubertierenden Tochter
- Geldprobleme, finanzielle Sorgen und Existenzängste
- Probleme mit den Nachbarn, die mir das Leben schwer machen, wo immer es geht
- Mitleid mit der fortschreitenden Verschmutzung der Meere, der Umwelt und der Erde

## Anschauen

- Ich schaue den zugrunde liegenden Sachverhalt genau an.
- Ich beobachte die Situation und bin als Beobachter gleichzeitig aktiver Teilnehmer.
- Ich sehe mir die Situation bewusst an.
- Ich fühle die Situation bewusst in mir.
- Ich beobachte die Gefühle, die diese Situation in mir auslöst.
- Ich höre auf den Hinweis, den mir diese Sitation geben möchte.
- Welcher Aspekt in mir reagiert auf die Situation?

## Annehmen

- Dies ist ein Teil von mir, ich habe damit zu tun, weil es meine Sinne und mein Sein berührt.
- Ich bin beteiligt.
- Ich bin angesprochen.
- Die Situation geht mich etwas an.
- Ich nehme die Situation an, so wie sie mir begegnet ist.

Sollte es sich bei der potenziellen Störung um ein körperliches Leiden oder einen Sachverhalt handeln, der mit einer bestimmten Körperzone oder einem bestimmten Organ in Verbindung zu bringen ist, merken Sie sich das bzw. notieren Sie es auf einem Zettel.

Bei der praktischen Durchführung legen Sie dann Ihre linke, aufnehmende Hand auf Ihr Herz (= Liebe) und Ihre rechte, abgebende Hand (= Heilung mit Liebe) auf die entsprechende gestörte Körperstelle. Dabei sagen Sie laut:

»Das (= mein altes Störprogramm) ändere ich jetzt!«

# Uneingeschränkte Selbstverantwortung (haw.: Kuleana)

Die göttliche Urquelle hat dem Menschen den freien Willen gegeben, verbunden u. a. mit der Auflage, für alle Folgen von Entscheidungen uneingeschränkt selbst verantwortlich zu sein. Demzufolge sind die gegenwärtigen Umstände des eigenen Lebens, die persönliche spirituelle, mentale, emotionale, energetische und körperliche Verfassung, auch eine Folge der individuellen Gedanken. Es nützt also absolut nichts, sich aus der Verantwortung für die eigene Situation herauswinden zu wollen und immer andere für das eigene Missgeschick verantwortlich zu machen. Damit verlagert man das eigene Problem nur nach außen, was in dem Moment wohl bequem sein mag, aber keine endgültige Lösung darstellt. Die Verantwortung für das eigene Leben und das materielle Umfeld auf den Staat, die Eltern oder Kinder, den Freund oder Ex-Ehemann abzuwälzen, hilft langfristig nicht weiter. Es hindert einen im Gegenteil sehr oft daran, umzudenken und eine sinnvolle Lebensaufgabe zu finden.

In allen Universen kommt das gesamte Sein aus einer Urquelle (haw.: Akua). Alles Bestehende hat also denselben Ursprung eines höchsten göttlichen Bewusstseins in Gestalt des Weltengeistes. Nach dem 1. Geistigen Gesetz ist alles Sein Geist: eins, ganz, vollkommen und wechselseitig vernetzt. Der Geist der Urquelle verbindet als Schwingung in Wellenform (haw.: Aum) durch Information Energie mit Materie.

Wenn unsere Sinneswahrnehmungen unsere bewusste Aufmerksamkeit für einen Zeitraum, der über drei Sekunden hinausgeht, auf einen bestimmten Sachverhalt lenken, bedeutet das, dass wir mit diesem in unserem tiefsten Inneren in Resonanz stehen müssen. Nach Ansicht der neuen Physik müssen wir mit dem Sachverhalt also quantenverschränkt sein, sonst könnte er unsere Aufmerksamkeit nicht so beeinflussen. Diese Verbindung besteht jenseits von Raum und Zeit. Ihre Ursache kann in einem früheren Leben liegen, sie ist jedoch noch im Zellgedächtnis einer bestimmten Körperstelle, -zone oder eines bestimmten Organs gespeichert. Deswegen kommt sie durch die Konfrontation mit dem Sachverhalt nunmehr aus den Tiefen des Unterbewusstseins ans Licht bzw. an die Oberfläche des Wachbewusstseins. Das zeigt an, dass es ein bisher noch ungelöstes Störpotenzial gibt, einen

»schwarzen Fleck auf der eigenen weißen Weste«.

Daraus folgt für mich: »Ich bin uneingeschränkt verantwortlich für den mit mir in Resonanz getretenen Sachverhalt im Außen, sonst wäre er mir nicht bewusst geworden. Ich muss dankbar sein für diesen in Form eines Objekts im Außen auftretenden Hinweis auf noch unerledigte Hausaufgaben in meinem eigenen Inneren als Subjekt. Ich selbst wäre vielleicht nie darauf gekommen, dass in mir noch diese Störung besteht, und hätte die Möglichkeit verpasst, mich selbst zu heilen und zu reinigen, meine Schwingungsfrequenz damit zu erhöhen und mein Bewusstsein zu erweitern.«

- Ich bin in vollem Umfang verantwortlich dafür, dass die Situation eingetreten ist.
- Das Problem ist mein Problem, nicht das eines anderen.
- Ich habe es hervorgerufen.
- Die Quelle des Problems sind meine fehlerhaften Gedanken darüber.
- Die Situation spiegelt etwas von mir wider.
- Ich übernehme die volle Verantwortung dafür.
- Ich bin verantwortlich für diese Situation.
- Es ist mein Gefühl, das in dieser Situation zum Ausdruck kommt.

- ❖ Es sind meine Gedanken, die sich in dieser Lage widerspiegeln.
- ❖ Es sind meine Worte, die mir in diesem Sachverhalt gezeigt werden.
- ❖ Alles in meinem Leben unterliegt meiner Verantwortung, einfach weil es in mein Leben gekommen ist.
- ❖ Auch als Beobachter bin ich aktiv an dieser Situation mit beteiligt.

Heile ich jetzt die Störung in mir, besteht keine Resonanz mehr, ist der sie spiegelnde Gegenpol ebenfalls geheilt und mit ihm das zugrunde liegende Thema.

Ich selbst bin dann meiner eigenen Verantwortung gerecht geworden.

# Entschulden – Verzeihen – wechselseitiges Vergeben (haw.: Kala)

Die größten Hindernisse für die Kommunikation zwischen den drei Selbsten sind Negativprogramme, karmische Altlasten, Dogmen, negative Glaubenssätze, starre Gedankenprogramme, einschränkende Gefühlsmuster, Fixationen, Manifestationen, Phobien, Neurosen, Schuldkomplexe, Ängste und andere Blockaden jeglicher Art. Sie aus dem Weg zu räumen, ist daher die wichtigste Voraussetzung für Schwingungsfrequenzerhöhung und Bewusstseinserweiterung.

Blockaden entstehen größtenteils aus Ereignissen der Vergangenheit, die nachhaltig den Energiefluss, vor allem von Vital- und Lebensenergie, störten. Genauer gesagt, entstehen sie aus Erinnerungen an diese im Langzeitgedächtnis des Bauchhirns, für die ausschließlich das Untere Selbst zuständig ist.

Diese Blockaden haben in der Regel nichts mit Gott, der geistigen Welt, dem Überbewusstsein und dem Hohen Selbst zu tun. Sie sind im Wachbewusstsein durch Programme des Mittleren Selbst entstanden und wurden im Unterbewusstsein durch das Untere Selbst kritiklos aufbewahrt und gespeichert. Sie sitzen noch heute im Bauchhirn des Darms, in den Schleimhäuten, im Binde- und Muskelgewebe und stören die Harmonie und den Gesundheitszustand.

**Blockaden entstehen im Kopf, werden im Bauch gespeichert und können nur durch das Mittlere und das Untere Selbst gemeinsam aufgelöst werden.**

Korrigieren kann diese nachhaltigen Störungen nur das Mittlere Selbst durch positive Entscheidungen. Es hat jedoch meist das Problem, dass es die Ursachen nicht kennt. Deswegen kommt es zu Disharmonie, Vertrauensmangel und Kommunikationsproblemen zwischen dem Mittleren und dem Unteren Selbst.

Das Untere Selbst nimmt es dem Mittleren Selbst übel, dass es an der bestehenden, unleidlichen Situation nichts ändert, indem es entsprechende positive und regulierende Entscheidungen trifft. Das Mittlere Selbst fühlt sich dadurch unwohl, ohnmächtig und orientierungslos. Ein Teufelskreis! Beide Selbste müssen die Notwendigkeit erkennen und zustimmen, eine Blockade zu lösen. Sie müssen sich darüber einig sein, sonst wird die Blockade nicht in eine neue, nützliche Sichtweise umgewandelt. Das ist aber notwendig, damit sich die negativ gebundene Energie löst.

Wenn ich mir darüber bewusst werde, dass ich mit einem bestimmten Sachverhalt im Außen in Resonanz stehe und dieser notwendig mit einem noch in meinem Zellgedächtnis gespeicherten in Bezug steht, ist klar geworden, dass

- ich mit dem Sachverhalt etwas zu tun habe.
- ich dafür die Verantwortung habe.
- ich noch ein Negativpotenzial in mir trage.
- ich in der Vergangenheit Schuld auf mich geladen habe, die bisher noch nicht ausgeglichen wurde.

Das ändere ich jetzt!

Es gibt nur eine einzige Instanz, die mich schuldig sprechen kann, und das bin ich selbst in Form meines Mittleren Selbst.

Folglich gibt es auch nur eine einzige Instanz, die mich von Schuld freisprechen kann, und das bin ich selbst in Form meines Mittleren Selbst.

Schuld und Sünde (haw.: Kapua, »das Ding, das von innen auffrisst«) kommen nur aus mir, weder Gott noch das Universum sprechen schuldig oder werten.

Das Untere Selbst verwaltet als Steuerinstanz des Unterbewusstseins das Langzeitgedächtnis durch Zellspeicherung, aber es kann nicht entscheiden. Das kann nur das Mittlere Selbst. Dieses kann an das Untere Selbst die Anweisung geben, ein Negativprogramm im Zellgedächtnis zu löschen. Das Untere Selbst wird die Umprogrammierung aber nur vornehmen, wenn

- der Sachverhalt klar definiert ist,
- durch mehrmaliges Wiederholen (= starkes mentales und emotionales Engagement) die Intensität der Anweisung aus Sicht des Inneren Kindes = Unteren Selbst überzeugend genug ist, um auch festgefahrene Negativprogramme auszugleichen,
- eventuell entsprechende ausreichende Kompensationen bzw. Sühneleistungen vorgenommen wurden,
- das Untere Selbst wirklich überzeugt ist, dass ich gedanklich, gefühlsmäßig und auch in meinen Glaubensvorstellungen die Tat bereue,
- und es mir leidtut!

Das entscheidende Kriterium ist, dass ich im Hier und Jetzt unter sonst gleichbleibenden Umständen anders handeln würde als damals. Auch wenn mir die Einzelheiten des damaligen schuldhaften Vorgehens vielleicht nicht bewusst oder erinnerlich sein sollten, spüre ich doch im Bauchbereich, was positiv und was negativ ist.

## Mitgefühl zeigen

»Ich verstehe dich, und ich verstehe meinen Anteil am Problem.«

- Es tut mir leid, dass dies geschehen ist.
- Es tut mir leid, dass ich diese Situation hervorgerufen habe.
- Es tut mir leid, dass etwas in mir dies hat geschehen lassen.
- Es tut mir leid, dass ich in diese Situation verwickelt bin.
- Es tut mir leid, dass ich dies beobachtet habe und als Beobachter daran mit beteiligt bin.
- Es tut mir leid, dass etwas in mir diese Situation hat entstehen lassen.
- Es tut mir leid für mich selbst und die Göttlichkeit in mir.

## Entschulden/Entschuldigen

Neben dieser mentalen und emotionalen Umprogrammierung ist es unbedingt notwendig, auch zu ent-schulden. Hatte begangenes Unrecht grobstofflich-materielle Folgen, müssen sie unbedingt auf physischer Ebene wiedergutgemacht werden, und zwar auf der, auf der sie entstanden sind, und bei der Person, die es betraf. Ist dies nicht mehr direkt in individuell »stimmiger« und gleichgelagerter Art und Weise möglich, hat es indirekt zu geschehen. Auch Schuldgefühle aus Ahnenmustern, aufgrund ethischer oder moralischer Überzeugungen entstandene, erziehungsbedingte oder aus falsch verarbeiteten Erlebnissen entstandene Schuldgefühle müssen durch eine entsprechende positive Tat und Umwandlungsrituale neutralisiert werden. Es gibt immer die Möglichkeit der Kompensation und Befreiung von Schuld durch eine reale Wiedergutmachung beim Opfer oder bei stellvertretend für dieses stehenden Personen durch mentale und emotionale Distanzierung vom begangenen Unrecht, verbunden mit dem festen Vorsatz, die schuldhafte Tat nie mehr zu wiederholen.

- Ich entschuldige mich.
- Ich entschuldige dich.
- Ich entschuldige alle an der Situation direkt und indirekt Beteiligten.
- Ich entschuldige mich als Beobachter dieser Situation und erkenne, dass ich gleichzeitig aktiver Beteiligter bin.

## Verzeihen

Dem Ent-Schulden bzw. Entschuldigen, das hauptsächlich auf materieller, physischer, grobstofflicher Ebene geschieht, folgt das Verzeihen (haw.: Kalaku) auf energetischer Ebene im Ätherbereich.

Verzeihen heißt, ein von der dauernden Auseinandersetzung mit den Schatten der Vergangenheit vollkommen uneingeschränktes Leben in der Gegenwart anzunehmen, das von Freiheit und Liebe bestimmt ist. Es bedeutet, frei zu sein von Wut, aggressiven Gedanken und selbstzerstörerischen Gefühlen. Es heißt, sich loszulösen von einer in der Vergangenheit entstandenen und immer wieder aus dieser fließenden negativen Energie, ohne den ihr zugrunde liegenden Sachverhalt anzunehmen. Es wird nur die energetische Verbindung zu dieser Tat gelöst. Das ist die Voraussetzung für eine umfassende Vergebung, die im Interesse von anderen, aber vor allem von einem selbst liegt.

## Vergeben

Dem Verzeihen folgt die Vergebung. Voraussetzung dafür, dass einem vergeben wird, ist es, mental und emotional sich und anderen vergeben zu haben, sowie bestehende Verhaftungen zwischen Opfer und Täter tatsächlich im Glauben, in Gedanken und Gefühlen losgelöst zu haben. Vergebung hilft beiden, dem Schuldigen und dem Opfer, weil dadurch die wechselseitige negative Verhaftung, die als Aka-Schnur in die Vergangenheit führt, gelöst und durchtrennt wird.

- ❖ Ich sehe meine Verbindung zu anderen.
- ❖ Ich verzeihe allen Beteiligten.
- ❖ Ich bitte alle Beteiligten um Verzeihung für mein Mitwirken an der Situation.
- ❖ Ich verzeihe mir.
- ❖ Ich verzeihe mir als Beobachter und als aktiv und/oder passiv Beteiligtem.

Vergebung macht beide frei, gleichgültig, welche Rolle sie spielen, die des Täters oder die des Opfers.

Grundsätzlich ist alles im Universum wertneutral. Nichts ist an sich gut oder schlecht, nur unsere individuelle, subjektive Bewertung, unser eigenes, persönliches Denken machen es dazu.

Die im gleichgelagerten Resonanzverhalten festgehaltenen Programme von Täter und Opfer verdichten sich im Außen zum Energiepotenzial der Tat. Dabei ist der aktive Partner der Täter, der passive das Opfer.

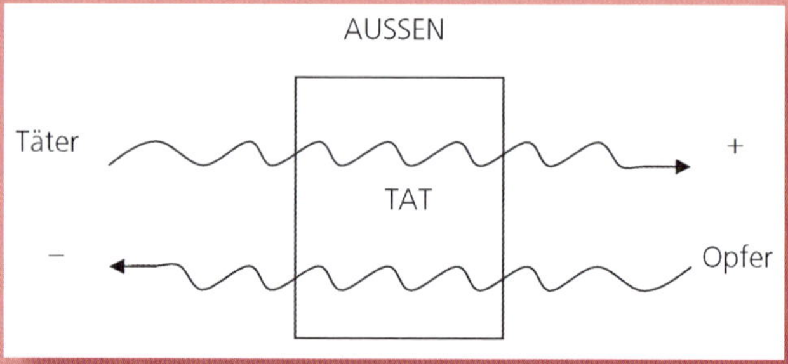


Ohne die Bereitschaft des Opfers, sich für das Energiepotenzial der Tat passiv zur Verfügung zu stellen, käme es zu keiner Tat. Gleichzeitig erfolgt jedoch im Innen eine individuelle persönliche Programmierung und Speicherung, beispielsweise:

- beim Täter: »Ich bin ein Monster!«
- beim Opfer: »Ich bin ein armes Würstchen!«

Im Rahmen der wechselseitigen Vergebung sind also vier verschiedene Vergebungsschritte notwendig, wobei jeder Beteiligte nur auf jeweils zwei einen direkten Einfluss hat, nämlich

1. Opfer vergibt Täter.
2. Täter vergibt Opfer.

→ im Außen

3. Opfer vergibt Opfer.
4. Täter vergibt Täter.

→ im Innen

Dem Verzeihen muss das Vergeben folgen, damit auch die energetische Verhaftung zwischen Opfer und Täter vollständig aufgelöst wird. Dabei ist es objektiv unwichtig, wer Opfer und wer Täter war. Entscheidend ist, dass man sich selbst nach gründlicher Selbsterforschung und intensivem In-sich-Hineinhören von Schuld freispricht, sei es als Opfer oder als Täter. Tut der andere dies nicht, vergibt er nicht, man aber sich selbst,

löst man damit einseitig die negative energetische Verhaftung, sodass diese als Potenzial vollständig beim anderen verbleibt.

Endgültig abgeschlossen ist der gesamte Sachverhalt der vergangenen Tat mit dem Akt der Selbstvergebung. Die Erkenntnis »Ich verzeihe mir!« befreit endgültig. Noch umfassender wirkt die lateinische Formulierung »Ego me absolvo!« (»Ich spreche mich selbst frei von jeglicher Schuld!«). Damit ist der gesamte Vorgang einer negativen Tat für den Vergebenden energetisch endgültig abgeschlossen. Was bleibt und in der individuellen und der kosmischen Akasha-Chronik bzw. dem menschlichen morphogenetischen Feld gespeichert wird, ist die Essenz einer wichtigen bewussten und individuellen Erfahrung.

Vergebung nützt also nicht nur anderen Menschen, sondern vor allem uns selbst. Vergebung gibt uns die Chance, zu erkennen und zu erfahren, dass wir im Geist eins mit allem Sein sind, mit dem universalen Geist der Gottheit als Einheit und Ganzheit. Wir vergeben uns bewusst, dass wir uns auf eigenen Wunsch und mit unserem freien menschlichen Willen von einem liebevollen Gott getrennt haben. Es ist niemals zu spät, zu verzeihen und zu vergeben. Jeder Zeitpunkt ist der richtige.

Entschluss zur Vergebung

Entschließe dich, zu verzeihen,
denn Nachträglichkeit ist negativ,
und sie vergiftet.
Hass und Groll zehren am Selbst
und lassen es schrumpfen.
Du musst als Erster vergeben,
lächeln und den ersten Schritt tun.
Und du musst das Glück blühen sehen
auf dem Gesicht deines Mitmenschen,
deines Bruders oder deiner Schwester.
Sei du immer der Erste.
Warte nicht, dass andere vergeben,
denn durch dein Verzeihen
wirst du Herrscher über das Schicksal.
Du gestaltest das Leben. Du tust Wunder.
Vergeben ist die höchste und schönste Form der Liebe.
Dafür wirst du unermesslichen Frieden erhalten
und vollkommenes Glück empfinden.

- Welche Konflikte oder Schuldgefühle bestehen noch?
- Ich verurteile und bewerte nichts und niemanden. Es ist alles, wie es ist. Jeder Mensch ist, wie er ist.
- Ich weiß, dass nur ich selbst es bin, der mich schuldig spricht.
- Ich erkenne, dass ich meine belastenden Situationen und Negativprogramme selbst ändern kann.
- Ich erkenne in jeder Herausforderung meine Chance.
- Am besten kann ich aus Herausforderungen lernen, wenn ich sie annehme und die an mich gerichtete Botschaft entschlüssle.
- Ich bin verantwortlich.
- Herausforderungen spiegeln mir meine eigenen Gedanken und Konflikte wider.

Abschließende Vergebungsschritte:

- ❖ Ich lasse das Geschehene vollständig und unbedingt los.
- ❖ Ich danke für die Erfahrung, die ich gemacht habe.
- ❖ Ich liebe mich selbst und die anderen Beteiligten bedingungslos.

»Der Schwache kann nicht verzeihen. Verzeihen ist eine Eigenschaft des Starken.« (Mahatma Gandhi)

Für Blockaden sind das Untere und das Mittlere Selbst verantwortlich. Das Hohe Selbst kann auf deren Bitte hin wirkungsvoll helfen, sie zu lösen. Deswegen sollten Sie täglich Ihr Hohes Selbst um Führung bitten. Bitten Sie es auch, dass es Ihnen zeigt, was getan werden muss, um die Leitungen (haw.: Aka-Schnüre) wieder frei zu machen. Dann kann es Ihnen die dazu erforderliche Energie bereitstellen.

Ich bin vollkommenes, ewiges, liebendes und göttliches Bewusstsein.
Ich danke für göttliche Führung und Weisheit.
Ich danke für göttliche Kraft und Wahrheit.
Ich danke für göttlichen Schutz und Segen.
Ich danke für göttliche Gnade und Liebe.
Ich danke für mein Leben.
Ich danke für mein Sein.
Das Leben ist schön.
Mahalo ke akua – Danke für die für mich beste Lösung!
Danke, danke, danke!
Aloha!

## Übung

Stellen Sie sich beim Duschen vor, dass Sie allen Ballast von sich abwaschen. Dies trägt dazu bei, die Leitung zum Hohen Selbst zu reinigen.

Es ist wichtig, die Verbindung auch in Zukunft frei zu halten, also dafür zu sorgen, dass keine neuen Hindernisse entstehen.

Jeden Abend und jeden Morgen sollten Sie den vergangenen Tag Revue passieren lassen und die Ereignisse so lange verarbeiten, bis Sie sie lösen. Eventuell unerwünschte Verhaltensweisen können Sie dadurch auch »mental umerleben«.

Das Mittlere Selbst muss Opfer bringen, Liebe geben und damit das Untere Selbst beeindrucken und dazu anleiten, die negative Programmierung aufzulösen und dadurch ein begangenes Unrecht zu kompensieren, auch gegenüber sich selbst (z. B. durch Fasten, Wallfahrten usw.).

## Dankbarkeit – Danksagung (haw.: Hoʻomaika)

Dankbarkeit ist eine Kraft im Leben, die alle Ebenen durchdringt: die physische Ebene, die Ätherebene, die Astralebene, die Mentalebene und die Spiritualebene. Mit der Dankbarkeit wächst das Gefühl, dass das eigene Leben auf eine ganz einmalige, einzigartige Weise sinnvoll ist. Das Gefühl, dass wir nicht getrennt, sondern mit allem Leben verbunden sind, umhüllt uns. Diese Art der Dankbarkeit lässt uns erfahren, dass das Leben ein Geschenk ist.

Das Danken berührt den Sinn des Glaubens und ist darin mit dem Bitten verwandt. Beide Akte drücken aus, dass wir nicht auf eigene Faust leben wollen, sondern uns in einen umfassenden Lebenszusammenhang eingebunden wissen. Wir erfahren uns als einen wichtigen Aspekt des Universums und das Universum als einen bedeutenden Teil von uns. Durch Dankbarkeit verbinden wir uns mit der Urquelle allen Seins. Wer oder was diese Urquelle für uns auch ist – Gott, ein liebender Vater, Schöpfer,

eine höhere Kraft –, am schnellsten verbinden wir uns mit ihr, indem wir unserer Dankbarkeit Ausdruck verleihen. Mit Dankbarkeit antworten wir jemandem, der uns etwas schenkt. Wir danken einer Kraft, von der wir alles bekommen.

Nehmen wir unser Dasein dankbar an, nehmen wir uns Zeit für eine Umarmung und für Gespräche mit Freunden, öffnen wir unser Herz für alles Heilende, was uns in dieser Welt umgibt, machen wir uns manche Augenblicke bewusst, die uns ergreifen und die vielleicht nicht noch einmal kommen! Dankbarkeit ist das, womit unser menschliches Herz antwortet, wenn es erkennt, dass alles, was wir haben, geschenkt ist – nicht, weil wir es verdienen, sondern einfach ohne erkennbaren Grund. Wenn uns beim Anblick einer Rose oder beim Klang einer wunderschönen Stimme, bei einer liebevollen Begegnung mit einem herzlichen Menschen bewusst wird, dass alles geschenkt und an keine Bedingung geknüpft ist, dass alles aus Liebe geschieht, dann stellt sich die Dankbarkeit ganz von selbst ein.

In Momenten der Geborgenheit nehmen wir bewusst unseren Platz im Kreislauf des Lebens ein und erkennen unsere Verbundenheit untereinander und mit der gesamten Schöpfung. Wir sind Teil von allem. Wir erleben, dass es keine Trennung zwischen uns und allem anderen gibt, was wir hören, sehen und fühlen. In solchen Momenten wird unser Herz sehr weit. Wir öffnen es für Liebe, Freude und Schönheit, die jederzeit für uns bereitstehen. Nur mit einem dankbaren Herzen können wir mit dem Ganzen verschmelzen. Es gibt uns das Gefühl, dass wir daheim sind. Wir sind in unserer Mitte, wir fühlen uns eins mit Gott. Wir sind im absoluten Nullpotenzial.

Dankbarkeit erzeugt in uns Glück, weil sie uns ein Gefühl der Erfüllung und der Vollständigkeit gibt – das Gefühl, dass alles, was wir brauchen, für uns da ist oder uns jederzeit zur Verfügung steht. Mit der Dankbarkeit verschafft man sich einen Schlüssel zum Glück, denn ein ganz erstaunlicher Zug der Dankbarkeit besteht darin, dass wir, wenn wir dankbar sind, nicht gleichzeitig negative Gefühle wie Angst, Ärger, Zorn, Wut, Neid usw. haben können. Also erzeugt Dankbarkeit in uns positive Gefühle wie Liebe, Hoffnung, Mitgefühl. Sie hilft uns, zur Freude zurückzufinden, Altes abzuschließen und uns für Neues zu öffnen. So bleiben wir nicht an unseren »Fehlern« hängen.

Dankbarkeit ist ein Streben nach vorn, das Vertrauen und Hoffen auf Neues, Besseres, und eine Art, sich dem Positiven im Leben zuzuwenden. Dankbarkeit heißt, sich bewusst für ein positives Leben zu entscheiden, sich neu zu orientieren und den Erfolg vor Augen zu haben. Dankbarkeit heißt, sich dem Licht zuzuwenden, so wie es in der Natur jede Pflanze tut. Dankbarkeit ist das bewusste Erkennen und Annehmen einer Lebenssituation und somit auch die Erfahrung, die wir aus dieser Situation schöpfen sollen. Dadurch sind wir mit unseren Gedanken und Gefühlen bereits im positiven Bereich. Wir können dadurch bestimmte Gedanken- und Gefühlsmuster sowie bestimmte Glaubenssätze besser erkennen oder erarbeiten und diese gezielt umprogrammieren. Wir haben die Freiheit, uns zu entscheiden, ob wir unsere erworbenen negativen Einstellungen aus der Vergangenheit weiterhin mit uns herumschleppen wollen oder ob wir bereit sind, mehr Freude und Liebe in unser Leben eintreten zu lassen. Über die Dankbarkeit finden wir einen Weg zu mehr Lebensfreude und mehr Licht.

Aus den angeführten Gründen richten sich unsere Dankbarkeit und die damit verbundene Danksagung vor allem auf die folgenden Bereiche:

»Ich danke für mein Sein.«
»Ich danke für die mit und durch mein Thema (Codewort) gemachten Erfahrungen.«

Sie haben mir neue Erkenntnisse vermittelt und mich in meiner persönlichen Entwicklung und individuellen Evolution weitergebracht.

Ich danke für die für mich/uns beste Lösung.

- Danke für die Erfahrung.
- Danke dafür, dass ich etwas Wichtiges dazulernen durfte und ich mich dadurch weiterentwickeln kann.

- ❖ Danke, dass sich mir die Möglichkeit eröffnet hat, diese Situation zu bewältigen.
- ❖ Danke, dass ich Beobachter dieser Situation sein durfte, in der sich ein Teil von mir gespiegelt hat.
- ❖ Danke, dass ich mir und allen Beteiligten vergeben durfte.
- ❖ Danke, dass ich mir und allen Beteiligten vergeben habe.
- ❖ Danke für die Hinweise, die mir durch diesen Sachverhalt gegeben wurden.
- ❖ Danke für alle Erkenntnisse und Erfahrungen, die mir durch diese Situation zuteil wurden.
- ❖ Mahalo! Danke für die für mich beste Lösung!

Dieser wichtige Gebetsaspekt geht zum Hohen Selbst, das in der qualitativen Zeit des Hier und Jetzt existiert, den kosmischen Plan kennt und Zugang zu höheren himmlischen Hierarchien hat.

Häufig wiederholt, bringt dieses Gebet zum objektiv richtigen Zeitpunkt die tatsächlich beste Lösung. Hierzu sind Geduld, ein wirklich tiefes Vertrauen, Glaube und Ausdauer erforderlich. Dann führt es zu einem Ergebnis, auf das man selbst niemals gekommen wäre, das aber rückblickend (vielleicht einige Jahre später) betrachtet tatsächlich die für alle Beteiligten optimale Lösung brachte.

## Auflösung des Störpotenzials im Innen und im Außen durch und mit Liebe (haw.: Aloha)

Liebe ist die stärkste Energie im Universum. Sie ist die unaufhörlich ausströmende Essenz der Gottheit, Ursprung, Weg und Ziel. Weil diese selbstlose Liebe in ihrer Substanz reines Licht ohne massehaltige atomare Strukturen ist, kann sie auch mit keinerlei stofflichen Strukturen in Resonanz gehen. Sie ist absolut immun gegenüber negativen Gedanken- und Gefühlsmustern und durchdringt die dichteste Materie ohne Begrenzung von Raum und Zeit.

Liebe überwindet alles. Liebe heilt alles. Liebe ist, und sie verbindet ohne Polarisierung das Innen mit dem Außen. Liebe verleiht absolute Freiheit, weil an sie keine Erwartungen gerichtet werden und sie somit keine Enttäuschungen hervorbringen kann. Sie steht außerhalb von Wettbewerb, Konkurrenz, Neid, Geiz und Eifersucht und hebt die Grenzen der eigenen Gedanken und Gefühle auf. Liebe beginnt immer beim eigenen Selbst. Das hat mit Egoismus und Egozentrik nichts zu tun, weil es niemals auf Kosten anderer geht – im Gegenteil. Nur etwas, was ich selbst kenne, kann ich auch weitergeben. Die Voraussetzung hierfür ist, sich anzunehmen, wie man ist. »Sei du selbst!«, ist die wichtigste Devise. Nur der Mensch, der zuerst sich selbst geholfen hat, deshalb in sich ruht und stark ist, ist überhaupt in der Lage, aus dieser Position der eigenen Stärke heraus anderen zu helfen. Liebe muss zuerst im eigenen Inneren entstehen und dort zu einem Überfluss an Lebensenergie (Mana) und dadurch zur Aktivierung der Liebesenergie (Mana Aloha) führen, die dann nach außen abgegeben werden kann.

Lieben heißt, mit etwas glücklich sein. Das bedeutet wiederum, etwas gerne zu tun, achtsam und bewusst im Augenblick und in der Gegenwart zu leben, sich für das Leben zu öffnen und den freien Fluss der Liebe, der stärksten Energie im Universum, uneingeschränkt zuzulassen.

Unser Denken über die Liebe ist stark beeinflusst von unserem Weltbild, unserer Lebensphilosophie und unserer Moralauffassung. Indem ich positiv denke, kann ich mich so programmieren, dass ich etwas gern tue, obwohl dies normalerweise nicht der Fall wäre. Mein Unterbewusstsein (Unteres Selbst) tut, was ich ihm sage, aber es spürt genau, ob ich etwas ernst meine oder nicht. Liebe bejaht das Ganze im Menschen, sie drückt das Ja zu sich selbst aus. Liebe bringt uns ab von der Vorstellung, dass wir von allem und allen anderen getrennt sind. Alles ist Liebe und schreit nach Liebe.

Liebe ist das Einzige, was mehr wird, wenn wir es teilen.

Es ist unsere Aufgabe, unser Leben so zu gestalten, dass wir unserem Lebensziel möglichst nahekommen und unseren kosmischen Plan optimal erfüllen. Wir sollten die Welt in einem besseren Zustand verlassen, als wir sie bei unserer Ankunft vorgefunden haben. Es ist wichtig, Positives für die Allgemeinheit und für andere Menschen zu tun, denn nach dem Spiegelgesetz tun wir eigentlich für uns selbst, was wir vermeintlich für andere tun, weil wir alle eins sind.

Ich öffne mich der Liebe und nehme sie dankbar an.
Ich lasse sie in mir fließen und sich in mir ausbreiten,
damit sie durch mich wirken kann.

Liebe stellt die Idealform des Weges der Mitte dar, auf dem man im Einklang mit der Essenz Gottes steht, die im kosmischen Gitternetz durch das Licht, die Substanz Gottes, weitergeleitet wird. Gott liebt sich und alles Erschaffene uneingeschränkt und ist selbst vollkommene Liebe.

Im Einklang mit göttlicher Liebe zu sein, bedeutet, Liebe zu leben

ohne Polarität,
ohne Widerstand,
ohne Resonanz, nur im Sein erfahrbar,
ohne Erwartungen,
ohne subjektive Wertungen,
ohne Grenzen von Zeit und Raum,
ohne Teilung,
ohne Lenkung,
in Reinheit und Ehrlichkeit,
im Sich-selbst-Geben,
im Geben und Nehmen im ewigen Wechsel,
im Ganzen, denn was für das Ganze gut ist, ist automatisch gut für das Einzelne,
im Jetzt, überall und ohne Grenzen.

»Aloha –
In Wahrheit
ist es nur Liebe.«

Liebe ist die eigentliche Essenz der Urquelle. Sie stellt die einzige Kraft im Universum dar, die von allen lichten und allen dunklen Wesenheiten und Energien gleichermaßen uneingeschränkt angenommen wird, denn sie hebt bestehende Gegensätze auf und verbindet ohne Bedingungen alles mit allem mithilfe der äußerst feinen, »klebrigen« Aka-Substanz.

Versuchen Sie nicht, andere Menschen aus Ihrer subjektiven Warte zu sehen, zu beurteilen und zu ändern und ihnen mit Ihren Erwartungen vorzuschreiben, was diese zu tun haben und was nicht. Das ist keine selbstlose Liebe, sondern Eigennutz. Infantile, unreife Liebe drückt sich aus im: »Ich liebe dich, weil ich dich brauche. Ich liebe, weil ich geliebt werden möchte.« Reife Liebe dagegen lebt im: »Ich werde und bin geliebt, weil ich liebe.«

»Ich liebe das Göttliche in mir und in allen anderen, und ich liebe mich selbst, wie ich bin.«

- Ich liebe alle Erfahrungen, die ich durch diese Situation machen durfte.
- Ich liebe mich.
- Ich liebe mich dafür, dass ich an diesem Sachverhalt Mitbeteiligter war.
- Ich liebe alle anderen Beteiligten.
- Ich schicke denjenigen, die mit beteiligt waren, alle meine Liebe, damit sie sich vergeben können.
- Ich liebe alle direkt und indirekt Beteiligten, damit sie sich selbst und allen anderen vergeben können.
- Ich liebe alle Beobachter als Mitbeteiligte der Situation, damit sie sich und den anderen vergeben können.
- Ich liebe mich und alle Wesen des Schöpfers.
- Ich löse die Polarität der Ausgangssituation in und mit Liebe auf.
- Ich heile die reagierende Stelle, Zone, das Organ und die zugrunde liegenden Negativprogramme in, mit und durch Liebe.
- Ich löse alle zugrunde liegenden negativen Glaubenssätze, Gedankenprogramme und Gefühlsmuster in und mit Liebe auf.

## Bedingungslose Liebe aus menschlicher Sicht

»Ich respektiere deine Entscheidungen, auf welche Weise auch immer du deine Lektionen lernen möchtest.

Ich weiß, dass es wichtig ist, dass du genau der Mensch bist, der du sein möchtest, und nicht der, den ich oder andere erwarten. Es ist mir klar, dass ich nicht weiß, was für dich das Beste ist, obwohl ich vielleicht manchmal meine, es zu wissen.

Ich war nicht dort, wo du warst, und ich habe das Leben nicht aus deinem Blickwinkel gesehen.

Ich weiß weder, welche Lernaufgaben du dir ausgesucht hast, noch wie oder mit wem du sie lösen möchtest, noch welche Zeitspanne du dir dafür vorgenommen hast.

Ich habe nicht aus deinen Augen geblickt – wie könnte ich also wissen, was du benötigst!

Ich lasse dich durch die Welt gehen, ohne deine Handlungen zu beurteilen.

Die Dinge, die du sagst oder tust, betrachte ich nicht als Irrtum oder Fehler. Ich verstehe, dass es viele Möglichkeiten gibt, unsere Welt zu betrachten und zu erfahren.

Ich akzeptiere jede deiner Entscheidungen in jedem beliebigen Augenblick.

Ich fälle keinerlei Urteil – denn wenn ich dir dein Recht auf deine Entwicklung abspräche, so würde ich damit dasselbe auch für mich und alle anderen tun.

Jenen, die einen anderen Weg wählen als ich, werde ich deswegen niemals die Liebe verweigern, die Gott mir geschenkt hat, damit ich sie der ganzen Schöpfung schenke.

Wie ich dich liebe, so werde auch ich geliebt. Was ich säe, das werde ich ernten.

Es könnte sein, dass ich dich tatenlos sehe und das für wertlos halte, und doch könnte es sein, dass du großen Balsam in die Welt bringst, wie du so dastehst, gesegnet vom Lichte Gottes.

In Demut beuge ich mich der Erkenntnis, dass das, was ich für mich als das Beste empfinde, nicht auch für dich das Richtige sein muss.

Ich weiß, dass du genauso geleitet wirst wie ich und dem inneren Drang folgst, der dich deinen Pfad erkennen lässt.

Ich weiß, dass die vielen Rassen, Religionen, Sitten, Nationalitäten und Glaubenssysteme unserer Welt uns großen Reichtum bescheren und wir großen Nutzen und viele Lehren aus ihnen ziehen können.

Ich weiß, dass, wenn etwas nur auf eine Art getan werden könnte, es hierzu nur eines Menschen bedürfte.

Ich liebe dich nicht nur dann, wenn du dich so verhältst, wie es meiner Vorstellung entspricht, und wenn du an die gleichen Dinge glaubst wie ich.
Ich begreife, dass du mein Bruder oder meine Schwester bist, auch wenn du an einem anderen Ort geboren wurdest und an einen anderen Gott glaubst als ich.

Die Liebe, die ich fühle, gilt der ganzen Welt Gottes. Ich weiß, dass jedes lebende Ding ein Teil Gottes ist, und tief im Herzen hege ich Liebe für jeden Menschen, jedes Tier, jeden Baum und jede Blume, für jeden Vogel, jeden Fluss und jeden Ozean und alle Geschöpfe in der ganzen Welt.

Ich verbringe mein Leben in liebendem Dienst und bin dabei das beste Ich, das ich sein kann. Ich verstehe die Vollkommenheit göttlicher Wahrheit jeden Tag ein bisschen mehr und werde immer glücklicher in der Heiterkeit bedingungsloser Liebe.«

Sandy Stevenson, ins Deutsche übertragen von Sigrid Heiermann-Waltjen
(ausdrücklich zur Weitergabe empfohlen)

Liebe das Göttliche selbst in dir! Liebe den »lieben Gott« in dir! Liebe erfüllt sich im Geben.

Liebe ist Belohnung in sich.
Liebe ist das Einzige, was mehr wird, wenn man es teilt.
Liebe ist ein unpolarisiertes Nullpotenzial.

Das Aloha-Prinzip der gelebten Liebe steht für eine spirituelle, mentale und emotionale Einstellung, die bestimmt wird von der Maxime

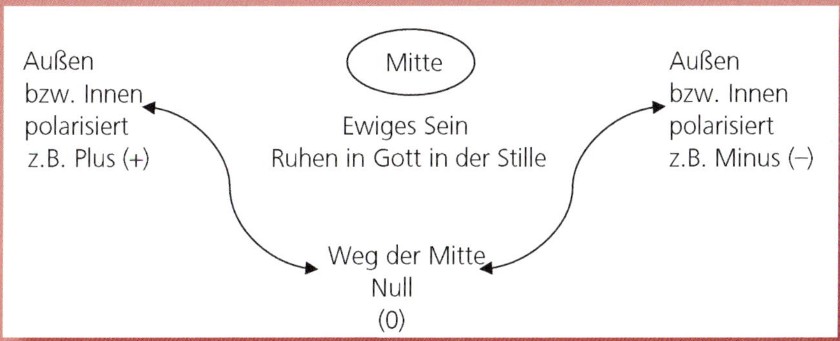


**»Leben und leben lassen« bzw.**
**»Der Gott Akua in mir grüßt (denselben und einzigen) Gott Akua in dir.«**

In der Bibel (Genesis, Johannesevangelium) steht der Satz: »Gott liebt sich selbst und seine Schöpfung grenzenlos und bedingungslos.« Es heißt nicht: »Gott liebt seine Schöpfung und sich selbst grenzenlos und bedingungslos.«

Darin kommt also zum Ausdruck, dass man nur etwas weitergeben kann, was man selbst in sich hat, bereits erfuhr und kennt. Folglich ist auch beim Ho'oponopono-Reinigungsritual die wichtigste Voraussetzung für das Gelingen die Eigenliebe und der persönliche Selbstwert. Diese kommen am besten zum Ausdruck in dem aus tiefster innerer Überzeugung und absolutem Glauben gesprochenen Satz:

»Ich liebe mich.«

Wenn ich selbst im Nullpotenzial Gottes als dessen Essenz stehe, bin ich auch in der Lage, selbstlos, grenzenlos und bedingungslos alle und alles zu lieben, auch die dunkle Seite als solche und meine eigene als »dunklen Fleck auf meiner weißen Weste« in Form des Störpotenzials in mir.
Mit dem Satz

»Ich liebe dich, (Codewort, Thema)«

löse ich dieses Negativprogramm in mir in, mit und durch Liebe auf. Dadurch bin ich direkt verbunden mit der Essenz der Urquelle.

»Ich liebe dich, ›lieber Gott‹ = Akua in meinem Herzen, und danke dir dafür, dass du mir hilfst, alle noch vorhandenen Negativpotenziale in mir zum genannten Thema (= Codewort) mit Liebe zu heilen.«

Beim Hoʻoponopono-Reinigungsgebet ist dies die entscheidende Stelle. Das jeweilige Störpotenzial wird in mir selbst über »Akua im eigenen Herzen«, also Gott in mir, durch, in und mit Liebe geheilt und damit im eigenen Inneren aufgelöst. Die Gottheit in mir tut dies auf meine entsprechende Bitte hin für mich. Durch das Wegfallen der Resonanzursache in mir lösen sich danach auch das Potenzial im Außen und das gesamte Störthema, das uns verbunden hat, auf.

## Übung

Wie kommen Sie selbst in diesen Zustand der Verschmelzung mit der Essenz Gottes in sich, der selbstlosen, grenzenlosen und bedingungslosen Liebe?

Dies geschieht am leichtesten über die emotionale Verbindung zum glücklichsten Moment in Ihrem Leben, das Eintauchen in dieses Gefühl und seine Intensivierung im Zentrum Ihres Herzens. Versuchen Sie, mit diesem einen oder verschiedenen solchen Momenten der Glückseligkeit in Ihrem bisherigen Leben zu verschmelzen. Vielleicht handelt es sich dabei um Erlebnisse in der Natur, an energiereichen Plätzen, in der Sexualität, die Geburt Ihres Kindes, Extremsituationen, die Heilung von einer schweren Krankheit … Gehen Sie über diese Erinnerung in das Gefühl und in Ihr Herz hinein, bis dieses warm oder heiß wird, fast zerspringt und sie in eine neue Welt des Lichtes und der Liebe führt.

Versuchen Sie es, und wechseln Sie dabei die Glückserinnerung, bis Sie zur optimalen Situation kommen. Die folgenden Impulse können Ihnen vielleicht dabei helfen.

das Bild einer Rose

das Erleben eines Wasserfalls

ein Sonnenaufgang

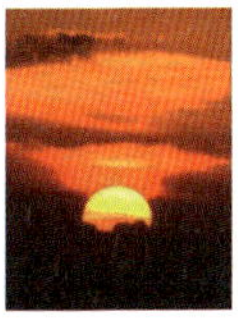

das Schwimmen mit Delfinen

ein Sonnenuntergang

die Erinnerung an einen lieben Menschen

das Erfühlen einer Pflanze

das Einssein mit
einem »heiligen Ort«

das Leuchten eines Berges

das Eintauchen in
eine Lotosblüte

die Verbindung mit der
Christusenergie

die Erfahrung der
Harmonie mit
einem kleinen Kind

das Erspüren von
Geistwesen

das Aufgehen mit
einer Lei-Blütenkette

»Gott im Innen«

das Verschmelzen mit
der Sonne im Herzen

die Verschmelzung
mit dem Wasser

der Zustand der
Glückseligkeit

die Verschmelzung mit
der Marienenergie

## ÜBUNG

Im Zentrum meines Herzens stelle ich mir einen intensiven Lichtpunkt in der Größe eines Stecknadelkopfes vor. Über diesen Lichtpunkt ziehe ich die gerade empfundene Liebesenergie in mein Herz hinein wie mit einem kleinen Staubsauger. Nachdem ich so eins geworden bin mit »Gott in meinem Herzen«, gebe ich diese wunderbare Erfahrung grenzen- und bedingungslos in Schüben von Liebesenergie nach außen ab wie die Wellen einer ruhigen Wasseroberfläche, auf die ein Stein gefallen ist. Diese sich ausbreitenden »Liebeswellen« lenke ich in meiner Vorstellung auf die gestörte Körperstelle und spüre die Wärme und hohe Heilenergie dort.

Zur Unterstützung kann ich, während ich ein Reinigungsgebet spreche, auch meine linke, aufnehmende Hand auf mein Herz und meine rechte, abgebende Hand auf die gestörte Körperstelle, -zone oder das gestörte Organ legen.

## Loslassen des Störpotenzials (haw.: Kalana)

Loslassen ist die erlernbare Fähigkeit, alles im Leben gelassen, leicht und locker zu nehmen. Diese Denkweise bedeutet, unabhängig von Gegenständen, Personen und Umständen, die man im Laufe seines Lebens angesammelt hat, zu sein, die einen in der stofflich-materiellen Ebene festhalten und möglicherweise auf dem spirituellen Weg behindern. Je mehr man bereit ist loszulassen, desto mehr im Leben wird man erhalten. Nur das musterfreie Fließen lässt uns den widerstandslosen, erwartungsfreien, jedoch zielorientierten Weg der Mitte gehen, um so optimal den eigenen kosmischen Plan zu verwirklichen und höhere kosmische Ziele zu erreichen. Rituale zu verändern, heißt eben, alles in jedem Moment infrage zu stellen. Dadurch bewahrt sich die Freiheit des Loslassens im Fluss, das Kalana der alten Hawaiianer.

- ❖ Loslassen ist permanente Bewegung.
- ❖ Loslassen ist Vertrauen in Bewegung.
- ❖ Loslassen ist das Annehmen des selbstgewählten Weges.
- ❖ Loslassen führt zur Freiheit in Denken und Handeln.
- ❖ Loslassen führt zu Holo Holo (haw., »Bleibe im Fluss«)

Also sage ich mir immer wieder:

- ❖ Ich lasse alle Negativinformationen los.
- ❖ Ich lasse alle negativen Gedankenprogramme los.

- ❖ Ich lasse alle negativen Gefühlsmuster los.
- ❖ Ich lasse alle negativen Glaubenssätze los.
- ❖ Ich lasse meine negativen Erinnerungen in dieser Körperstelle, die in Resonanz getreten ist, los.
- ❖ Ich lösche alle negativen Erinnerungen und lasse sie los, komplett und für alle Zeit.

Individuelle Erwartungen, persönliche Wertungen und der eigene subjektive Führungswille jedoch lassen oftmals keine anderen Möglichkeiten der Realisierung zu. Sie sind gegen die fließende Bewegung gerichtet und damit Widerstand. Starre baut sich auf, und am Ende stehen das Sichverfangen in Situationen des Lebens, das Scheitern, das Nichterreichen von vielversprechenden Zielen.

Die positive Polarität beinhaltet Bewegung, Dynamik, Schwingung, Im-Fluss-Sein, die Infragestellung des Festgefahrenen, alter Muster, Rituale und Traditionen. Hier finden Leben und Freiheit statt.

Denken Sie immer an die grundlegende hawaiianische Lebenseinstellung: Holo Holo, »Go with the Flow« – »Bleiben Sie immer locker und im Fluss.«

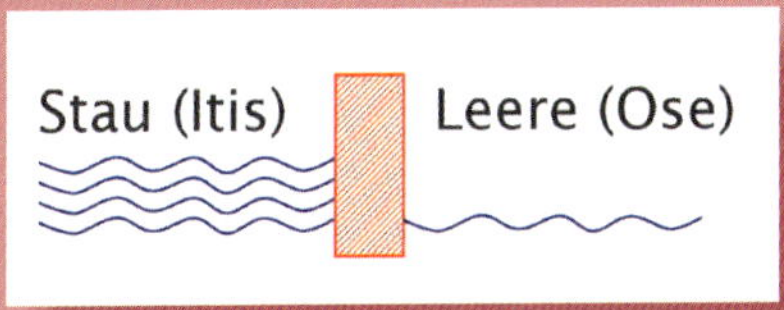


Die negative Polarität beinhaltet demgegenüber Bewegungslosigkeit, Starre, Widerstand und damit Schmerz, Leid, Energieblockaden und Krankheit.

Durch Stau wird Wasser »brackig«: energielos, verklumpt, dreckig, stinkend, Krankheitskeime tragend, vor allem aber »tot«, ohne lebenswichtige Informationen.

## Die Körperflüssigkeiten:

- Blut = Lebenssaft – Verdickung und Verklumpung führt zu Bluthochdruck, Krampfadern und Thrombosen
- Lymphe = Abwassersystem (Altes wird entsorgt) – Stauungen führen zu Ödemen
- Liquor = Informationsträger – Verdickung führt zu Informationsstau
- Harn = Stoffwechsel, Reinigung, Verarbeitung, Entsorung – Nieren, Harnleiter, Blase
- Säfte (Galle, Speichel, Verdauungssäfte) sind wichtig für den Stoffwechsel
- Schleim = Schutzmechanismus – Außenreaktion
- Schweiß = Mineralaustausch, Ausschwemmung
- Tränen = Trauer und Freude (Extremgefühle)

Sämtliche Störpotenziale im Innen und Außen lasse ich jetzt los und löse sie mit Liebe im Licht des Universums auf. Hilfreich ist hierbei die Vorstellung von Erzengel Michael, der mit seinem blauen Schwert sämtliche noch vorhandenen Verbindungen durchschlägt, oder die Visualisierung eines Wasserfalles, der alles Alte, Negative wegschwemmt.

## Positive Finalvorstellung der erfolgten Heilung (haw.: Hope Loa Lapa'Au)

Im logisch-analytischen Denken unserer linken Gehirnhälfte befinden wir uns in der linearen, quantitativen Zeitvorstellung von Vergangenheit, Gegenwart und Zukunft, die unser normales Leben bestimmt. Über das in unserer rechten Gehirnhälfte beheimatete kreativ-schöpferische Denken kommen wir jedoch auch in Verbindung mit der quantitativen Zeitvorstellung des Hier und Jetzt, in der beispielsweise das Hohe Selbst und Wesenheiten des Hyperraums bzw. der höher schwingenden Dimensionen wirken.

Über unsere DNS und diverse Kommunikationskanäle sind wir mit diesen verbunden. Erfahrungen aus der Vergangenheit können dadurch im Hier und Jetzt der Gegenwart verändert und (karmische) Negativpotenziale aus der Vergangenheit positiv umgepolt, neutralisiert und aufgelöst werden. Eine entscheidende Rolle spielt dabei der persönliche Glaube an die bereits erfolgte Heilung.

Glaube = Denken + Fühlen

Kopf- und Bauchhirn müssen dieselbe Information, Erkenntnis und Empfindung haben, dann entsteht Glaube, und der versetzt bekanntlich Berge.

»Glaubet, dass ihr es bereits empfangen habt, und es wird euch gegeben.« (Bibel)

Der Glaube entsteht durch ein unerschütterliches Vertrauen von Wach-, Unter- und Überbewusstsein und deren Steuerinstanzen, dem Mittleren, dem Unteren und dem Hohen Selbst. Er beruht auf der absoluten Gewissheit über die Wahrheit und das sichere Eintreten eines bestimmten Ereignisses, das man als bereits gegeben annimmt, z. B. die Ernte aufgrund der Saat. Glaube entsteht aus der harmonischen Zusammenführung von Denken und Fühlen. Glaube ist das uneingeschränkte innere Erfülltsein einer Vorstellung, deren Realisierung als unbeirrbar gewiss auf allen Bewusstseinsebenen angesehen wird. Er beinhaltet ein sicheres Wissen, ein inneres Erkennen der Wahrheit als Wirklichkeit, das keiner äußeren Beweise bedarf.

Das Gegenteil von Glaube ist Unglaube. Dieser beruht auf Unsicherheit und Zweifel. Wer nicht glaubt, glaubt auch an etwas, nämlich, dass er nicht glaubt, und schafft damit nach dem Geistigen Gesetz der Resonanz energetische Negativpotenziale. Positiver und damit heilender Glaube ist nur auf das innere Sein, auf das Ich, auf das Hohe Selbst und Gott gerichtet und konzentriert sich ganz auf den bestmöglichen Zustand zum idealen Zeitpunkt im Einklang mit der universalen Ordnung. Glaube schafft Tatsachen durch das dankbare Annehmen der inneren Gewissheit. Er geht davon aus, dass eine bestimmte Wunschvorstellung in ihrer Wirkung im Außen als Ursache im Innen bereits geschaffen ist. Glaube ist deshalb auch nach dem Loslassen der wichtigste Faktor beim Abschluss eines wirksamen Gebets.

Eines der wirkungsvollsten Gebete, das möglichst oft laut (oder leise) gesprochen werden sollte, lautet:

Heilung mit Liebe durch den Gott in meinem Herzen geschieht im Hier und Jetzt.

Verbunden mit der subjektiven Annahme der bereits erfolgten Heilung und deren positiver Finalvorstellung sind positive Auswirkungen jederzeit möglich. Dieser Satz, mit innerer Überzeugung wiederholt, gedacht, gefühlt und gesprochen, hat auch allein bereits sehr starke Heilwirkungen.

## Abschluss (haw.: Panina Mana'o)

Um ein Gebet abzuschließen, verwenden die Hawaiianer den Ausdruck »Amama«. Dieser bedeutet »Es ist getan!«, »Es ist vollbracht!«.

Er geht wahrscheinlich auf den alt-ägyptischen Gott Amun zurück und hat dieselbe Bedeutung wie das Amen in den christlichen Kirchen. Durch sein Aussprechen ist ein vorgenommenes Ritual endgültig abgeschlossen.

»Amama!
Es ist getan!
Es ist vollbracht!
Die alte Situation ist bereinigt.
Ich bin gereinigt und gesegnet.
Alle an der Situation Beteiligten sind gereinigt und gesegnet.
Alle Beobachter sind gereinigt und gesegnet.
Die Situation hat sich für mich als hilfreich erwiesen, sie hat ihren Zweck erfüllt.«

# Das Ho'oponopono-Reinigungsgebet

## Allgemeines

Wie bereits eingangs erwähnt, bedeutet der hawaiianische Ausdruck Ho'oponopono »etwas in Ordnung bringen« und die universalen Gesetzmäßigkeiten wiederherstellen, um so Gott näherzukommen. Es ist ein uraltes, traditionelles System der Hawaiianer, das hilft, latente oder bereits ausgebrochene Konflikte, Streitigkeiten oder sonstige Störungen zwischen einzelnen Personen, in Familien, Gruppen oder Gemeinschaften in absolutem wechselseitigem Einvernehmen aufzulösen. Es geht zurück auf eine uralte Huna-Methode der Reinigung und Auflösung negativer Energiepotenziale.

Wurde diese Methode in historischen Zeiten ausschließlich zur Beilegung familiärer Streitigkeiten verwendet, so ist sie heute eine von der amerikanischen Regierung offiziell anerkannte Behandlungsmethode in Nervenkliniken, Krankenhäusern und Gefängnissen. Wenn Harmonie, Ruhe und Gleichgewicht im eigenen Inneren geschaffen werden, strahlt dies gemäß dem Geistigen Gesetz der Resonanz auch auf Umfeld, Umwelt, Personen, Institutionen, Ereignisse und auf die gesamte Welt aus. Grundlage für jede Ho'oponopono-Zeremonie ist deshalb der uneingeschränkte Wille aller Beteiligten zur Versöhnung und zum Erreichen eines für alle gleichermaßen annehmbaren und »stimmigen« Ergebnisses, bei dem es weder Sieger noch Besiegte gibt, sondern nur zufriedene Menschen.

Die uralte hawaiianische Methode des Ho'oponopono wird von alters her zur Auflösung von Störpotenzialen jeglicher Art im Kleinen und im Großen, im Innen und im Außen verwendet. Sie beruht auf der Ansicht, dass wir mit allem in diesem Außen verbunden sind und dass uns jegliche Sinneswahrnehmung, die uns mit einem Ereignis in der Welt in Verbindung bringt, deren Resonanz mit einem Frequenzbereich in unserem eigenen Inneren aufzeigt. Übernehmen wir für den zugrunde liegenden Sachverhalt die uneingeschränkte Verantwortung, reinigen wir uns selbst und das Resonanzfeld durch Ent-Schulden, Verzeihen, Vergeben und Selbstvergeben (haw.: Kala-Reinigung). Wir erkennen dadurch die Göttlichkeit in uns selbst und allem Sein an und neutralisieren durch grenzenlose, göttliche Liebe das Störpotenzial im Innen und Außen und lösen das zugrunde liegende Thema auf.

## Historische Entwicklung

In jüngerer Zeit wurde diese Methode von der angesehenen Kumu (haw., »Lehrerin«) Mary Kawena Pukui, liebevoll auch Tutu genannt, in O'ahu gelehrt. Sie forderte dabei jeden Beteiligten auf, in sein Herz zu blicken, um dort eventuelle negative Gefühle zu entdecken. Vor Gott und mit seiner Hilfe vergab jeder jedem und wurde jedem von jedem vergeben, wobei sämtliche Anteile von Zorn, Ärger, Wut oder sonstigen Missstimmungen untereinander gelöscht und beseitigt wurden. Diese Version des Ho'oponopono wurde insbesondere für den erweiterten Familienkreis angewendet.

### Beispiel für ein gemeinsames Eröffnungsgebet

»Lasst uns einander die Hände reichen und beten. Vater im Himmel, Schöpfer von Himmel und Erde, und Jesus Christus, dessen eingeborener Sohn, geliebter Herr, wir bedanken uns dafür, dass wir heute als eine gemeinsame Familie Ohana zusammenkommen dürfen. Es ist augenscheinlich, dass vor diesem Augenblick einige unangenehme Dinge in unserer Familie geschehen sind. Mitglieder stritten sich, und vieles war nicht in Ordnung. Wir möchten die Harmonie in unserer Familie wiederherstellen. Geliebter Herr, gib uns allen, wie wir jetzt in diesem Ho'oponopono zusammenkommen, Stärke, Weisheit und gemeinsames Verständnis, damit wir in der Lage sind, offen und frei miteinander zu sprechen, ohne uns gegenseitig zu verletzen, und die Dinge so darzustellen, dass sie jeder versteht, wirklich klarzulegen, was das Problem ist, und es in freier und ruhiger Atmosphäre zu besprechen. Geliebter Herr, gib allen Beteiligten die Fähigkeit, wenn wir über das Problem sprechen, still sitzen zu bleiben, ruhig und mit offenem Ohr zuzuhören, damit jeder für sich versteht, um was es geht, und auch die Ansichten des anderen begreifen lernt. Geliebter Herr, nachdem wir all dies geklärt haben, lass uns wieder unsere Herzen füreinander öffnen, uns wechselseitig vergeben, damit wir wieder harmonisch miteinander umgehen können. Wir erbitten dies in deinem heiligen Namen. Amama – Amen.«

## Ablauf

1. Die gesamte Familienkonferenz (haw.: Hui) wird von einem allgemein anerkannten Ältesten (haw.: Kupuna), einem Kahuna (haw., »Schamane, Hüter des Geheimnisses«) oder Kumu (haw., »weiser Lehrer«) als unabhängigem und neutralem Vermittler oder Mediator geleitet (haw.: Haku).
2. Der gesamte Prozess wird im Geiste des allseitigen festen Willens zu optimalen, harmonischen Problemlösungen (haw.: Oia'po) mit einem gemeinsamen Gebet (haw.: Pule) eröffnet. Dabei werden die Geister der Ahnen (haw.: aumakua) um Mithilfe, aktive Unterstützung und ihren Segen gebeten.
   Im Pule-Gebet wird gebeten
   - um die Kraft, zu sprechen, ohne zu verletzen oder zu beschuldigen,
   - um die Kraft, aufmerksam zuzuhören,
   - um Verständnis dessen, was die anderen sagen,
   - um Weisheit, Verstehen und Wahrheit,
   - um Beistand der familiären Schutzgeister und Ahnen.
3. In der Eröffnungsphase wird das Problem (haw.: Hihia) als Ganzes klar dargelegt (haw.: Kukulu Kumu Hana).
   In der »Aufwärmphase« werden
   - Gedanken und Gebete zur Lösung des Problems zusammengetragen,
   - Widerstände gegen die Wiederherstellung der Harmonie abgelegt,
   - das Ziel, das Problem liebevoll zu lösen, bekräftigt.

4. Ein positives Verhandlungsklima wird angestrebt. Der Unabhängige erläutert die wichtigsten Aspekte des Problems aus seiner neutralen Sicht (haw.: Hala). Handelt es sich bei dem Problem um den Streit zweier Personen, werden diese gemeinsam vorgestellt und ihre Ansichten zum Streitfall respektvoll und offen angehört (haw.: Hihia).

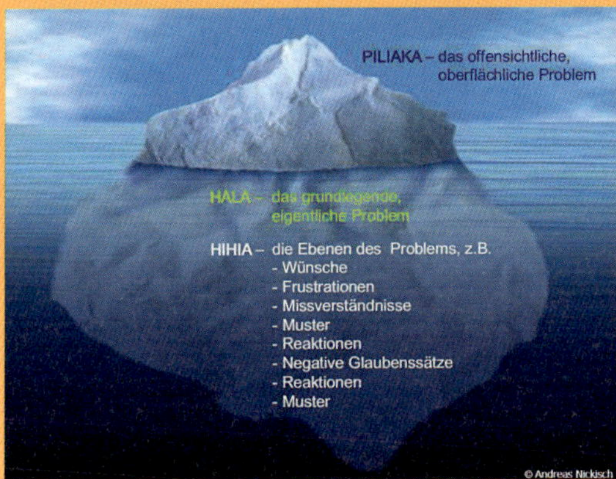


5. Der Unabhängige greift jetzt bestimmte Einzelaspekte der Problemstellungen heraus und lässt diese einzeln diskutieren (haw.: Mahiki), so lange, bis sich Klarheit ergibt und vorhergehende Missverständnisse ausgeräumt sind. Dabei werden direkte Konfrontationen (haw.: Wehe Wehe) zwischen den streitenden Parteien vermieden. Die Diskussionen laufen immer über den neutralen Mediator (haw.: Haku). Nur einer spricht, die anderen hören aufmerksam zu.
6. Im intensiveren Klärungsprozess wird jeder, der zur Streitsache von außen und innen etwas zu sagen hat, gebeten, dies jetzt möglichst emotionslos zu tun (haw.: Mana'o).
7. Sollten sich trotzdem die Gemüter zu stark erhitzen, kann der Mediator eine Auszeit erklären (haw.: Ho'omalu), bis die Gefühle aller wieder unter Kontrolle sind. Diese wird in Schweigen und Ruhe verbracht.
8. Ist die allgemeine Diskussion abgeschlossen, wird die Phase des Bekennens, Entschuldigens, Verzeihens, wechselseitigen Vergebens und Selbstvergebens angesetzt (haw.: Mihi).

9. Dem Mihi folgt die Lösung sämtlicher negativer Potenziale in Bezug auf den gesamten Vorgang (haw.: Kala) bei sämtlichen Beteiligten, bis jene vollständig gelöscht sind (haw.: Oki).
10. In der Schlussphase wird eventuell auch über mögliche Kompensationen in wechselseitiger Akzeptanz verhandelt, bis der Mediator nochmals die gemeinsame Endfassung vorträgt (haw.: Pani). Das vorgelegte Problem wird nunmehr ein für alle Mal von allen Beteiligten als endgültig und für immer gelöst angesehen (haw.: Hoʻopau).
11. Zum Schluss folgt ein gemeinsames Abschlussgebet (haw.: Pule Hoʻopau), dem sich ein gemeinsames Festessen (haw.: Luau) anschließt. Das Problem und das aus ihm resultierende Störpotenzial sind für immer gelöst und erledigt. Der ungetrübte, harmonische Alltag kann wieder einziehen. Manchmal wird die Abschlusszeremonie (haw.: Ahaʻaina) auch abgeschlossen durch ein zeremonielles Bad im Meer (haw.: Kapu Kai).

## Beispiel für ein Schlussgebet:

»Geliebter himmlischer Vater, Schöpfer von Himmel und Erde, und Jesus Christus, dessen eingeborener Sohn, wir bedanken uns für die Gelegenheit, in diesem Hoʻoponopono unsere Familienprobleme und -schwierigkeiten behandelt, das Hihia erörtert und alle persönlichen Missstimmungen untereinander besprochen zu haben. Uns wurde geholfen, alles so zu besprechen, dass keinerlei zukünftige Störungen entstanden sind, sondern eine gemeinsame harmonische Grundlage für die Lösung unserer Probleme erarbeitet wurde. Wir bedanken uns dafür, die Gelegenheit erhalten zu haben, uns wechselseitig zuzuhören und uns wieder zu verstehen. In der gemeinsamen Kommunikation haben wir die gegenseitige Achtung wiedergewonnen und verstanden, dass auch wir Fehler gemacht haben, bewusst oder unbewusst. Geliebter Herr, wir bedanken uns für die Wiedererlangung unseres gemeinsamen Familiengeistes Ohana, bitten um Vergebung und vergeben uns wechselseitig, lassen los und löschen den Konflikt für immer. Indem wir uns verletzt haben, haben wir auch dich, geliebter Herr, verletzt. Wir bitten auch dich um Vergebung.

Bitte vergib uns, lasse alles Negative los, und versenke unser Pilikia in den Tiefen des Ozeans, damit es daraus niemals mehr aufsteige. Dies alles erbitten wir in deinem heiligen Namen. Amama – Amen.«

## Die Vorgehensweise von Morrnah Nalamaku Simeona

Die hawaiianische Älteste (Kupuna) Morrnah N. Simeona aus Honolulu, O'ahu war genauso wie Moona K. Kahele aus Kona, Big Island eine Lehrerin des Autors. Beiden hat er vieles an theoretischem Wissen und praktischen Erfahrungen zu verdanken.

Morrnah N. Simeona arbeitete als Kahuna Lapa'au: Heilerin, Lehrerin, Therapeutin und Huna-Autorität an der University of Hawaii in Honululu, dem Kuakini Medical Center in Honolulu, der John Hopkins University in Maryland, dem Harlem Hospital, dem Hunter College of Nursing in New York, der Albuquerque University in Albuquerque, New Mexico, dem Southeastern Medical Center in Miami, Florida und den Vereinten Nationen.

Ein kurzes Eröffnung- oder allgemeines Morgengebet nach Morrnah N. Simeona lautet:

»Ich komme aus dem Nichts in das Licht.
Ich bin der Atem, der das Leben speist.
Ich bin die Leere, die hinter sämtlichem Bewusstsein steht,
das Ich, das Es, das Ganze.
Ich zeichne den Regenbogen über den Wassern, in denen der Geist
der Materie unaufhörlich fließt.

Ich bin der einströmende und der ausfließende Atem,
die unsichtbare, unberührbare Brise, jener unerklärbare Funke der Schöpfung.
Ich bin das Ich.
Ich bin ewiges, vollkommenes, göttliches Bewusstsein.«

Insbesondere Morrnah N. Simeona weitete die Einsatzmöglichkeiten von Hoʻoponopono aus und modernisierte die traditionelle Vorgehensweise in der nachfolgenden Form:

1. Ein von allen Beteiligten anerkannter, neutraler Unabhängiger, meist ein Dorfältester (haw.: Kupuna), Schamane (haw.: Kahuna), weiser Lehrer (haw.: Kumu) oder das Familienoberhaupt einer anderen Gruppe wird um objektive Vermittlung bei der Konfliktlösung gebeten. Dieser gemeinsam gewählte Unabhängige gibt die einzelnen Schritte der eingeleiteten Rituale an, leitet die Sitzungen und überwacht den Verlauf des Einigungsprozesses. Er muss eine von allen Beteiligten uneingeschränkt anerkannte Autorität besitzen. Seine Vorschläge, Anmerkungen und Einschätzungen müssen von allen Anwesenden als verbindlich angesehen werden.
2. Ein gemeinsames Eröffnungsgebet (haw.: Pule) unter Leitung des Unabhängigen wird von allen Beteiligten voller Inbrunst gesprochen. Dabei werden die jeweiligen familiären Schutzgeister (haw.: autmatuas) und die Ahnen (haw.: aumakuas) um Anwesenheit und Beistand gebeten. Jeder wird aufgefordert, sich der tieferen spirituellen Liebe (haw.: Aloha) zu öffnen und zu verinnerlichen, dass wir alle Kinder derselben Urquelle (haw.: Akua) sind. Der Grundtenor aller ist dabei, dass alle im Interesse des Gemeinwohls zusammengekommen sind, um einen bestimmten Konflikt zu lösen (haw.: Kukulu Kumuhana). Diese allgemeine Einstellung und Stimmung stellt eine friedliche und kooperative Verhandlungsatmosphäre sicher.
3. Alle Teilnehmer müssen sich darin einig sein, dass sie ohne Einschränkungen eine Lösung ihres jeweiligen Problems anstreben und selbst

alles Erdenkliche tun werden, um ein positives Ergebnis zu erzielen (haw.: Hala). Sollte eine Sitzung nicht ausreichen, müssen sie auch bereit sein, so oft zusammenzutreffen, bis eine für alle annehmbare Lösung gefunden ist.

4. Alle Aspekte des Problems müssen von allen Teilnehmern in ehrlicher, offener und ungefälschter Weise vorgebracht werden (haw.: Hihia). Alle Beteiligten müssen sich gegenüber den anderen und Gott verpflichten, alles zu erzählen, was zu einer Lösung des Konfliktes beitragen könnte. Es ist sehr wichtig, dass jeder Beteiligte wirklich offen dafür ist, den Standpunkt des anderen anzuhören und zu verstehen..
5. Vertreter der einen Partei legen ehrlich, detailliert und ausführlich ihren Standpunkt und ihre individuelle Sicht der Konfliktsituation dar, während Vertreter der anderen Partei aufmerksam zuhören und wirklich offen versuchen, die Meinung des oder der anderen anzuhören und zu verstehen, ohne diese zu unterbrechen. Dann werden die Seiten gewechselt, und die andere Partei spricht, während die erste zuhört, ohne zu unterbrechen (haw.: Mahiki). Jeder Teilnehmer darf so viel Zeit für sich in Anspruch nehmen, wie er möchte.
6. Sollten im Verlauf des Prozesses Gefühle außer Kontrolle geraten, kann der neutrale Unabhängige den Prozess unterbrechen und eine »Auszeit« (haw.: Hoʻomalu) festlegen, die in Schweigen und Ruhe zu verbringen ist. Diese Pause kann je nach Einschätzung des Verhandlungsleiters nur Minuten dauern, aber auch Stunden und Tage. Während dieser verordneten Friedensphase darf über das behandelte Problem weder nachgedacht noch gesprochen werden.
7. Bei noch vorhandener Verhärtung der unterschiedlichen Positionen kann der Unabhängige vorschlagen, dass die beteiligten Parteien die Positionen wechseln und den Standpunkt der Gegenpartei vertreten. Dies zwingt den Einzelnen dazu, sich gedanklich und emotional in einer bestimmten Phase des Klärungsprozesses intensiv selbst mit der Denkart, Sichtweise, Gefühlswelt und Argumentation des anderen zu beschäftigen. Diese Vorgehensweise bringt oftmals den Durchbruch bei scheinbar festgefahrenen Ansichten und Positionen der Streitparteien.
8. Im gesamten Prozess der wechselseitigen Konfliktklärung der Beteiligten im Rahmen der intensiv und ehrlich geführten Gespräche ist es die

feste Absicht aller Anwesenden, im Interesse des großen Ganzen eine friedvolle und für alle Parteien annehmbare und stimmige Lösung herbeizuführen. Laut dem im Huna angenommenen Gruppenbewusstsein muss zwangsläufig auch für jeden Einzelnen gut sein, was für das große Ganze gut ist. Deshalb ist es wichtig, bisher nicht bekannte Argumente der anderen Seite zu erfahren und mögliche vorhandene Missverständnisse aufzuklären und aus dem Weg zu räumen (haw.: Wehe Wehe).

9. Im Rahmen der stunden-, tage- oder gar wochenlang geführten Gespräche kommt man einer Lösung langsam näher, bis schließlich ein endgültiges Ergebnis erzielt wird. Dieses stellt den Abschluss eines intensiven positiven Bemühens aller dar. Am Ende des Klärungsprozesses (haw.: Kukulu Kumuhana) herrschen allseits wechselseitiges Verständnis, Dankbarkeit, Erleichterung, Frieden und Liebe vor. Es wird so lange verhandelt, bis ein positives Ergebnis erzielt wird und wieder Harmonie einkehrt (haw.: Mihi).

10. Wird der erzielte Schiedsspruch von allen Beteiligten uneingeschränkt anerkannt, als »stimmig« angesehen und erleichtert angenommen, vergeben sich sämtliche Teilnehmer wechselseitig ehrlich und vollständig. Zum Schluss vergibt sich jeder Beteiligte selbst und spricht sich von jeglicher Schuld im Außen und im Innen frei. Durch die verschiedenen individuellen Vergebungsaktionen und die durch diese Aktionen freigesetzten positiven Energieimpulse werden bei allen vorher vorhandene negativ verdichtete feinstoffliche Potenziale (haw.: Pilikia) vollständig aufgelöst (haw.: Kala). Was bleibt, ist lediglich die Essenz der Information, die im individuellen und im universalen kosmischen Gitternetz als spätere archetypische Erfahrung gespeichert ist, jedoch keine polarisierten Potenziale bzw. verdichteten Energiefelder von negativen Gedanken und Gefühlen mehr.

11. Stimmen alle Beteiligten darin überein, dass der Konflikt nunmehr vollständig erledigt und aufgelöst ist, erklärt der neutrale Unabhängige die gesamte Angelegenheit auch offiziell für erledigt und endgültig abgeschlossen. Niemand darf den Konflikt in Zukunft als solchen noch einmal erwähnen; wenn überhaupt, dann nur im Rahmen der gefundenen Lösung er zugrunde liegenden Problemstellung (haw.: Pani).

12. Der Diskussionsleiter spricht zum Abschluss des Klärungsprozesses unter aktiver Mitwirkung aller Beteiligten ein gemeinsames, inbrünstiges Dankgebet (haw.: Pule Izo'opau). Damit ist die gesamte Angelegenheit auch im Angesicht der Götter abgeschlossen und der ehemalige Konflikt endgültig und für immer gelöst.
13. Ein gemeinsames Festmahl (haw.: Luau), zu dem alle Beteiligten entsprechend ihren jeweiligen Möglichkeiten Essen und Getränke beisteuern, musizieren und tanzen, beschließt in Erleichterung, Freude, Frieden und Liebe im Geiste des Aloha die Ho'oponopono-Zeremonie.

Moornah N. Simeona pflegte nach dem Ende des Konfliktlösungsprozesses und der damit verbundenen Feierlichkeiten den Platz des Zusammentreffens mit geweihtem Wasser zu reinigen. Anschließend musste jeder Teilnehmer seine Finger in geweihtes Wasser tauchen, sich damit von negativen Gedanken, Gefühlen, Worten und Taten befreien und sich von allen Seiten zum Zeichen der eigenen Reinigung selbst bespritzen. Zum Abschluss der Veranstaltung pflegte sie folgendes Gebet zu sprechen:

»Göttlicher Schöpfer Akua, wenn ich, meine Familie, Verwandte und Ahnen, aumakua, dir oder euch, deiner oder eurer Familie, deinen oder euren Verwandten und Ahnen, aumakua, geschadet habe in Gedanken, Gefühlen, Worten, Aktionen oder Handlungen vom Beginn aller Zeiten bis zur Gegenwart, so bitte ich um Vergebung. Lass dieses geweihte Wasser alle negativen Erinnerungen, Blockaden, Energien und Schwingungen säubern, reinigen, auflösen und loslassen, um diese negativen und nicht mehr gewollten Energien in reines Licht zu transformieren.

Es ist getan! Amama – Amen!«

In Kurzform kann das Abschlussgebet laut Morrnah N. Simeona als geistige Erklärung in eigener Verantwortung auch wie folgt, möglichst laut, gesprochen werden:

»Friede sei mit dir, all mein Friede,
der Friede des Ich, der Friede des Ich-Bin,
der Friede für immer, für jetzt und für alle Zeit.

Meinen Frieden gebe ich euch, meinen Frieden lasse ich euch,
nicht den Frieden der Welt, sondern nur meinen Frieden,
den Frieden des Ich.«

oder:

»Himmlischer Schöpfer, Vater, Mutter, Sohn in einem,
ich (wir, die wir hier versammelt sind) habe(n) ein Ho'oponopono gemacht, zwischen mir (uns allen) und allen eben aufgelisteten Personen und allen anderen, die mit dieser Situation verbunden sind.

Trenne und zerschneide alle unerwünschten Blockaden, die uns an sie fesseln, uns zusammenbinden und anhängen. Verwandle alle diese unerwünschten Energien in reines Licht!

Es ist vollbracht! Amama – Amen!

## Zusammenfassung der Vorgehensweise

- Anschauen: Ich schaue die Sache an.
- Annehmen: Diese Angelegenheit ist ein Teil von mir. Ich habe damit zu tun, weil es meine Sinne und mein Sein berührt.
- Verantwortung: Ich bin voll verantwortlich dafür, dass diese Situation eingetreten ist.
- Mitgefühl zeigen: Es tut mir leid.
- Entschulden: Ich entschuldige mich.
- Verzeihen: Ich verzeihe mir und allen Beteiligten.
- Vergeben: Ich vergebe allen anderen Beteiligten. Ich bitte sie, auch mir zu vergeben. Ich vergebe mir.
- Danken: Ich danke für die Erfahrung.
- Lieben: Ich liebe mich. Ich löse alle zugrunde liegenden negativen Glaubenssätze, Gedankenprogramme, Gefühlsmuster in und mit Liebe auf. Ich liebe dich.
- Amama: Es ist getan!
- Aloha: Danke, Gott in dir!

Die wichtigsten Punkte sind dabei:

1. Loslassen des Problems, Durchschneiden (haw.: Oki) aller Aka-Fäden, über die man in Kommunikation tritt mit disharmonischen, unausgeglichenen, negativen Situationen
2. Ausgleichen (haw.: Kaulike), Harmonie wieder aufbauen und Frieden im Innen und Außen, zu anderen und der Natur erreichen (haw.: Maluhia)
3. Manifestation der Heilung spirituell, mental, physisch und materiell
4. Loslassen von erdverbundenen Wesenheiten oder Anheftungen an Individuen, Orte, Situationen und Objekte (haw.: Ho'omahiki)
5. Loslassen von unglücklichen, negativen Erfahrungen aus früheren Leben, sich wiederholenden Traumata der eigenen »wahren Aura«, der persönlichen Datenbank sowie dominierenden Stressphänomenen

Nach Meinung von Morrnah N. Simeona ist Ho'oponopono vor allem anzuwenden bei:

1. Personen mit psychischen Störpotenzialen und Depressionen
2. Sterbenden Personen (Familienzusammentreffen als absolutes Muss)
3. Unfällen, Traumata, Selbstmordversuchen, Kriegsopfern
4. Streit zwischen zwei oder mehr Familienmitgliedern oder Firmenkollegen
5. Opfern von Flüchen oder schwarzmagischen Handlungen (haw.: Aanai)
6. Verdeckten Mentalstörungen (haw.: Uhane Hele)
7. Erdverbundenen Seelen
8. Missbräuchen und Verstößen gegen universale und Naturgesetze
9. Besetzungen, Besessenheit und Exorzismus (haw.: Uhane Notto)
10. Blockaden spiritueller, mentaler, emotionaler und physischer Art
11. Abtreibungen, Fehlgeburten und Aborten
12. Missgunst, Neid, Mobbing, Ausgrenzungen

Die von Morrnah N. Simeona vorgeschlagenen zwölf Schritte des Ho'oponopono und des fortgeschrittenen Self-I-Dentity-Ho'oponopono lauten:

1. Aufbau der inneren Verbindungen
2. Eintauchen in den »inneren Frieden«
3. Atmung im Ha-Ritus (9 Mal)
4. Sprechen des Eröffnungsgebetes: »Ich bin das Ich.«
5. Formulierung des Gebetes
6. a) Ho'oponopono-Langversion (vgl. Seite 193 ff.)
   b) Ho'oponopono-Kurzversion (vgl. Seite 195 ff.)
   c) Ho'oponopono-Ritual (vgl. Seite 200 ff.)
   d) Ho'oponopono-Mahiki (vgl. Seite 210 ff.)
7. Loslassen
8. Reinigung
9. Transformation – Neuorientierung
10. Schlussgebet (vgl. Seite 170 ff.)
11. Atmung im Ha-Ritus (7 Mal)
12. Zusammenfassung und Konsequenzen für die Beteiligten
13. Abschlussformulierung »Der Friede des Ichs« (haw.: Ka Maluhia Oka »I«): »Friede sei mit dir. All mein Friede. Der Friede des Ichs. Der Friede des ›Ich bin‹. Der Friede für immer, jetzt, allezeit und immerfort. Meinen Frieden gebe ich dir, meinen Frieden lasse ich bei dir. Nicht den Frieden der Welt, sondern nur meinen Frieden. Den Frieden des ›Ich‹.«

Dr. Ihaleakala Hew Len
(Quelle: http://www.openpr.de/)

## Die vereinfachte Vorgehensweise des »Self-I-Dentity-Ho'oponopono« von Dr. Ihaleakala Hew Len

Der langjährige Schüler von Morrnah N. Simeona, Dr. Len, übernahm nach deren Tod im Jahre 1992 die Leitung der noch von Morrnah gegründeten »Foundation of I« und lehrt heute weltweit die von ihm weiterentwickelte Methode des Self-I-Dentity-Ho'oponopono.

Nach seiner Ansicht sind wir alle ein wichtiger Teil des Universums, und das Universum ist ein wichtiger Teil von uns. Die Welt spiegelt im Außen unser Inneres wider.

**Deshalb ist jeder Einzelne uneingeschränkt verantwortlich für alle Dinge, Ereignisse und Situationen, die über seien Sinneswahrnehmungen in sein Wach-, Unter- oder Überbewusstsein gelangen.**

Wenn wir mit einer Situation in Resonanz gehen, bedeutet das, dass ein bestimmter Bereich in unserem Zellgedächtnis angesprochen wird und deshalb auch direkt beteiligt ist. Um die Situation im Außen in ihrer Polarität durch das Nullpotenzial der göttlichen, grenzenlosen Liebe zu heilen, müssen wir zuerst in unserem Inneren den entsprechenden, in Resonanz stehenden Bereich von Erinnerungen, Programmen, Musters und Glaubessätzen in selbstloser Liebe heilen, erlösen und auflösen.

| traditionelles Ho'oponopono (nach Mary K. Pukui) | modernes Ho'oponopono (nach H. Len) |
|---|---|
| interpersonale Problemlösung | intrapersonale Problemlösung |
| Mediator arbeitet mit allen Beteiligten. | Sie arbeiten allein mit Ihren Steuerinstanzen. |
| Alle Beteiligten müssen physisch anwesend sein. | Nur Sie müssen physisch anwesend sein. |
| Jeder Anwesende sagt jedem »Es tut mir leid«. | Sie sagen zum eigenen Ich »Es tut mir leid«. |
| Jeder Beteiligte muss jeden anderen um Vergebung bitten. | Sie müssen nur die Vergebung vom eigenen Ich erbitten. |

Wir sind also fortwährend angehalten, unsere eigenen Gedankenprogramme,

Gefühlsmuster und Glaubenssätze zu kontrollieren und positiv weiterzuentwickeln, um schließlich zur »Einheit der Selbste« zu kommen. Dadurch kommen wir auch dem eigentlichen Zweck von Ho'oponopono näher, d. h.

- der endgültigen Reinigung sämtlicher noch vorhandener Negativpotenziale in unserem eigenen Inneren,
- der eigenständigen Verbindung mit der Göttlichkeit und deren praktischer Annahme im Innen und Außen.

Die Welt im Außen ist nur eine Spiegelung der Welt in unserem Inneren. Selbstzerstörungsprogramme, die uns in der Welt begegnen, reflektieren entsprechende Negativmuster von Hass, Wut, Ärger, Groll, Zorn, Schmerz, Trauer in unserem eigenen Inneren. Diese in uns selbst durch eine permanente innere Reinigung zu heilen, ist der eigentliche Sinn und Zweck von Ho'oponopono.

Indem wir etwas Sinnvolles, Positives, Aufbauendes für uns selbst in unserem eigenen Inneren tun, heilen wir nach dem geistigen Gesetz der Resonanz gleichzeitig auch die Welt im Außen.

Dr. Len schlägt vor, die folgende Kurzformel immer zu wiederholen:
»I am sorry.
Please forgive me.
I thank you.
I love you.«[14]

Ins Deutsche übersetzt, lautet sie in etwa:
»Es tut mir leid.
Bitte vergib/vergebt mir.
Ich danke dir/euch.
Ich liebe dich/euch.«

Eine Kurzversion von Ho'oponopono stellt das folgende – möglichst laut gesprochene – Gebet bzw. die folgende Affirmation dar:

1. Empfänger: Mein Störpotenzial
   - Ich bin verantwortlich.
   - Eigene Negativpotenziale tun mir leid.
   - Bitte vergebt mir, ich vergebe euch und mir.
   - Danke (für alle Erfahrungen).
   - Ich löse alles Negative im Innen und Außen in Liebe auf.
   - Ich lasse los und übergebe endgültig alles Negative in Liebe dem Licht des Universums.
2. Sender: __________________ (eigener Vorname)
   als meine ewige, vollkommene, göttliche Ich-Bin-Präsenz.

Versuchen Sie es einmal, und erfahren Sie voll Freude und Dankbarkeit die positiven Veränderungen, die in Ihnen selbst und in Ihrem Umfeld eintreten werden.

---

14 Ein Ho'oponopono-Lied kann heruntergeladen werden bei YouTube unter http://www.youtube.com/watch?v=ac5SGwRPv0o

Interessant ist die Lebensgeschichte von Dr. Ihaleakala Hew Len und seine persönlichen Erfahrungen mit Ho'oponopono:

Dr. Len ist von Beruf Arzt, Psychologe und Therapeut und arbeitete in den Jahren von 1983 bis 1987 im Hawaii State Hospital in Kaneohe. Dabei beschäftigte er sich nicht direkt mit den dort einsitzenden Schwerverbrechern, sondern studierte die jeweiligen Personalakten und Krankenberichte. Er fragte sich, was in ihm selbst war, was ihn im Innen mit dem Sachverhalt im Außen und dem jeweils Kranken verband.

Fand er dann ein Resonanzverhalten, Gedankenprogramm, Gefühlsmuster oder gar körperliches Leiden in sich selbst in Bezug auf eine Krankheit oder das Verhalten eines Patienten, sagte er immer wieder:

»Es tut mir leid.
Ich verzeihe dir (und mir).
Ich danke dir.
Ich liebe dich.«

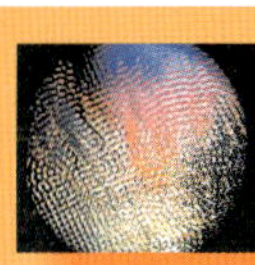

Er akzeptierte das Negativpotenzial in sich, das ihn in Resonanz gehen ließ, und übergab es abschließend dem Göttlichen in ihm selbst. Danach dankte er Gott für die durchgeführte Umwandlung. In diesem Reinigungsprozess in verschiedenen Schritten übernahm er die uneingeschränkte Verantwortung für seine Situation und die subjektiv erfolgte Wahrnehmung und Bewusstheit der Negativresonanz des anderen. Über einen konsequenten Weg der Eigenliebe und Aktivierung des höchsten göttlichen Bewusstseins in ihm erfolgte die Reinigung des Negativpotenzials in ihm, aber auch bei seinen Patienten. Dies ging so weit, dass es in dem Hawaii State Hospital nach anderthalb Jahren seiner Arbeit keine Gefangenen mehr in Handschellen gab, das Personal gern zur Arbeit kam und nach drei Jahren alle Insassen des Schwerverbrechertraktes bis auf zwei der psychiatrischen Abteilung aus der Haft entlassen und die gesamte Einrichtung später aufgelöst werden konnte.[15]

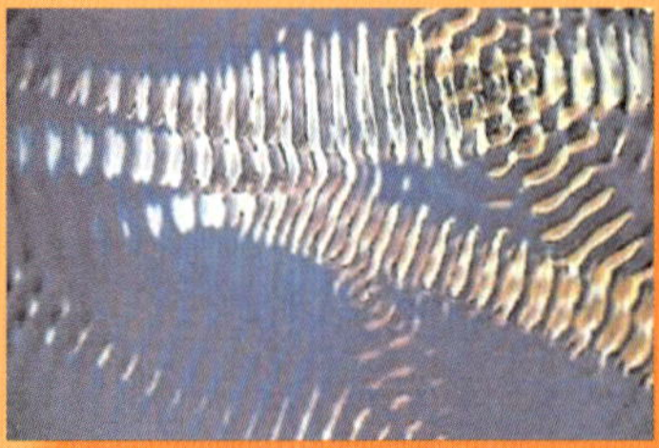

Nach dem 1. Geistigen Gesetz ist alles mit allem wechselseitig verbunden. Das bedeutet auch, dass jedes Problem gelöst werden kann, wenn man die Resonanz in sich selbst als Wahrnehmung, Glaubenssatz, Mentalprogramm, Gefühlsmuster, energetische Schwäche oder körperliches Leiden erkennt, ändert, mit Liebe heilt, auflöst und loslässt. Das heißt nicht, dass man selbst das Problem ist, sondern nur, dass man damit in Resonanz gegangen ist. Es ist auch nicht notwendig, das Problem genau im Detail zu kennen, man braucht nur einen definierbaren Bezugspunkt in sich selbst. Ich muss also den »schwarzen Fleck auf meiner weißen Weste« finden, der mit der Disharmonie mitschwingt. Ändere ich diese negative Resonanz in mir und wandle sie in Harmonie und ein positives Muster in mir um, bin ich gereinigt und geheilt, aber auch der Sachverhalt im Außen, die Resonanzursache und das Thema an sich. Heilt man

15 Quelle: http://www.hooponoponotheamericas.org. Dies wird auch beschrieben in: VITALE, JOE/LEN HEW IHALEAKALA: Zero Limits. The Secret Hawaiian System for Wealth, Health, Peace and More. John Wiley & Sons, Inc. Hoboken, New Jersey 2007

sich selbst, heilt man dadurch automatisch Umwelt, Umfeld, Partner, Kollegen, Menschheit und Erde – einfach alles.[16] Ist das nicht wunderbar?

Das Wichtigste in diesem Reinigungsprozess ist also, die Störquelle in sich selbst zu finden und mit Geduld und Ausdauer zu bearbeiten. Mitgefühl, Vertrauen, Verständnis, Achtung, Respekt, Frieden, Freude und Liebe treten an die Stelle von Zweifel, Ärger, Wut, Furcht, Schuld, Angst und Druck.

Wie sind folglich die Schritte, die Dr. Len beschreibt, zu verstehen?

1. »Es tut mir leid.«
   Da ich mit ihm in Resonanz gegangen bin, bin ich offensichtlich ein Teil des Problems. Sollte ich in der Vergangenheit andere bewusst oder unbewusst verletzt haben, so tut mir dies leid.
2. »Bitte vergib/vergebt mir.«
   Offensichtlich habe ich andere daran gehindert, subjektive Entwicklungen durch individuelle Erfahrungen zu machen. Vielleicht war ich Täter und habe Schuld auf mich geladen. Möglicherweise habe ich gegen die universale Ordnung verstoßen.
   - Ich bitte um Vergebung.
   - Gleichzeitig vergebe ich anderen, dem Problem oder einem oder mehreren Mitbeteiligten.
   - Zum Schluss vergebe ich mir, weil ich möglicherweise betroffen und schuldig bin.
3. »Ich liebe dich.«
   Ich liebe und achte das Göttliche in mir, in dir und allem Sein. Ich nehme das aufgetauchte Problem in mir an und heile es in mir mit Liebe durch aktive Mithilfe der Göttlichkeit in mir.[17]
4. »Danke!«
   - für Umprogrammierung und Transformation

16 Vgl. hierzu auch: Duprée, Ulrich Emil: *Heile dich selbst und heile die Welt.* Zenit und Nadir, Brücken 2010.

17 Vgl. hierzu auch: Simeona, Morrnah N./Wingo, James Vinson: *Advanced Self I-Dentity HO'OPONOPONO.* Huna Research Inc. (HRA), Cape Girardeau, Missouri, USA (http:/hooponopono.net).

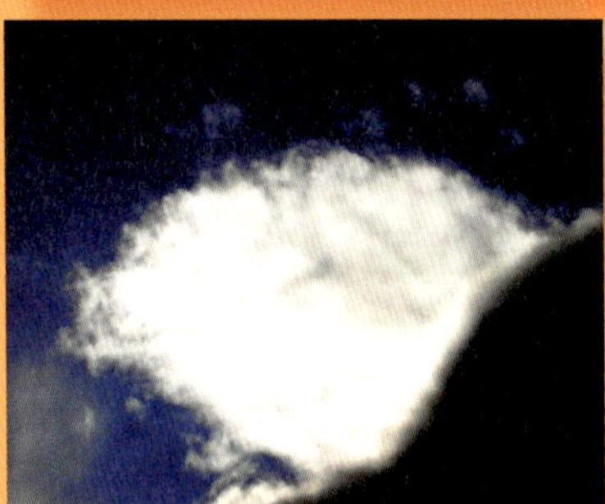

- für Reinigung und Heilung
- für neue Erkenntnisse und Erfahrungen

In Anlehnung an Morrnah N. Simeona gibt Dr. Len im Skriptum seines Seminars »Selbst I-Dentität durch Ho‘oponopono«[18] im deutschen Basis-I-Handbuch folgenden Zwölf-Schritte-Prozess an:

1. Innere Verbindung aufnehmen
2. »Denn ich bin Frieden.«
3. Die Ha-Atemübung (sieben Runden)
4. Das Eröffnungsgebet: »›Ich‹ bin das ›Ich‹.«
5. Das Reuegebet
6. a) Ho‘oponopono-Langfassung
   b) Ho‘oponopono-Kurzfassung
   c) Ho‘oponopono-Empfängnis
   d) Ho‘oponopono-Mahiki (Erdgebundenheit)
7. Auflösung
8. Läuterung
9. Umwandlung
10. Das Schlussgebet: »Der Frieden des ›Ich‹«
11. Die Ha-Atemübung (sieben Runden)
12. Danksagung

---

18 Hrsg.: The Foundation of I, Inc., Freedom of the Cosmos, P.O. BOX 283030, Honolulu, HI 96828, USA (Copyright 2009).

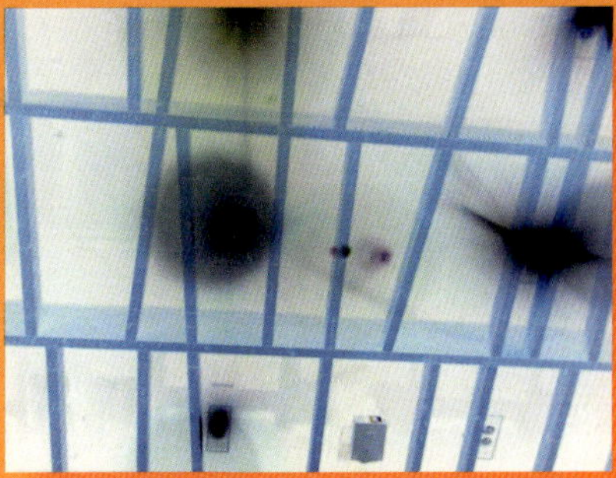

## Die heutige Anwendung des Autors von Ho'oponopono = die eigene Göttlichkeit wiederfinden

Ho'oponopono führt zu verstärkter Eigenliebe, selbstloser Liebe und zu uneingeschränkter Verantwortung für das eigene Leben und das Sein im Außen:

Wir sind uneingeschränkt (auch) dafür verantwortlich, was um uns herum geschieht. Diese Erkenntnis macht uns frei (und die Welt um uns herum ebenfalls) durch selbstlose Liebe.

Im Online-Lexikon für Glück und Erfolg von Thomas Klüh[19] wird Ho'oponopono folgerndermaßen definiert:

»Ho'oponopono geht davon aus, dass alles in der Welt eins ist, auch wenn wir uns getrennt fühlen. Aufgrund dieser Einheit kann nichts in der eigenen Welt geschehen, ohne dass es nicht auch eine Resonanz in dem Betrachter dazu gäbe. Man kann Probleme im Außen nur dann ändern, wenn man die innere Resonanz dazu heilt.«

19 http://www.thomasklueh.de/lexikon/

## Einzelelemente

1. Anschauen
   - »Ich schaue den zugrunde liegenden Sachverhalt genau an.«
   - »Ich beobachte die Situation und bin gleichzeitig aktiver Teilnehmer der Geschehnisse.«
   - »Ich sehe die Situation bewusst an.«
   - »Ich fühle die Situation bewusst in mir.«
   - »Ich beobachte die Gefühle, die diese Situation in mir auslöst.«
   - »Ich höre auf den Hinweis, den mir diese Situation zeigen möchte.«
2. Annehmen
   - »Dies ist ein Teil von mir, ich habe damit zu tun, weil es meine Sinne und mein Sein berührt.«
   - »Ich bin beteiligt.«
   - »Ich bin gemeint.«
   - »Ich bin angesprochen.«
   - »Die Situation geht mich etwas an.«
   - »Ich nehme die Situation so an, wie sie mir begegnet ist.«
3. Uneingeschränkte Verantwortung übernehmen
   - »Ich bin in vollem Umfang dafür verantwortlich, dass die Situation eingetreten ist.«
   - »Dies habe ich hervorgerufen.«
   - »Diese Situation spiegelt etwas von mir.«
   - »Ich übernehme die volle Verantwortung dafür.«
   - »Ich bin verantwortlich für diese Situation.«
   - »Es ist mein Gefühl, das in dieser Situation zum Ausdruck kommt.«
   - »Es sind meine Gedanken, die sich in dieser Situation widerspiegeln.«
   - »Es sind meine Worte, die mir in dieser Situation gezeigt werden.«
   - »Auch als Beobachter bin ich aktiv an dieser Situation beteiligt.«

»Die Verantwortung zu übernehmen, heißt nicht, die Schuld auf sich zu nehmen oder anzunehmen, falsch gehandelt zu haben. Es ist die Bereitwilligkeit, auf die aktuelle, sich erneut abspulende Erinnerung zu antworten und für sie geradezustehen.«[20]

20 Koehler, Mary: *Self Identity through Ho'oponopono.* Network Ireland, April–July 2004.

4. Mitgefühl zeigen
   - »Es tut mir leid, dass dies geschehen ist.«
   - »Es tut mir leid, dass ich diese Situation hervorgerufen habe.«
   - »Es tut mir leid, dass etwas in mir dies hat geschehen lassen.«
   - »Es tut mir leid, dass ich in diese Situation verwickelt bin.«
   - »Es tut mir leid, dass ich dies beobachtet habe und als Beobachter daran beteiligt bin.«
5. Entschulden
   - »Ich entschuldige mich.«
   - »Ich entschuldige dich.«
   - »Ich entschuldige alle an der Situation direkt und indirekt Beteiligten.«
   - »Ich entschuldige mich als Beobachter dieser Situation und erkenne, dass ich gleichzeitig aktiv an ihr beteiligt bin.«

6. Verzeihen
   - »Ich verzeihe allen Beteiligten.«
   - »Ich bitte alle Beteiligten um Verzeihung für mein Mitwirken an der Situation.«
   - »Ich verzeihe mir.«
   - »Ich verzeihe mir als Beobachter und aktiv und/oder aktiv Beteiligtem.«

7. Vergeben
   - »Ich vergebe mir und allen Beteiligten.«
   - »Ich vergebe mir.«
   - »Ich vergebe dir.«
   - »Ich vergebe allen an der Situation direkt und indirekt Beteiligten.«
   - »Ich vergebe mir als Beobachter dieser Situation und erkenne, dass ich gleichzeitig aktiv an ihr beteiligt bin.«
   - »Ich bitte um Vergebung für meine Schuld.«
   - »Ich bitte um Vergebung für meine Unwissenheit.«
   - »Ego me absolvo.«
   - »Ich spreche mich frei von Schuld.«

8. Danken
- »Danke für die Erfahrung.«
- »Danke, dass ich etwas Wichtiges dazulernen durfte und ich mich dadurch weiterentwickeln konnte.«
- »Danke, dass sich mir die Möglichkeit eröffnet hat, diese Situation zu bewältigen.«
- »Danke, dass ich Beobachter dieser Situation sein durfte, in der sich ein Teil von mir gespiegelt hat.«
- »Danke, dass ich mir und allen Beteiligten vergeben durfte.«
- »Danke, dass ich mir und allen Beteiligten vergeben habe.«
- »Danke für die Hinweise, die ich durch diese Situation erhalten habe.«
- »Danke für alle Erkenntnisse und Erfahrungen, die mir durch diese Situation zuteil wurden.«
- »Mahalo! Danke für die für mich (und für uns) beste Lösung!«

Bei Ho'oponopono geht es vordergründig um das Nullpotenzial der selbstlosen, göttlichen Liebe, die als einzige Kraft überall im Universum grenzenlos und bedingungslos im Übermaß vorhanden ist (auch in mir!). Als einzige Macht verbindet sie die Polarität allen Seins im Universum, Negatives und Positives, die Dunkelheit und das Licht (auch in mir!).

Bin ich mir der »Feinde« im Außen und Innen, also auch in mir, bewusst, dann kann ich sie erfahren und definieren, dann kann ich sie auch mit und in Liebe heilen, im Innen zuerst, danach durch mein verändertes Resonanzverhalten auch im Außen. Deshalb war eine wichtige Aussage von Jesus:

## »Liebet eure Feinde!« (Matthäus 5,44)

Die »Feinde« in uns sind unsere negativ ausgerichteten und im Gedächtnis jeder Zelle gespeicherten Erinnerungen, Glaubenssätze, Gedankenprogramme und Gefühlsmuster, die wir von Leben zu Leben mitnehmen, bis wir sie irgendwann einmal durch entsprechende Gegenprogramme, Rituale, positive Affirmationen, Gebete oder einfach nur durch Liebe löschen, freigeben und loslassen. Das ist auch der tiefere Sinn der KALA-Reinigung (haw., »Wiederherstellung des Lichts«).

Wenn wir die Störpotenziale und negativen Informationen in unserem Inneren heilen, verändern wir dadurch (Minus zu Plus) das Resonanzverhalten im Innen und damit auch das im Außen.

Die Ho'oponopono-Methode ist also eine Möglichkeit, durch die Selbstheilung auch andere Menschen, Umwelt und Umfeld, Kristalle, Pflanzen und Tiere, die Menschheit, die Erde, die Welt und alle Universen zu heilen.

Ich heile mich und dadurch andere und anderes mit und aus Liebe.

9. Lieben
   - »Ich liebe mich.«
   - »Ich liebe alle Erfahrungen, die ich hierdurch machen durfte.«
   - »Ich liebe mich dafür, dass ich an dieser Situation beteiligt war/bin.«
   - »Ich liebe dich.«
   - »Ich liebe alle an dieser Situation Beteiligten.«
   - »Ich schicke denjenigen, die mit mir an dieser Situation beteiligt waren, alle meine Liebe, damit sie sich vergeben können.«
   - »Ich schicke allen direkt und indirekt an dieser Situation Beteiligten meine Liebe, damit sie sich selbst und allen anderen vergeben können.«

- »Ich schicke allen Beobachtern als Beteiligten an der Situation meine Liebe, damit sie sich und den anderen vergeben können.«
- »Ich liebe mich und alle Wesen des Schöpfers.«
- »Ich löse die Polarität der Ausgangssituation in und mit Liebe auf.«
- »Ich löse alle zugrunde liegenden negativen Glaubenssätze, Gedankenprogramme und Gefühlsmuster in und mit Liebe auf.«

Dies ist wirklich eine eindrucksvolle Möglichkeit, die Welt zu verändern, sie aktiv und bewusst positiv zu gestalten, zu verbessern und frei zu machen mit und durch Eigenliebe im Sinne von selbstloser, bedingungsloser und grenzenloser Liebe in mir und durch mich.

**Amama!**

- »Es ist getan!«
- »Es ist vollbracht!«
- »Die alte Situation ist bereinigt.«
- »Ich bin gereinigt und gesegnet.«
- »Alle an der Situation Beteiligten sind gereinigt und gesegnet.«
- »Alle Beobachter sind gereinigt und gesegnet.«
- »Die Situation hat sich für mich als hilfreich erwiesen, sie hat ihren Zweck erfüllt.«

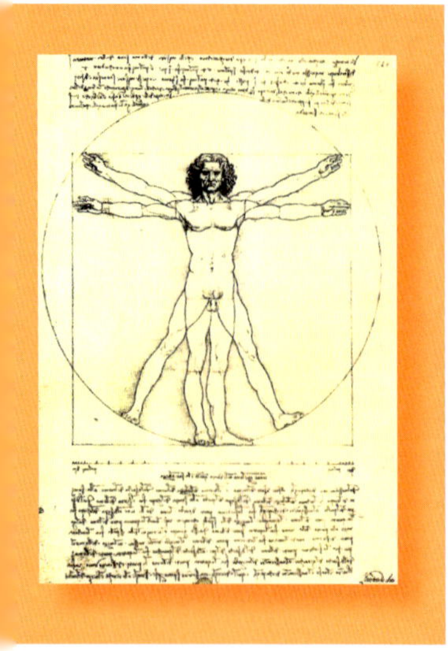

## Langform 1: Das Ho'oponopono-Reinigungsgebet

= »die (universale) Ordnung wiederherstellen« im Innen und im Außen und dadurch dem »lieben Gott in mir« (haw.: Akua) wieder nahekommen

1. Aufladen durch
   Ha-Ritus-Atmung: 7 Mal ein und aus, dazwischen jeweils Stopp
   oder: Harmonieatmung: 4 mal ein und aus ohne Stopp
2. Definition/Voraussetzungen: Mana O'kotto
   a. Wer? Eigener Vorname; Name der Beteiligten:
      ..................................................
   b. Was? Thema (möglichst detailliert über mehrere Tage hinweg zahlreiche Störpotenziale aufschreiben):
      ..................................................
   c. Wem? Intuitive Namensgebung der im Problem befindlichen Wesenheit und des Themas als Codewort:
      ..................................................
   d. Wo? Körperstelle, Organ, Körperzone:
      ..................................................

   Und das ändere ich jetzt!
3. Vorgehensweise: jeden Satz jeweils 7 Mal wiederholen.
   Bitte.
   a. Verantwortung: Kuleana
      Ich bin verantworlich für (Name).
      Ich bin verantwortlich für das aufgetretene Störpotenzial. Es hat eine Resonanz in mir, deshalb muss ich es zuerst in mir heilen.
   b. Entschulden, Verzeihen, Vergeben
      »Sollte ich oder meine Ahnen jemanden geschadet haben:
      Es tut mir leid.
      Ich entschuldige mich.
      Bitte verzeih/t mir.
      Bitte vergib/vergebt mir.
      Ich vergebe auch dir/euch, (Name).
      Ich vergebe mir.
      Ego me absolvo.
      Ich spreche mich frei von Schuld.«

c. Danksagung: Ho'omaika
   Ich danke für mein Sein.
   Ich danke für alle gemachten Erfahrungen mit (Name).
   Ich danke für die für mich/uns beste Lösung.
   Ich danke dir dafür, dass du dich zur Verfügung gestellt hast, damit ich diese Erfahrung machen durfte. Dies ist das Wichtigste für mich, denn durch Erfahrungen entwickle ich mich weiter in meiner individuellen Evolution.
d. Auflösung des Störpotenzials im Innen und im Außen durch Liebe: Aloha
   Ich liebe mich.
   Ich liebe dich, (Name). Ich liebe dich, »lieber Gott« Akua in meinem Herzen, und danke dir dafür, dass du mir hilfst, alle Negativpotenziale in mir zum genannten Thema (Codewort) mit Liebe zu heilen.

Dieser ist der entscheidende Faktor: die Verbindung zu Akua!Stellen Sie sich das möglichst real vor. Finden Sie ein Bild von einer Situation,aus dem Herzen heraus, in der Sie sehr glücklich waren in Ihrem Leben, z. B. die rote Kugel eines Sonnenaufganges, eine Rose, ein Wasserfall, ein kleines Kind. Führen Sie dieses Liebespotenzial zur Störstelle. Stellen Sie sich all dies gefühlsmäßig vor und erfahren Sie es!

e. Loslassen: Kalana
   Ich lasse alle Negativpotenziale in mir in Verbindung mit (Name) los.
   Ich lasse alle Störpotenziale im Innen und Außen jetzt los und löse sie in Liebe im Licht des Universums auf.
f. Positive Finalvorstellung der erfolgten Heilung
   Heilung mit Liebe geschieht im Hier und Jetzt.
   Positive Finalvorstellung der bereits erfolgten Heilung
g. Abschluss
   Amama!
   Es ist getan! Es ist vollbracht!

- Danke.

## Kurzform nach Dr. Len

Wiederholen Sie immer wieder laut und/oder leise:
»Es tut mir leid.
Bitte vergib/vergebt mir.
Danke.
Ich liebe dich/euch.«

Eine große Hilfe beim Ho'oponopono ist unser eigenes Hohes Selbst, der »Botschafter Gottes in uns«, das die göttliche Ich-Bin-Präsenz in unsere Reichweite bringt und mit der Ich-Wesenheit der rechten Gehirnhälfte unseres Mittleren Selbst verbindet, wodurch Denken zu Wissen wird.

Unsere Ich-Bin-Präsenz verbindet sich über unser Hohes Selbst mit der Göttlichen Ich-Bin-Präsenz. Notwendig hierzu ist der laufende Kontakt zwischen Hohem und Mittlerem Selbst, der zu einer Erfahrung der reibungslosen Zusammenarbeit zwischen beiden führt. Hierum muss das Mittlere Selbst mit seinem freien menschlichen Willen als einmaligem Gottesgeschenk jedoch ausdrücklich bitten.

Die Ho'oponopono-Meditation ist eine hawaiianische Methode, Störpotenziale aufzulösen und Probleme durch die Reinigung und Anerkennung der Göttlichkeit im eigenen Selbst und allem Sein zu neutralisieren.

## Kurzform I

1. Ich danke dir, dass es dich gibt und dass du in mein Leben getreten bist.
2. Sollte ich dich in irgendeiner Weise verletzt haben, so tut es mir leid.
3. Bitte vergib mir. Ich vergebe dir ebenfalls und auch mir.
4. Ich lasse alles Negative los, was zwischen dir und mir steht.
5. Ich bedanke mich für alle gemachten Erfahrungen.
6. Ich liebe mich und dich.
7. Ich lösche alles Negative und lasse es für immer los.

Ich bin allein dafür verantwortlich, was in mir und um mich herum geschieht. Ich lasse jetzt alle störenden Erinnerungen, auch aus früheren Leben, los. Ich begegne mir und ihnen mit Liebe und danke meiner eigenen Göttlichkeit für die Gelegenheit, loszulassen. In Liebe schicke ich jetzt alle bisherigen Störpotenziale in mir mit Liebe zurück ins Licht des Universums.

Laut oder leise sollten Sie immer wieder zu niemandem Bestimmten und keinem konkreten Störpotenzial in Ihnen sagen:

»Es tut mir leid. Ich liebe dich. «

## Langform 2

Störpotenziale auflösen mit Ho'oponopono = Die (universale) Ordnung wiederherstellen« im Innen und im Außen, dadurch dem »lieben Gott in mir« (=Akua in meinem Herzen) wieder nahekommen.

1. Vorbereitung
   a. BITTE
   b. Aufladung durch
      Ha-Ritus-Atmung: 7 Mal ein und aus, dazwischen jeweils Stopp
      oder: Harmonieatmung: 4 mal ein und aus ohne Stopp
   c. Definition des Störpotenzials/Voraussetzungen: Mana O'kotto
      - Wer? Eigener Vorname, Namen der Beteiligten: ____________
      - Was? Thema: ______________________
      - Wem? Intuitive Namensgebung der im Problem befindlichen Wesenheit und des Themas als Codewort: ________________
      - Wo? Körperstelle, Organ, Körperzone: ____________________

   Und das ändere ich jetzt!
2. Durchführung/Vorgehensweise
   a. Verantwortung: Kuleana
      »Ich bin verantwortlich« für das aufgetretene Störpotenzial. Es hat eine Resonanz in mir verursacht, deshalb muss ich zuerst mich heilen, also das störende Programm in mir selbst.
   b. »Es tut mir leid.«
   c. Entschulden, Verzeihen, Vergeben: Kala
      Sollte ich oder meine Ahnen jemandem geschadet haben: »Es tut mir leid.«
      »Ich entschuldige mich!«
      »Bitte verzeih(t) mir!«
      »Bitte vergib/vergebt mir!«
      »Ich vergebe auch dir/euch!«
      »Ich vergebe mir!«
      »Ego me absolvo.« – » Ich spreche mich frei von Schuld.«
   d. Danksagung: Ho'omaika
      »Ich danke für mein Sein.«

»Ich danke für die Erfahrungen, die ich gemacht habe, und allen dafür Verantwortlichen!«
»Ich danke für die für mich und für uns beste Lösung.«

e. Auflösung des noch in mir vorhandenen Störpotenzials im Innen und im Außen mit und durch Liebe: Aloha
»Ich liebe mich.«
»Ich liebe mich und dich/euch.«
»Danke, ›lieber Gott in mir‹, Akua in meinem Herzen, dass du mir hilfst, verbliebene Negativpotenziale zu meinem Thema in mir in Liebe aufzulösen und mit Liebe zu heilen.«
»Ich bitte den ›lieben Gott‹ = Akua in meinem Herzen, mir beizustehen, das/die noch vorhandenen Störpotenzial/e in mir in und mit Liebe aufgelöst und geheilt werden.«
(Stellen Sie sich das möglichst real vor, z. B. die rote Kugel eines Sonnenaufgangs, schöne Blumen, ein glückliches Baby, Naturschauspiele, Wasserfälle, Bergkristall, Christusbild. Führen Sie es zur Störstelle, und erfahren Sie es dort.)
»Meine Göttliche Ich-Bin-Gegenwart = Akua in meinem Herzen erlöst alle Negativpotenziale in mir in Liebe.« Und dies geschieht jetzt!

f. Loslassen: Kalana
»Ich lasse alles noch zum Thema verbliebene Negative im Innen und im Außen endgültig in mir los.«
»Ich lasse alle Störpotenziale im Innen und im Außen jetzt los, und ich erlöse sie in Liebe im Licht des Universums.«

g. Heilung:
Heilung mit Liebe geschieht im Hier und Jetzt: Ho'ola

3. Abschluss
   a. Amama: »Es ist getan, es ist vollbracht!«
   b. »Danke.«

Durch den Dank wird in Ihnen selbst der Geist der Liebe aufgefordert, in Ihnen die Information zu heilen, die im Innen des Zellgedächtnisses das energetische Störpotenzial und im Stoff die negative Erscheinung in Ihren Zellen oder im äußeren Umfeld erschaffen hat.

## Kurzform 2

1. Vorbereitung
   a. »Bitte.«
   b. Aufladung durch Atmen im Ha-Ritus: je 7 Mal Einatmen, Stopp, Ausatmen, Stopp, und dabei jeweils bis sieben zählen
   c. Was? – Thema (möglichst detailliert, mit zahlreichen verschiedenen Aspekten) und Codewort
      Wo? – Körperzone
2. Durchführung
   a. »Ich bin verantwortlich.«
   b. »Es tut mir leid.«
   c. »Ich entschuldige mich.«
      »Bitte verzeih(t) mir!«
      »Bitte vergib/vergebt mir!«
      »Ich vergebe dir/euch!«
      »Ich vergebe mir.«
   d. »Ich danke für mein Sein.«
      »Ich danke für die Erfahrungen, die ich gemacht habe, und allen dafür Verantwortlichen.«
      »Ich danke für die für mich und für uns beste Lösung.«
   f. »Ich liebe mich.«
      »Ich liebe mich und dich/euch.«
      »Mit der Hilfe des ›lieben Gottes in mir‹ = Akua in meinem Herzen löse ich alle restlichen Negativpotenziale zu meinem Thema in mir auf und heile sie mit Liebe.«
   g. »Ich lasse alles zum Thema noch verbliebene Negative im Innen und im Außen endgültig in mir los.«
   h. »Heilung mit Liebe geschieht im Hier und Jetzt.«
3. Abschluss
   a. Amama.
   b. Danke.

Die neue Meditations-CD des Autors »Mein Ho'oponopono-Reinigungsgebet« hat folgenden Wortlaut:

»Heile ich Negativpotenziale in mir selbst mit und durch Liebe, kann ich damit auch die Welt heilen und positiv verändern.«

Zu Beginn überlege ich genau, welche Störungen meine Aufmerksamkeit angesprochen haben und mit welchem Thema ich im Einzelnen in Resonanz gegangen bin. Dieses kann körperlicher, energetischer, sozialer, karmischer, emotionaler, mentaler oder spiritueller Art sein, mit Familienangehörigen, Bekannten, Nachbarn, Kollegen, mit dem Chef, der Regierung, Katastrophen usw. zusammenhängen.

Alle Einzelheiten, die mir hierzu einfallen, schreibe ich auf und gebe dem gesamten Sachverhalt ein Codewort wie Hugo, Emmy, Klaus, Otto, das mir spontan dafür einfällt.

Dann überlege ich, ob mein durch das Codewort definiertes Problem mit einem meiner Körperorgane oder einer bestimmten Körperzone in Verbindung steht. Ist das so, dann lege ich meine linke, aufnehmende Hand aufs Herz, meine rechte, abgebende Hand auf das besagte Organ, die besagte Körperzone oder in ihre Nähe.

Jetzt bin ich ruhig und still, verbinde mich mit meinem Körper, meinem Inneren Kind, meinem Hohen Selbst, meinem Inneren Heiler und meinen spirituellen Freunden.

Ich atme siebenmal ein, Stopp, aus, Stopp, und zähle dabei leise innerlich jeweils bis sieben.

Einatmen (leise bis sieben zählen) – Stopp (leise bis sieben zählen) – Ausatmen (leise bis sieben zählen) – Stopp (leise bis sieben zählen). Dies wiederhole ich insgesamt sieben Mal, also noch sechs Mal:

1. Einatmen – Stopp – Ausatmen – Stopp
2. Einatmen – Stopp – Ausatmen – Stopp
3. Einatmen – Stopp – Ausatmen – Stopp
4. Einatmen – Stopp – Ausatmen – Stopp
5. Einatmen – Stopp – Ausatmen – Stopp
6. Einatmen – Stopp – Ausatmen – Stopp

Nach dieser Energieaufladung konzentriere ich mich über Codewort und Körperorgan einerseits auf mein Störthema und Problem, andererseits auf mein Herz und dem dort befindlichen »lieben Gott« in mir, meinem eigenen Aspekt der Urquelle allen Seins. Ich stelle mir möglichst emotional den glücklichsten oder einen sehr glücklichen Moment in meinem Leben bildhaft und voller Glücksgefühl vor, tauche intensiv in diese Glückseligkeit und Liebe im Zentrum meines Herzens hinein, fülle mich damit, lenke es über meine linke Hand zu meiner rechten Hand und von dort zu dem durch das Negativpotenzial in mir angesprochenen Organ.

Dann beginnt die eigentliche Meditation:

Bitte – bitte – bitte – bitte.
Sei bei mir.
Ich bin in der göttlichen Führung und Weisheit.
Ich bin in der göttlichen Kraft und Wahrheit.
Ich bin im göttlichen Schutz und Segen.
Ich bin in der göttlichen Gnade und Liebe.
Ich liebe dich, Gott, Urquelle allen Seins, und danke dir von Herzen für mein Leben. Ich liebe die Welt. Ich liebe die Erde. Ich liebe die Natur. Ich liebe die Menschen. Ich liebe mich. Ich bin es wert, geliebt zu werden – von anderen, aber vor allem von mir selbst. Denn durch die Liebe zu mir kommt die Liebe zu dir und zu allem Sein im Universum.
Ich liebe mich und ich liebe dich. Du bist es wert, geliebt zu werden – von anderen, aber vor allem von dir selbst.

Die Urquelle Akua hat mich geschaffen, nach ihrem Willen und ihrer Energie nach ihrem Bilde als Geist vom Geiste Gottes. Im Außen habe ich einen grobstofflichen, endlichen und sterblichen menschlichen Körper als »dunklen Spiegel«,

aber

im Innen bin ich ewiges, unsterbliches, vollkommenes göttliches Bewusstsein als Geist: eins, ganz und wechselseitig mit allem Sein verbunden.

Gott wirkt durch mich, durch meinen freien menschlichen Willen in Form meiner Gedanken.

Ich.

Ich bin.

Ich bin, was ich denke.

Ich bin, was ich denke, was ich bin. Und die Welt ist so, wie ich denke, dass sie ist, in meiner subjektiven Wirklichkeit.

Die Substanz Gottes ist Licht, seine Essenz Liebe. Die Liebe ist die stärkste Kraft in allen Universen, im Außen und im Innen. Sie ist auch in mir, im Zentrum meines Herzens.

Ich bin Liebe – ich bin Liebe – ich bin Liebe – ich bin Liebe.

Der Gott in mir, im Zentrum meines Herzens, liebt mich grenzenlos und bedingungslos und hilft mir, die Negativpotenziale in mir im Innen und im Außen mit Liebe zu heilen.

Mit diesem Ho'oponopono-Reinigungsgebet stelle ich die universale Ordnung im Innen und im Außen wieder her und komme dem »lieben Gott« im Zentrum meines Herzens sehr nahe. Voller Inbrunst spreche ich deshalb laut oder leise im festen Glauben an ihre Erfüllung die folgenden Worte:

Ich bin verantwortlich, (Codewort) (7 x),
sollte ich jemals Schaden angerichtet haben.
Es tut mir leid, (Codewort). (7 x)
Ich entschuldige mich, (Codewort). (7 x)
Bitte verzeihe mir, (Codewort). (7 x)
Bitte vergib mir, (Codewort). (7 x)
Ich vergebe auch dir für deine Beteiligung am zugrunde liegenden Sachverhalt, (Codewort). (7 x)
Ich vergebe mir, (Codewort). (7 x)
Ego me absolvo. Ich spreche mich frei von Schuld. (7 x)

Ich danke für mein Sein. (7 x)
Ich danke für die Erfahrungen, die ich gemacht habe. (7 x)
Ich danke für die für mich und dich beste Lösung, (Codewort). (7 x)
Ich liebe mich. (7 x)
Ich liebe dich, (Codewort). (7 x)
Ich liebe dich, »lieber Gott« in mir, Akua in meinem Herzen, und danke dir dafür, dass du mir hilfst, noch in mir vorhandene Negativpotenziale mit Liebe zu heilen. (7 x)
Ich stelle mir dieses Gefühl der Liebe und Glückseligkeit im Zentrum meines Herzens jetzt möglichst real vor und gehe in diese Emotion des glücklichsten oder eines glücklichen Moments in meinem Leben voller Inbrunst hinein, bis ich sie wirklich spüre und erfahre, im Herzen, beiden Händen und dem betroffenen Organ. Ich bin gewiss, dass meine göttliche Ich-Bin-Gegenwart alle zum Thema (Codewort) gehörenden und noch vorhandenen Negativpotenziale in mir mit Liebe heilt. Und das geschieht jetzt!
Ich lasse alle zum Thema (Codewort) gehörenden Negativpotenziale in mir nunmehr endgültig los. (7 x)
Ich stelle mir auch das Loslassen wiederum möglichst konkret vor, beispielsweise als Wasserfall oder mithilfe von Erzengel Michael, der mit seinem blauen Schwert alles durchschlägt.
Heilung mit Liebe geschieht im Hier und Jetzt, (Codewort). (7 x)
Amama! Es ist getan! (7 x)

Dieses Ho'oponopono-Reinigungsgebet fliege hinauf zum Himmel und nehme alle meine Negativpotenziale zum Thema (Codewort) mit.

Ich bin heil. Ich bin rein. Ich bin ganz.

Das Licht ist in mir und außerhalb von mir, wie eine komplett geschlossene Kugel aus Licht um mich herum.

Ich bin geschützt durch die grenzenlose und bedingungslose Liebe der Gottheit in mir und außerhalb von mir, die reine Energie des Universums, den Atem der Schöpfung, Licht und Liebe auf Erden.

Ich bin Licht und Liebe und danke dir, Akua – Urquelle allen Seins

- ❖ für göttliche Führung und Weisheit,
- ❖ für göttliche Kraft und Wahrheit,
- ❖ für göttlichen Schutz und Segen,
- ❖ für göttliche Gnade und Liebe.

Ich danke für mein Sein.
Ich danke für mein Leben.
Mein Leben ist schön.
Mein Leben ist schön.
Mein Leben ist schön.
Mein Leben ist schön.

Danke – danke – danke – danke.

Zum Schluss kann ich dieselbe Atmungsserie wie zu Beginn noch einmal durchführen.

Ich bin ruhig und still, verbinde mich mit meinem Körper, meinem Inneren Kind, meinem Hohen Selbst, meinem Inneren Heiler und meinen spirituellen Freunden. Ich atme siebenmal ein, Stopp, aus, Stopp und zähle dabei leise innerlich jeweils bis sieben.

Einatmen (leise bis sieben zählen)
Stopp (leise bis sieben zählen)
Ausatmen (leise bis sieben zählen)
Stopp (leise bis sieben zählen)
Dies wiederhole ich insgesamt sieben Mal, also noch sechs Mal:

1. Einatmen – Stopp – Ausatmen – Stopp
2. Einatmen – Stopp – Ausatmen – Stopp
3. Einatmen – Stopp – Ausatmen – Stopp
4. Einatmen – Stopp – Ausatmen – Stopp
5. Einatmen – Stopp – Ausatmen – Stopp
6. Einatmen – Stopp – Ausatmen – Stopp

Heilung mit Liebe geschieht im Hier und Jetzt.
Danke – danke – danke – danke.

Alles Außen ist im eigenen Innen.

| Kriterium | Affirmation (laut sprechen) |
|---|---|
| Thema im Innen, im Außen und als Information anschauen | |
| Annehmen: Es ist ein Teil von mir. | |
| Verantworten/Identifizieren | Ich bin verantwortlich. |
| Nachdenken | |
| Entscheiden | |
| Negativprogramm ändern | |
| Bedauern | Es tut mir leid. |
| Entschulden/Entschuldigen | |
| Verzeihen | |
| Wechselseitiges Vergeben und Selbstvergebung | Bitte vergebt mir. Ich vergebe euch und mir. |
| Danken für alle gemachten Erfahrungen | Danke für alle Erfahrungen. |
| Auflösen von Negativem in und mit Liebe im Innen, im Außen und als Thema | Negatives löse ich in Liebe auf, im Innen und im Außen. |
| Im Zellgedächtnis löschen | Ich lasse los. |
| Loslassen und in Liebe dem Licht des Universums übergeben | Ich bin heil. |
| Amama! | Amama! |

Übernehmen Sie die uneingeschränkte Verantwortung für Ihr Leben, dann ist alles, was Sie mit Ihren Sinnen aufnehmen, also alles, was Sie sehen (lesen), hören, schmecken, riechen, fühlen und berühren bzw. auf irgendeine andere Art und Weise erfahren, vollständig Ihre eigene Verantwortung, weil es Ihr Leben ist und es sich in diesem ereignet. Alles im Außen ist letztendlich eine Projektion aus dem eigenen Inneren. Schwierigkeiten und Probleme im Außen sind eigentlich nur Störungen, die nach dem Resonanzgesetz Auswirkungen im eigenen Inneren haben und letztlich auch nur dort geändert werden können, um im Außen entsprechende positive Konsequenzen hervorzurufen. Das verändert dann die gesamte, wechselseitige, bisher negative Resonanz.

Nach Ansicht von Huna beginnt alles im Leben zuerst in den Gedanken. Diese sind es auch, die negative Prozesse im Ursprung ausgelöst und Störungen im Energiehaushalt, im feinstofflichen Bereich der Aura und im grobstofflichen Feld des physischen Körpers verursacht haben. Durch unsere Erinnerungen verbinden wir uns mit ihnen. Sie können jederzeit, in jedem Moment und in jeder Hinsicht durch entsprechende positive Gedanken und durch selbstlose Eigenliebe verändert werden. Indem ich einem Problem im eigenen Inneren auf die Spur komme und es ändere, beeinflusse ich positiv auch entsprechende gleichgelagerte Schwierigkeiten bei anderen und allgemein im Außen, obwohl ich das Problem u.U. selbst nicht verstehe.

Ich bin im absoluten Wissen (Hohes Selbst), dass ich selbst die Ursache eines Problems bin, übernehme dafür die uneingeschränkte Verantwortung und korrigiere den Fehler in mir durch wechselseitige Vergebung, Dank und Liebe. Das Göttliche in mir kommt in Fluss und heilt das Problem in mir und außerhalb von mir.

Diese Methode des Ho'oponopono kann wirklich letztlich die gesamte Welt vom negativen ins positive verändern.

# Ho'oponopono in der Praxis

## Was spricht mich an?

Das Ho'oponopono-Reinigungsgebet kann praktisch von jedem für alles angewendet werden, sowohl für sich selbst als auch für andere, die Menschheit, die Erde und die Welt.
Es ist eine Methode, die wirklich alles positiv verändern kann.

Der Ausgangspunkt ist, zu schauen, was über meine Sinnesorgane, meinen Körper, andere Menschen usw. von außen auf mich zugekommen ist, was mich angesprochen und meine Bewusstheit erregt hat. Welcher bestimmte Sachverhalt hat länger als drei Sekunden mein Bewusstsein beschäftigt, sodass ich in Gedanken oder Gefühlen mindestens über diesen Zeitraum hinweg oder sogar länger meine Aufmerksamkeit darauf gerichtet habe? Was ist mir bewusst geworden?[21]

Das zeigt mir, dass in mir selbst etwas mit diesem Sachverhalt in Resonanz gegangen ist. Dieses Etwas war vielleicht bereits viele Jahre lang oder über mehrere Leben hinweg in einer bestimmten Auraebene, Körperzone bzw. einem gewissen Organ im Zellgedächtnis gespeichert gewesen als

- unerledigte Hausaufgabe bzw.
- »schwarzer Fleck auf meiner weißen Weste«.
  - Wenn ich der andere wäre, warum würde ich so handeln?
  - Wenn ich der andere wäre, warum hätte ich dieses Problem in mein Leben gezogen?
  - Warum habe ich selbst diese Situation erschaffen? Was in mir hat diese Situation überhaupt erst entstehen lassen?

---

21 Viele praktische Beispiele finden Sie in den empfehlenswerten Büchern von: Duprée, Ulrich Emil: *Heile Dich selbst und heile die Welt.* Zenit und Nadir, Brücken 2010 und derselbe: *HO'OPONOPONO.* Schirner, Darmstadt 2011.

## Negative Erinnerungen als hauptsächliche Störfaktoren

Alles ist mit allem verbunden.

- Alles, was ich tue (oder nicht tue), wirkt direkt und indirekt auf alles und auf mich.
- Immer, wenn ich jemanden beurteile, beurteile ich mich selbst.
- Immer, wenn ich jemanden beschimpfe, beschimpfe ich mich selbst.
- Immer, wenn ich jemanden anerkenne, erkenne ich mich selbst an.
- Immer, wenn ich jemanden wertschätze, schätze ich mich selbst wert.
- Immer, wenn ich jemandem danke, danke ich mir selbst.
- Immer, wenn ich jemanden heile, heile ich mich selbst.

Durch den Impuls von außen ist ein noch vorhandenes negatives Störpotenzial wieder aktiviert worden und mit mir in Resonanz getreten. Will ich mich selbst reinigen und heilen, muss ich mich wohl oder übel darum kümmern. Also frage ich mich:

- Welchen für mich relevanten Sachverhalt trägt diese Störung in sich?
- Was in mir wird durch den aufgetretenen Sachverhalt aktiviert?

Ich kann jetzt meine drei Bewusstseinsebenen und die jeweiligen Steuerinstanzen der drei Selbste ansprechen oder in meine jeweiligen Körperzonen hineinhorchen, wie auf Seite 253 dargestellt.

Stellen Sie sich folgende Fragen:

- Spüre ich die Störung physisch-materiell?
- Wo kann ich etwas Problematisches feststellen? Hinten: auf der Körperrückseite, also in der Vergangenheit, oder vorne: auf der Körpervorderseite, also in der Gegenwart.
- Wofür, für welches Gedankenprogramm oder Gefühlsmuster steht dieses Störpotenzial an dieser Stelle?

Beispiele finden Sie in nachfolgenden Grafiken:

| WELLENLÄNGE (Nm) | FARBE | FREQUENZ (BIO-HZ) |
|---|---|---|
| 400 | MAGENTA | 750,00 |
| 410 | PURPUR | 731,71 |
| 440 | VIOLETT | 681,89 |
| 450 | KÖNIGSBLAU | 666,67 |
| 460 | INDIGO | 652,17 |
| 470 | BLAU | 638,30 |
| 480 | HELLBLAU | 625,00 |
| 500 | TÜRKIS | 600,00 |
| 510 | DUNKELGRÜN | 588,24 |
| 530 | GRÜN | 566,04 |
| 540 | HELLGRÜN | 555,56 |
| 550 | LIMONE | 545,45 |
| 560 | ZITRONENGELB | 535,71 |
| 570 | HELLGELB | 526,32 |
| 600 | GELB | 500,00 |
| 610 | GOLDGELB | 491,80 |
| 620 | GELB- | 483,87 |
| 630 | ORANGE | 476,19 |
| 633 | KORALLE | 472,00 |
| 660 | ORANGE | 454,55 |
| 680 | HELLROT | 441,18 |
| 730 | ROT | 410,96 |
| 750 | SCHARLACHROT | 400,00 |
| 780 | DUNKELROT | 384,62 |
| 800 | MAGENTA | 375,00 |

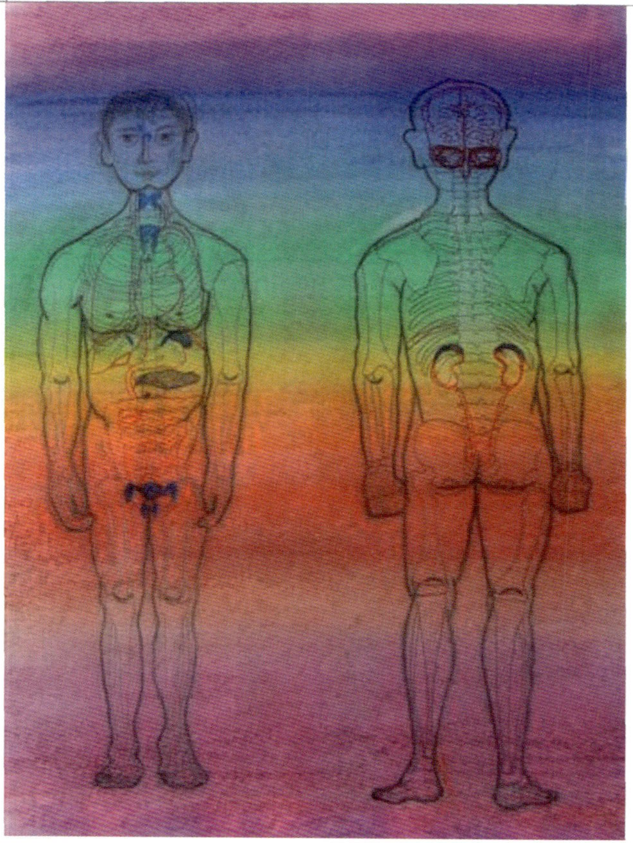

| | |
|---|---|
| Scheitel, Großhirnrinde, Corpus callosum= Balken<br>Limbische Region<br>Zwischenhirn= Thalamus, Hypothalamus<br>Zirbeldrüse= Epiphyse<br>Hirnanhangdrüse= Hypophyse, Hippokampus<br>Medulla oblongata, Kleinhirn, Ohren, Augen, Nase | Koordinationsstörungen<br>Migräne, Nervenleiden<br>Störung von Sinneswahrnehmungen<br>»Innere Uhr«/Neurotransmitter<br>Hormonproduktion, Steuerung<br>Urinformation, Instinkte, Triebe |
| Zähne, Kiefer, Schilddrüse, Nebenschilddrüsen | |
| Stimmbänder, Kehlkopf, Schultern, Nacken, Rachen | Schmerzen, Hormonproduktion |
| Thymusdrüse<br>Bronchien, Speiseröhre, Luftröhre | Halsschmerzen, Entzündungen<br>Immunabwehr, Infektionen<br>Grippale Effekte, Husten, Asthma |
| Obere Herzkammern, Herzkranzgefäße, obere Lungen<br>Untere Herzkammern, Herzkranzgefäße, untere Lungen<br>Brustkorb und Brustraum, Nieren, Nebennieren<br>Leber, Blutregeneration, Solarplexus<br>Gallenblase und Gallengänge | Herzleiden, Atmungsprobleme<br>Infarkte, Embolien<br>Entzündungen, Hormone, Schmerz<br>Entgiftung, Verdauungssteuerung<br>Vorverdauung, Verdauung, Stoffwechsel, |
| Magen, Bauchspeicheldrüse= Pankreas, Milz<br>Querliegender Dickdarm, Zwölffingerdarm<br>Dickdarm, Lymphatisches System, Dünndarm<br>Harnleiter und Harnblase, unterer Bauchbereich<br>Ovarien, Eileiter, Gebärmutter, Hoden, Prostata | Stoffwechselvorgänge<br>Entschlackung<br>Wasserentsorgung<br>Weibliche Hormonsteuerung |
| Geschlechtsorgane = Genitalien<br>Ischiasnerv, Hüftgelenke, untere Wirbelsäule<br>Kreuzbein, Mastdarm, Anus, After, Gesäß | Männliche Hormonsteuerung<br>Nervensteuerung, Lymphozytenproduktion<br>Ausscheidungen |
| Oberschenkelknochen und -muskeln | Muskeln, Knochen, Sehnen |
| Knie | Gelenke, Meniskus |
| Unterschenkel, Waden | Muskeln, Knochen, Sehnen |
| Sprunggelenke, Achillessehne | Gelenke und Sehnen |
| Füße | Knochen, Muskeln, Akupunktur |

Farbzonen des menschlichen Körpers

# VORDERSEITE = GEGENWART

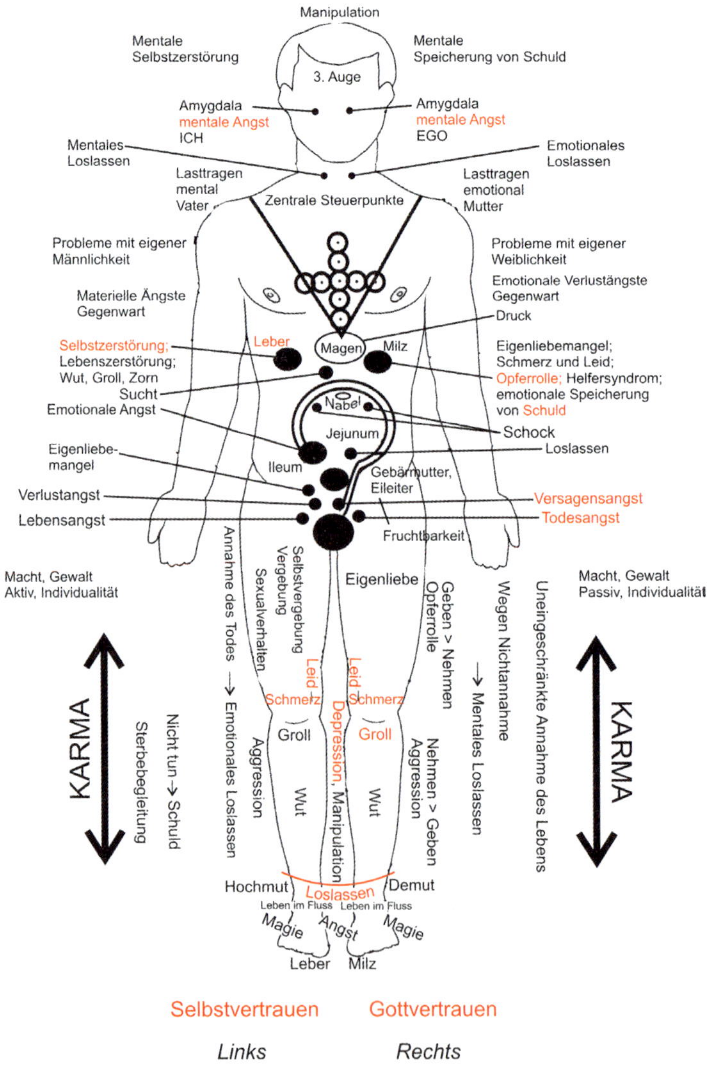

# RÜCKSEITE = VERGANGENHEIT

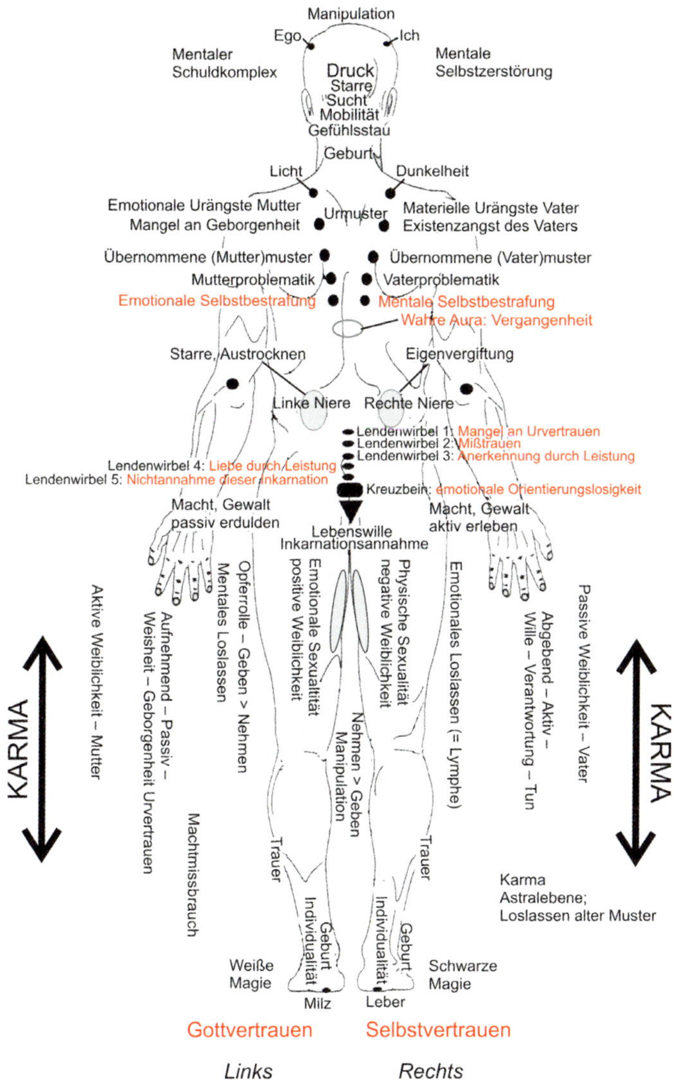

## KÖRPERZONEN UND STEUERPUNKTE DER SELBSTZERSTÖRUNG
(= Selbstverursachte »Schwarze Magie«)

*VORDERSEITE = GEGENWART*

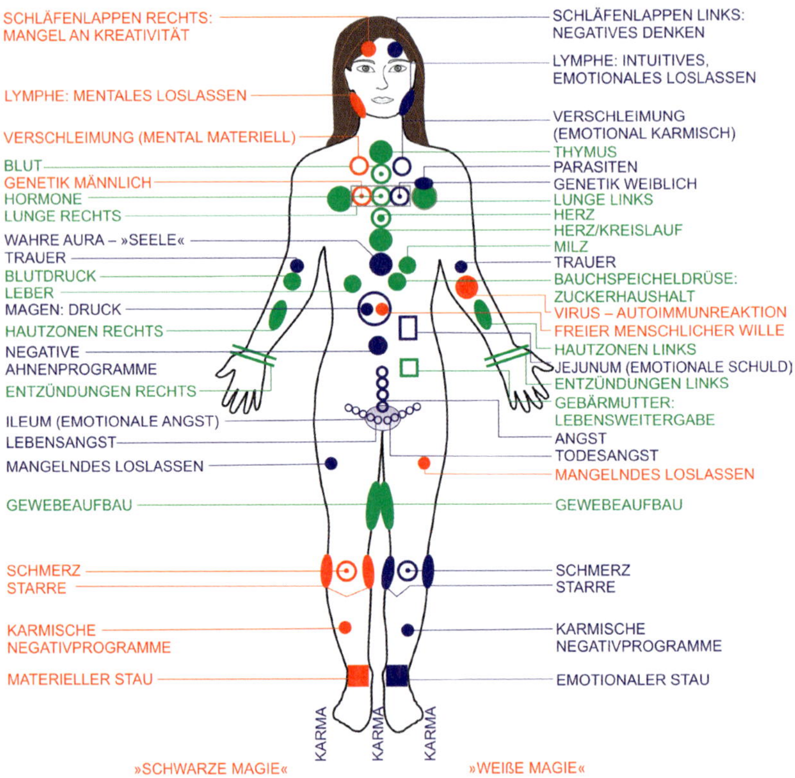


»SCHWARZE MAGIE« »WEIßE MAGIE«

*MANGEL AN:*

SELBSTVERTRAUEN URVERTRAUEN

NOTWENDIGE bzw. UNTERLASSENE AKTION IM JETZIGEN LEBEN

INFORMATION AUS FRÜHEREN LEBEN

*LEGENDE*
Rot – Mental
Blau – Emotional
Grün – Physisch

## Körperzonen und Steuerpunkte der Selbstzerstörung
(= Selbstverursachte »Schwarze Magie«)

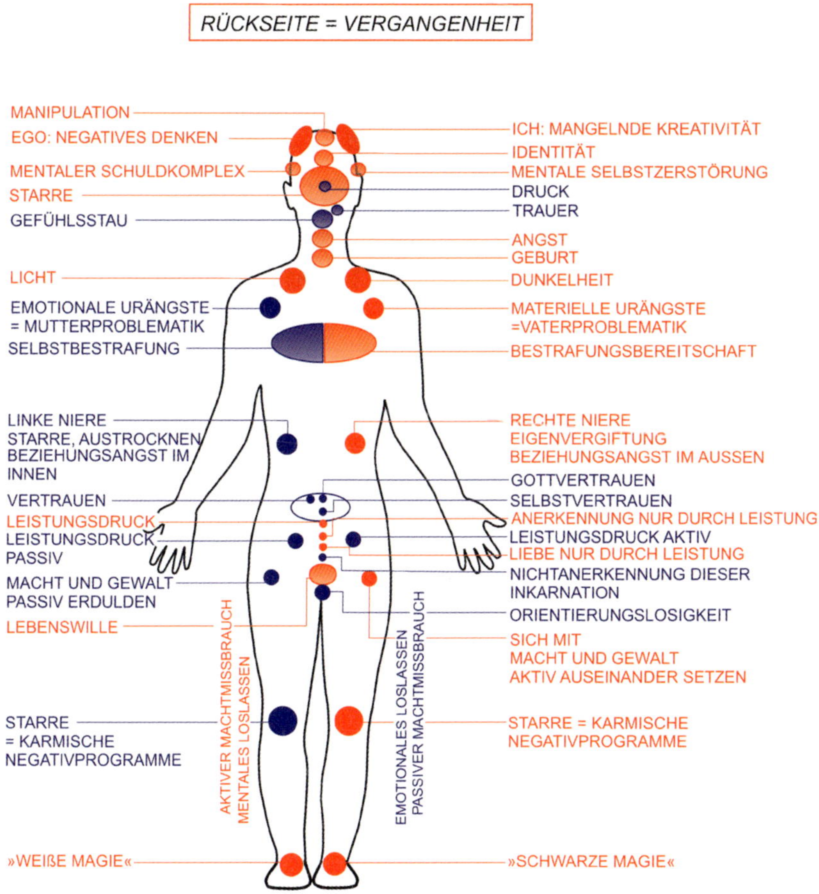


| INFORMATION AUS FRÜHEREN LEBEN | NOTWENDIGE bzw. UNTERLASSENE AKTION IM JETZIGEN LEBEN |
|---|---|

*LEGENDE*
Rot – Mental
Blau – Emotional

KOMMUNIKATIONSZENTREN UND SPEICHERZONEN DES MENSCHLICHEN GEHIRNS

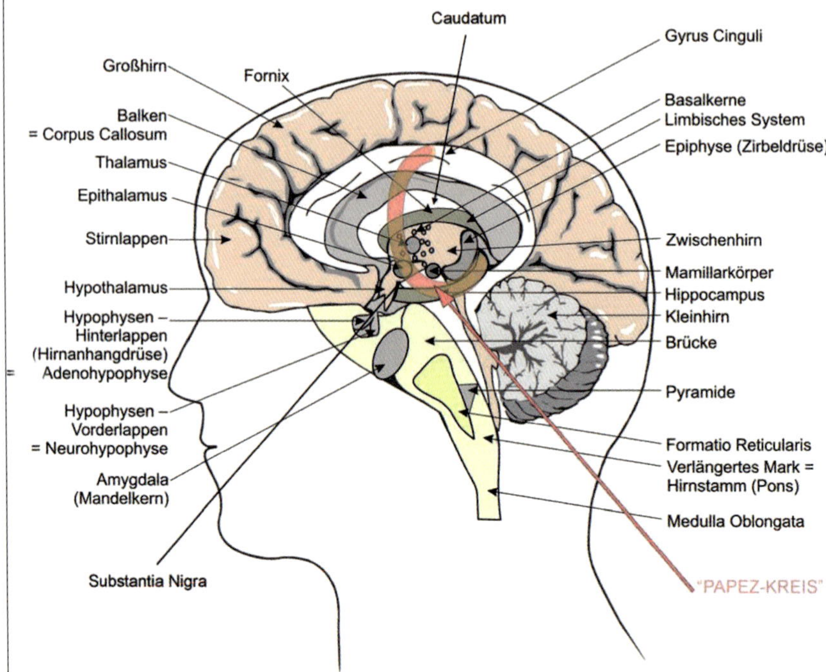


***Funktionsbereiche***

*Hirnstamm:*
empfängt Signale aus dem Körper

*Zwischenhirn (über dem Mittelhirn):*
zuständig für Erregung → Auslösen von »Emotionen«, steuert den Organismus

*Großhirn:*
Steuerwahrnehmungen und Entscheidungen

*Stirnhirn:*
zuständig für Planumsetzung

*Kleinhirn:*
verarbeitet Signale aus dem Stammhirn/Hirnstamm, gibt Befehle an Muskeln

# Mentale Basisprogramme
# Emotionale Basisprogramme

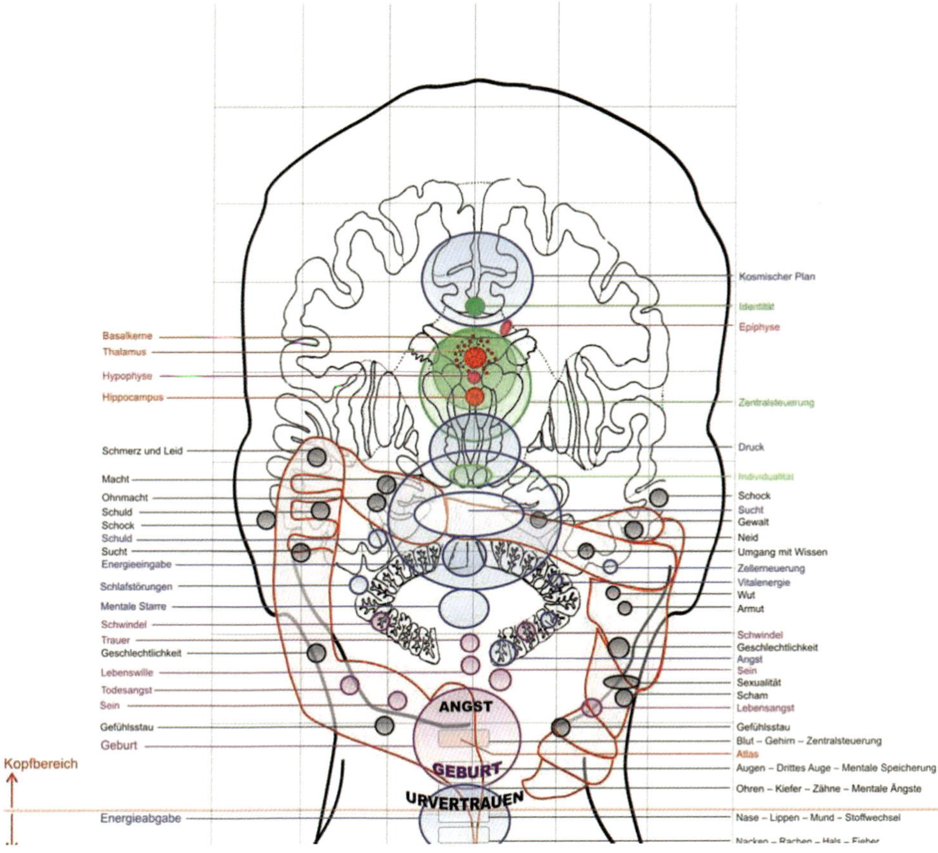

Der physische Körper hat als »dunkler Spiegel« insbesondere im Bauchbereich, in Unterschenkeln und Füßen Langzeiterinnerungen, auch karmischer Art aus früheren Leben, gespeichert, die bisher noch nicht vollständig aufgearbeitet worden sind. Einige sind nachfolgend aufgeführt:

Speicherung von Matrixprogrammen im Darmbereich

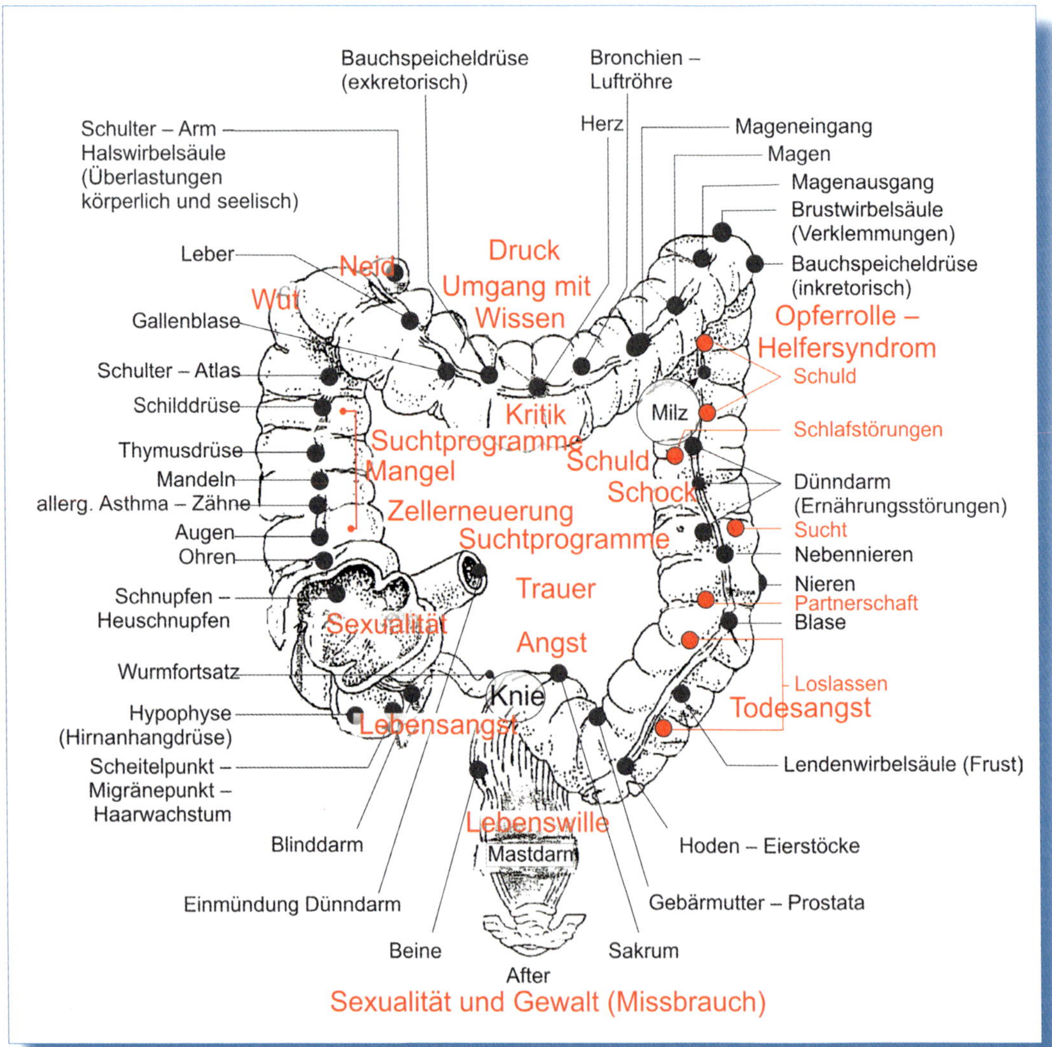

## Bewusste Lernerfahrungen aus der Vergangenheit für das aktuelle Leben

Unerledigte Störpotenziale, die sich als Probleme zeigen, können u. a. sein:

- Mangelndes Gottvertrauen
- Gott nur im Außen suchen
- mangelndes Urvertrauen
- Gottesverfluchung
- Gottesverlust
- Gottesverneinung

- Verstoß gegen kosmische Pläne (auch in früheren Leben)
- aktive eigene Lebensbeendigung = Selbstmord
- passive eigene Lebensbeendigung = Suchtverhalten, Drogen, Flucht in die Krankheit, Depressionen etc., spiritueller Selbstmord
- den individuellen kosmischen Plan im vorigen Leben nicht optimal erfüllt haben
- willentliches und wissentliches Begeben in große Gefahr

- Mangelnde Selbstliebe
- Minderwertigkeitskomplexe
- bewusster Liebesentzug
- Bestrafungszwang und Selbstanklage
- Schuldzuweisung
- Selbstzerstörung, Selbstverleugnung
- Angst davor, Liebe anzunehmen

- Mangel an Verantwortung
- Mangel an Verantwortung für das derzeitige Erdenleben
- Mangel an Verantwortung für die eigenen Fähigkeiten und Begabungen
- Gefühl, in die derzeitige Inkarnation hineingezwungen worden zu sein

- Ängste und Phobien vor
  Tod (Leber) – Dunkelheit (Blase) – Veränderung (Magen) – Armut

(rechte Lunge) - Beziehungen, Liebesannahme und emotionalen Verletzungen (linke Niere) – Verlassensein, Alleinsein (linkes Schulterblatt) – Existenzproblemen, Geldsorgen (rechtes Schulterblatt) – Trennung, Spaltung (linke Lunge, linke Niere) – Annahme der eigenen Weiblichkeit (linker Lungenpunkt) – Annahme der eigenen Männlichkeit (rechter Lungenpunkt) – Krankheit (Darm) – Schmerzen (Bronchien, innere Fußgelenke) – Versagen (linker Schläfenlappen) – Schwarzer Magie (unterhalb des rechten Fußknöchels) – Trauer (Lunge, Nabel)

- Unerledigte Vaterproblematik
  - aktiv: Aggressionen, Macht und Gewalt, Alkoholismus, nicht gelebtes Feuer
  - passiv: Spiegelung des eigenen Fehlverhaltens in vergangenen Leben
- Machtmissbrauch, Manipulation

- Unerledigte Mutterproblematik
  - aktiv: eigene Mutter ist fremd
  - passiv: keine Mutterliebe vorhanden

- Übernahme von Mutter- bzw. Vaterproblemen aus
  - der Ahnenfolge
  - der Schwangerschaft
  - der frühen Kindheit

- Unterdrückung der eigenen Individualität

- Hochmut – Konfliktsucht – Streit
- Magiemissbrauch – Schwarze Magie

- Manipulation – Machtmissbrauch
- Inquisition – Hexenverbrennungen – Experimente am eigenen Körper durchgeführt haben

- ❖ Ungelebte Wut – Aggression – Groll

- ❖ Ungelebte Trauer

- ❖ Unterdrückte Sexualität – übertriebenes Schamgefühl
- ❖ Selbstaufgabe in der Sexualität
- ❖ Täter-Opfer-Problematik in der Partnerschaft
- ❖ Vergewaltigung
- ❖ Prostitution
- ❖ Konfrontation mit religiösen Glaubenssätzen und Traditionen Disharmonisches Sexualverhalten

- ❖ Sehnsucht nach dem idealen Seelenpartner und noch vorhandene negative Muster von einer unerreichbaren großen Liebe in der Vergangenheit
- ❖ Zwillingsseelen – Seelenpartner
- ❖ früh verstorbene große Liebe in der Vergangenheit
- ❖ mangelnde Vergebung in früheren Partnerschaften: Opfer-Täter-Problematik
- ❖ Emotionale Enge, Gefühlsverwirrung

- ❖ Verschmelzungssehnsucht
- ❖ Verschmelzungssehnsucht bei Zwillingen aus früheren Leben
- ❖ Verschmelzungssehnsucht mit einem vor der Geburt gestorbenen Zwilling
- ❖ Verschmelzungssehnsucht mit einem bei der Geburt gestorbenen Zwilling

- ❖ Mangel an
  - Vertrauen = Opferrollenspiel, Helfersyndrom
  - Bewegungsfreiheit
  - Eigenliebe
  - Eigenverantwortung
  - Entscheidungsfindung
  - Selbstwertgefühl

## Bedeutende belastende Ahnenprogramme

Wir alle sind sowohl positiv als auch negativ sehr stark von unseren Ahnenprogrammen beeinflusst. Dabei verläuft die weibliche Linie über die Schiene Mutter – Mutter der Mutter – Mutter der Mutter der Mutter usw., die männliche über Vater – Vater des Vaters – Vater des Vaters des Vaters usw. Diese Informationen machen auch einen großen Teil unserer noch unerledigten Karmaprogramme aus.

Bedeutende weibliche Ahnenprogramme sind insbesondere die folgenden:

- Angst, den Erwartungen der anderen nicht zu entsprechen
- Angst, zu verletzen und verletzt zu werden
- Verlustängste
- »Andere sind wichtiger als ich.«
- Geborgenheitsängste
- »Es steht mir nicht zu, glücklich (erfolgreich, anerkannt, reich, beliebt) zu sein.«
- Mangel an Anerkennung
- Mangel an Selbstwert
- Emotionale Enttäuschungen
- Scham
- Leben nicht weitergeben können
- Angst, nicht ins Licht zu kommen
- Angst, Liebe anzunehmen
- Mangelndes Selbstvertrauen
- Selbstverleugnung
- »das ungelebte Leben«
- die eigene Weiblichkeit nicht annehmen können
- Opferrolle und Helfersyndrom
- Geben und Nehmen nicht im Einklang
- »Ich muss funktionieren.«
- »Ich muss meine Aufgaben perfekt erfüllen.«
- Überzeugung, sich Liebe und Anerkennung erkaufen zu müssen
- sich benutzt und ausgenutzt fühlen

Diese Muster und Glaubenssätze zeigen sich in der linken Körperseite, insbesondere im Brust-, oberen linken Rücken-, und linken Schulterbereich sowie im Bauch und Unterleib.

Bedeutende männliche Ahnenprogramme sind insbesondere die folgenden:

- Angst, Fehler zu machen
- Finanzielle Sorgen und materielle Existenzängste
- Versagensängste
- Angst, im Beruf zu versagen
- »Anerkennung bekommt man nur durch Leistung.«
- »Hat man was, ist man was.«
- Beziehungsängste
- Angst vor Technik
- Beruflicher Erfolg steht über allem.
- »Ich schaffe es nicht.«
- Minderwertigkeitskomplexe
- Mangel an Selbstwert
- Konkurrenzdruck
- Burn-out-Syndrom
- Bestrafungszwang und Selbstanklage
- Kritikunverträglichkeit
- Neid und Missgunst unter Kollegen
- Mobbing
- Macht und Ohnmacht des freien Willens

Diese Programme zeigen sich in der rechten Körperseite. Auch hier steht der Rückenbereich für die Vergangenheit und die Körpervorderseite für die Gegenwart und dieses Leben. Gefährdete Körperzonen sind der rechte Schulterbereich, das rechte Schulterblatt, Lunge und Brust rechts vorne, der Magen, die Leber, der querliegende Dickdarm, die Blase, die (rechte) Hüfte und das (rechte) Knie.

In den diversen Körperbereichen sitzen u. a. die folgenden Muster:

| CHECKLISTE 1: AHNEN- UND FREMDPROGRAMME IN DEN AURAEBENEN UND DEN 12 (13) KÖRPERZONEN | | | | | | | | | | | | |
|---|---|---|---|---|---|---|---|---|---|---|---|---|
| | | | | | | | | | | | | |
| | PROGRAMM | F | A | M | W | MW | SA | MA | AA | ÄB | K | Sonst |
| 1. MANGEL AN VERTRAUEN | | | | | | | | | | | | |
| | Mangel an: | | | | | | | | | | | |
| | Liebe | | | | | | | | | | | |
| | Gottvertrauen | | | | | | | | | | | |
| | Urvertrauen | | | | | | | | | | | |
| | Selbstvertrauen | | | | | | | | | | | |
| | Erdung | | | | | | | | | | | |
| | Lebenswillen | | | | | | | | | | | |
| | Lebensfreude | | | | | | | | | | | |
| | Spiritueller Identität | | | | | | | | | | | |
| | Zweifel | | | | | | | | | | | |
| | Unsicherheit | | | | | | | | | | | |
| | Sorgen | | | | | | | | | | | |
| | Furcht | | | | | | | | | | | |
| | Nichtannahme der eigenen Göttlichkeit | | | | | | | | | | | |
| | Isolation, Selbstisolation | | | | | | | | | | | |
| | Trennung zwischen Innen und Außen | | | | | | | | | | | |
| | Realitätsverlust | | | | | | | | | | | |
| | Hilflosigkeit | | | | | | | | | | | |
| | Angst, nicht ins Licht zu kommen | | | | | | | | | | | |
| | Angst, Liebe anzunehmen | | | | | | | | | | | |
| | Selbstverleugnung | | | | | | | | | | | |
| | Mangel an Selbstwert | | | | | | | | | | | |
| | »Keiner versteht mich« | | | | | | | | | | | |
| | Alleinsein, Einsamkeit | | | | | | | | | | | |

| | PROGRAMM | F | A | M | W | MW | SA | MA | AA | ÄB | K | Sonst |
|---|---|---|---|---|---|---|---|---|---|---|---|---|
| 2. POLARITÄT: WIDERSTAND – SCHMERZ UND LEID | | | | | | | | | | | | |
| | Starre, Bewegungslosigkeit | | | | | | | | | | | |
| | Verhärtung, Stillstand | | | | | | | | | | | |
| | Verbitterung | | | | | | | | | | | |
| | Freudlosigkeit | | | | | | | | | | | |
| | Unerledigtes Karma | | | | | | | | | | | |
| | Nichtannahme des Umfeldes | | | | | | | | | | | |
| | Ablehnung von Lernerfahrungen | | | | | | | | | | | |
| | Mangelnde Aktion zur Karmaaufarbeitung | | | | | | | | | | | |
| | Mangelnde Eigenverantwortung | | | | | | | | | | | |
| | »Es sind immer die Anderen schuld.« | | | | | | | | | | | |
| | Opferrollenspiel | | | | | | | | | | | |
| | Helfersyndrom | | | | | | | | | | | |
| | Orientierungslosigkeit | | | | | | | | | | | |
| | Meinungslosigkeit | | | | | | | | | | | |
| | Sturheit | | | | | | | | | | | |
| | Festhalten, Klammern | | | | | | | | | | | |
| | Mangelndes Loslassen | | | | | | | | | | | |
| | »Meine karmische Schuld lähmt mich.« | | | | | | | | | | | |
| | Selbstsucht | | | | | | | | | | | |
| | Missbrauch aller Art | | | | | | | | | | | |
| | | | | | | | | | | | | |
| 3. STAU, ABLEHNUNG DER TRINITÄT VON INFORMATION – ENERGIE – MATERIE | | | | | | | | | | | | |
| | Schmerz und Leid | | | | | | | | | | | |
| | Aufgestaute Wut, Groll, Ärger | | | | | | | | | | | |
| | Aggression | | | | | | | | | | | |
| | Aufgestaute Sexualität | | | | | | | | | | | |
| | Mangelndes Loslassen | | | | | | | | | | | |

| | PROGRAMM | F | A | M | W | MW | SA | MA | AA | ÄB | K | Sonst |
|---|---|---|---|---|---|---|---|---|---|---|---|---|
| | Hochmut, Arroganz | | | | | | | | | | | |
| | Selbstüberschätzung | | | | | | | | | | | |
| | Machtstreben | | | | | | | | | | | |
| | Rücksichtslosigkeit | | | | | | | | | | | |
| | Zerstörungswille | | | | | | | | | | | |
| | Selbstzerstörung | | | | | | | | | | | |
| | Manipulation | | | | | | | | | | | |
| | Missgunst | | | | | | | | | | | |
| | Unrealistische Erwartungshaltung | | | | | | | | | | | |
| | Instinkte, Lust, Wollust | | | | | | | | | | | |
| | »Flucht – Kampf – Totstellen« | | | | | | | | | | | |
| | Feigheit | | | | | | | | | | | |
| | »Ich erreiche meine Ziele nicht.« | | | | | | | | | | | |
| | »Ich bringe nichts zu Ende.« | | | | | | | | | | | |
| | »Druck macht mich bewegungsunfähig.« | | | | | | | | | | | |
| | | | | | | | | | | | | |
| 4. AUF DER ERDE ANGEKOMMEN SEIN | | | | | | | | | | | | |
| | Nichtanerkennung dieser Inkarnation | | | | | | | | | | | |
| | Mangelnde Erdung | | | | | | | | | | | |
| | Ablehnung des eigenen Geschlechts | | | | | | | | | | | |
| | Ablehnung des eigenen Körpers | | | | | | | | | | | |
| | »Ich bin ja nur ein Mädchen.« | | | | | | | | | | | |
| | Zu wenig Kontakt zum menschlichen morphogenetischen Feld | | | | | | | | | | | |
| | »Das ungelebte Leben« | | | | | | | | | | | |
| | »Das Leben ist ohne Sinn.« | | | | | | | | | | | |
| | Mangelnde Lebensqualität | | | | | | | | | | | |
| | »Ich bin nichts wert.« | | | | | | | | | | | |
| | »Ich bin fremd hier.« | | | | | | | | | | | |

| | PROGRAMM | F | A | M | W | MW | SA | MA | AA | ÄB | K | Sonst |
|---|---|---|---|---|---|---|---|---|---|---|---|---|
| | Im Leben herumirren | | | | | | | | | | | |
| | »Ich bin nirgendwo zu Hause.« | | | | | | | | | | | |
| | »Ich bringe nichts auf die Reihe.« | | | | | | | | | | | |
| | »Ich will die Wahrheit nicht sehen.« | | | | | | | | | | | |
| | »Das Leben ist ein Kampf.« | | | | | | | | | | | |
| | »Ich halte es nicht mehr aus.« | | | | | | | | | | | |
| | »Ich habe Angst, mich zu verlieren.« | | | | | | | | | | | |
| | »Ich bin mit meinem Leben unzufrieden.« | | | | | | | | | | | |
| | Vertrauenslosigkeit | | | | | | | | | | | |
| | »Ich vertraue niemandem.« | | | | | | | | | | | |
| | »Ich bin nicht gut genug.« | | | | | | | | | | | |
| | »Mit mir kann man alles machen.« | | | | | | | | | | | |
| | »Ich muss gehen und weiß nicht, wohin.« | | | | | | | | | | | |
| | »Ich bin allein.« | | | | | | | | | | | |
| | »Ich traue mir nichts zu.« | | | | | | | | | | | |
| | »Ich bin anders.« | | | | | | | | | | | |
| | »Ich kann mich nicht wehren.« | | | | | | | | | | | |
| | »Ich kann mich selbst nicht verstehen.« | | | | | | | | | | | |
| | | | | | | | | | | | | |
| 5. SCHWINGUNG UND RHYTHMUS | | | | | | | | | | | | |
| | Angst (da)vor: | | | | | | | | | | | |
| | die eigene Göttlichkeit anzunehmen | | | | | | | | | | | |
| | nicht ins Licht zu kommen | | | | | | | | | | | |
| | Dunkelheit | | | | | | | | | | | |
| | nicht geliebt zu sein | | | | | | | | | | | |
| | Versagen | | | | | | | | | | | |
| | Fehler zu machen | | | | | | | | | | | |
| | Verletzungen | | | | | | | | | | | |

| | PROGRAMM | F | A | M | W | MW | SA | MA | AA | ÄB | K | Sonst |
|---|---|---|---|---|---|---|---|---|---|---|---|---|
| | Alleinsein | | | | | | | | | | | |
| | Verlust | | | | | | | | | | | |
| | Geborgenheitsverlust | | | | | | | | | | | |
| | der Erwartung anderer nicht zu entsprechen | | | | | | | | | | | |
| | Ausgrenzung | | | | | | | | | | | |
| | Existenzverlust (weibl. u./od. männl. Ahnenprogramme) | | | | | | | | | | | |
| | keinen Erfolg zu haben | | | | | | | | | | | |
| | Erfolg zu haben | | | | | | | | | | | |
| | bewertet zu werden (Konkurrenz) | | | | | | | | | | | |
| | Arbeitsverlust | | | | | | | | | | | |
| | Arbeitslosigkeit | | | | | | | | | | | |
| | Wissen weiterzugeben | | | | | | | | | | | |
| | dass weitergegebenes Wissen missbraucht wird | | | | | | | | | | | |
| | der Zukunft | | | | | | | | | | | |
| | zu kurz zu kommen | | | | | | | | | | | |
| | nicht man selbst zu sein | | | | | | | | | | | |
| | Tod | | | | | | | | | | | |
| | Sterben | | | | | | | | | | | |
| | Leben | | | | | | | | | | | |
| | Schmerzen | | | | | | | | | | | |
| | Krankheit | | | | | | | | | | | |
| | Enge | | | | | | | | | | | |
| | Technik | | | | | | | | | | | |
| | materiellen Besitz zu verlieren | | | | | | | | | | | |
| | Tieren, Bakterien, Viren, Pilzen | | | | | | | | | | | |
| | Problemen mit der Geschlechtlichkeit | | | | | | | | | | | |
| | Scham | | | | | | | | | | | |

| | PROGRAMM | F | A | M | W | MW | SA | MA | AA | ÄB | K | Sonst |
|---|---|---|---|---|---|---|---|---|---|---|---|---|
| | subjektive Wertungen | | | | | | | | | | | |
| | Armut | | | | | | | | | | | |
| | Besitzlosigkeit | | | | | | | | | | | |
| | materielle Verhaftung | | | | | | | | | | | |
| | Neid | | | | | | | | | | | |
| | Geiz | | | | | | | | | | | |
| | übertriebenes Sicherheitsdenken | | | | | | | | | | | |
| | Minderwertigkeitskomplexe | | | | | | | | | | | |
| | Opferrollenspiel | | | | | | | | | | | |
| | Eigenablehnung | | | | | | | | | | | |
| | Helfersyndrom | | | | | | | | | | | |
| | Eingrenzung | | | | | | | | | | | |
| | Verbot: | | | | | | | | | | | |
| | erfolgreich zu sein | | | | | | | | | | | |
| | Geld zu verdienen | | | | | | | | | | | |
| | zu Geld zu kommen | | | | | | | | | | | |
| | das Geld anderer zu Geld zu machen | | | | | | | | | | | |
| | Geldgeschäfte zu einem erfolgreichen Abschluss zu bringen | | | | | | | | | | | |
| | zu Wissen zu kommen | | | | | | | | | | | |
| | Wissen weiterzugeben | | | | | | | | | | | |
| | eigenes Leben zu leben | | | | | | | | | | | |
| | glücklich zu sein | | | | | | | | | | | |
| | zufrieden zu sein | | | | | | | | | | | |
| | gesund zu sein | | | | | | | | | | | |
| | zu heilen | | | | | | | | | | | |
| | geheilt zu werden | | | | | | | | | | | |
| | eine harmonische Partnerschaft zu leben | | | | | | | | | | | |
| | einer harmonischen Sexualität | | | | | | | | | | | |

| | PROGRAMM | F | A | M | W | MW | SA | MA | AA | ÄB | K | Sonst |
|---|---|---|---|---|---|---|---|---|---|---|---|---|
| | etwas zu Ende zu bringen | | | | | | | | | | | |
| | kreativ schöpferisch tätig zu sein (Ich-Komponente) | | | | | | | | | | | |
| | man selbst zu sein | | | | | | | | | | | |
| | anerkannt zu sein | | | | | | | | | | | |
| | geliebt zu sein | | | | | | | | | | | |
| | beliebt zu sein | | | | | | | | | | | |
| | in die eigene Kraft zu kommen | | | | | | | | | | | |
| | Nichtannahmemuster | | | | | | | | | | | |
| | einseitig körperliche Sexualität | | | | | | | | | | | |
| | Faulheit | | | | | | | | | | | |
| | Leid | | | | | | | | | | | |
| | emotionale Enttäuschungen | | | | | | | | | | | |
| | Leben nicht weitergeben können (und wollen) | | | | | | | | | | | |
| | Kinderlosigkeit | | | | | | | | | | | |
| | Unfruchtbarkeit | | | | | | | | | | | |
| | schwere Geburten | | | | | | | | | | | |
| | die eigene Weiblichkeit nicht annehmen | | | | | | | | | | | |
| | »Anerkennung bekommt man nur durch Leistung.« | | | | | | | | | | | |
| | »Liebe muss man sich erkaufen.« | | | | | | | | | | | |
| | Minderwertigkeitskomplexe | | | | | | | | | | | |
| | »Ich schaffe es nicht.« | | | | | | | | | | | |
| | Bestrafungszwang und Selbstanklage | | | | | | | | | | | |
| | »Ich kann keinem Menschen vertrauen.« | | | | | | | | | | | |
| | Angst vor Schuld | | | | | | | | | | | |
| | »Ich bin an allem schuld.« | | | | | | | | | | | |

| | PROGRAMM | F | A | M | W | MW | SA | MA | AA | ÄB | K | Sonst |
|---|---|---|---|---|---|---|---|---|---|---|---|---|
| | »Ich bin für alles verantwortlich.« | | | | | | | | | | | |
| | »Meine Beziehungen sind nicht von Dauer.« | | | | | | | | | | | |
| | »Sexualität ist schmutzig.« | | | | | | | | | | | |
| | »Ich bin zu einem langsamen Sterben verdammt.« | | | | | | | | | | | |
| | »Meine Schmerzen machen mich wahnsinnig.« | | | | | | | | | | | |
| | »Ich brauche Anerkennung und Aufmerksamkeit.« | | | | | | | | | | | |
| | »Ich bin verklemmt.« | | | | | | | | | | | |
| | | | | | | | | | | | | |
| 6. RESONANZ | | | | | | | | | | | | |
| | Druck: | | | | | | | | | | | |
| | »Druck kommt aus meinem eigenen Inneren.« | | | | | | | | | | | |
| | sich selbst unter Druck setzen | | | | | | | | | | | |
| | »Druck und Stress machen mich krank.« | | | | | | | | | | | |
| | »Ich bin für alles verantwortlich.« | | | | | | | | | | | |
| | materielle Abhängigkeit | | | | | | | | | | | |
| | »Ich trage zu viel Last auf meinen Schultern.« | | | | | | | | | | | |
| | Rachsucht | | | | | | | | | | | |
| | Hass | | | | | | | | | | | |
| | Eifersucht | | | | | | | | | | | |
| | Mangel an Selbstwert | | | | | | | | | | | |
| | Mangel an Anerkennung | | | | | | | | | | | |
| | Suchtverhalten | | | | | | | | | | | |
| | Neid | | | | | | | | | | | |
| | Geiz | | | | | | | | | | | |

| | PROGRAMM | F | A | M | W | MW | SA | MA | AA | ÄB | K | Sonst |
|---|---|---|---|---|---|---|---|---|---|---|---|---|
| | Selbstüberschätzung | | | | | | | | | | | |
| | Trauer | | | | | | | | | | | |
| | Entscheidungslosigkeit | | | | | | | | | | | |
| | Macht und Ohnmacht des freien menschlichen Willens | | | | | | | | | | | |
| | Kritikunverträglichkeit | | | | | | | | | | | |
| | Konkurrenzdenken | | | | | | | | | | | |
| | Neid und Missgunst unter Kollegen | | | | | | | | | | | |
| | Mobbing | | | | | | | | | | | |
| | Stolz | | | | | | | | | | | |
| | Starre | | | | | | | | | | | |
| | Hochmut, Arroganz | | | | | | | | | | | |
| | Selbstanklage | | | | | | | | | | | |
| | subjektive Wertungen | | | | | | | | | | | |
| | Selbstzerstörung | | | | | | | | | | | |
| | emotionale Schuld | | | | | | | | | | | |
| | emotionaler Schock | | | | | | | | | | | |
| | emotionale Enttäuschung | | | | | | | | | | | |
| | Schuld | | | | | | | | | | | |
| | Kraftlosigkeit | | | | | | | | | | | |
| | »Ich bin handlungsunfähig.« | | | | | | | | | | | |
| | »Ich muss funktionieren.« | | | | | | | | | | | |
| | »Ich muss alles selbst machen.« | | | | | | | | | | | |
| | »Ich muss meine Aufgaben perfekt erfüllen.« | | | | | | | | | | | |
| | »Ich muss immer der Beste sein.« | | | | | | | | | | | |
| | Perfektionismus, Penibilität | | | | | | | | | | | |
| | Burn-out-Syndrom | | | | | | | | | | | |
| | »Ich kann nicht immer, wie ich will.« | | | | | | | | | | | |
| | Entscheidungslosigkeit | | | | | | | | | | | |
| | Schlaflosigkeit | | | | | | | | | | | |

| | PROGRAMM | F | A | M | W | MW | SA | MA | AA | ÄB | K | Sonst |
|---|---|---|---|---|---|---|---|---|---|---|---|---|
| | nicht loslassen können | | | | | | | | | | | |
| | Bestrafungsbereitschaft | | | | | | | | | | | |
| | Todessehnsucht | | | | | | | | | | | |
| | innere Leere | | | | | | | | | | | |
| | »Ich stehe mir selbst im Weg.« | | | | | | | | | | | |
| | »Ich lebe nicht mein Leben.« | | | | | | | | | | | |
| | »Ich will die Wahrheit nicht sehen.« | | | | | | | | | | | |
| | »Ich bin nicht gut genug.« | | | | | | | | | | | |
| | »Ich bin unfähig.« | | | | | | | | | | | |
| | »Ich verdränge meine Probleme.« | | | | | | | | | | | |
| | »Ich setze meine Fähigkeiten nicht optimal ein.« | | | | | | | | | | | |
| | »Ich bin nicht ich selbst.« | | | | | | | | | | | |
| | »Ich stehe neben mir.« | | | | | | | | | | | |
| | Wut | | | | | | | | | | | |
| | Ärger | | | | | | | | | | | |
| | aufgestaute Aggressionen | | | | | | | | | | | |
| | Groll | | | | | | | | | | | |
| | mangelnde Lebensqualität | | | | | | | | | | | |
| | »Ich bin ein Versager.« | | | | | | | | | | | |
| | »Ich ecke überall an.« | | | | | | | | | | | |
| | »Ich bin dumm.« | | | | | | | | | | | |
| | »Ich bringe nichts zu Ende.« | | | | | | | | | | | |
| | »Ich erreiche meine Ziele nicht.« | | | | | | | | | | | |
| | »Ich bin verwirrt.« | | | | | | | | | | | |
| | übertriebenes Sicherheitsdenken | | | | | | | | | | | |

| | PROGRAMM | F | A | M | W | MW | SA | MA | AA | ÄB | K | Sonst |
|---|---|---|---|---|---|---|---|---|---|---|---|---|
| 7. EIGENLIEBE: URSACHE UND WIRKUNG | | | | | | | | | | | | |
| | Leben in Scheinwelten (spirituell) | | | | | | | | | | | |
| | Suchtverhalten (spirituell & physisch) | | | | | | | | | | | |
| | Selbstablehnung | | | | | | | | | | | |
| | Abhängigkeit | | | | | | | | | | | |
| | Mutlosigkeit | | | | | | | | | | | |
| | Gleichgültigkeit | | | | | | | | | | | |
| | Eitelkeit (physisch) | | | | | | | | | | | |
| | Egozentrik | | | | | | | | | | | |
| | mangelnde Annahme des physischen Körpers | | | | | | | | | | | |
| | mangelnde Annahme des Inneren Kindes | | | | | | | | | | | |
| | Nichtannahme von Störungen | | | | | | | | | | | |
| | Boshaftigkeit | | | | | | | | | | | |
| | Depression | | | | | | | | | | | |
| | Lüge | | | | | | | | | | | |
| | Unaufrichtigkeit | | | | | | | | | | | |
| | Unzuverlässigkeit | | | | | | | | | | | |
| | Ungerechtigkeit | | | | | | | | | | | |
| | Egoismus, Egozentrik | | | | | | | | | | | |
| | »Liebe und Anerkennung muss man sich erkaufen.« | | | | | | | | | | | |
| | »Ich bin von Gott verlassen.« | | | | | | | | | | | |
| | »Ich bin nichts wert.« | | | | | | | | | | | |
| | »Ich werde immer im Stich gelassen.« | | | | | | | | | | | |
| | »Ich bekomme nicht genug Liebe.« | | | | | | | | | | | |
| | »Ich habe Angst davor, Gefühle zu zeigen.« | | | | | | | | | | | |
| | »Ich bin unausgeglichen.« | | | | | | | | | | | |

| | PROGRAMM | F | A | M | W | MW | SA | MA | AA | ÄB | K | Sonst |
|---|---|---|---|---|---|---|---|---|---|---|---|---|
| 8. | DISHARMONIE: GEBEN UND NEHMEN IM UNGLEICHGEWICHT (Glaubenssätze) | | | | | | | | | | | |
| | Geben & Nehmen nicht im Einklang | | | | | | | | | | | |
| | sich ausgenutzt fühlen | | | | | | | | | | | |
| | Angst, zu kurz zu kommen | | | | | | | | | | | |
| | aufgestaute Wut | | | | | | | | | | | |
| | nach innen gerichtete Aggression | | | | | | | | | | | |
| | Groll | | | | | | | | | | | |
| | Ärger | | | | | | | | | | | |
| | Raffgier | | | | | | | | | | | |
| | Konfliktsucht | | | | | | | | | | | |
| | Depression | | | | | | | | | | | |
| | Energiestau | | | | | | | | | | | |
| | mangelnde Kommunikation | | | | | | | | | | | |
| | nicht schreien/reden können | | | | | | | | | | | |
| | Schnarchen | | | | | | | | | | | |
| | Kontaktmangel | | | | | | | | | | | |
| | »Andere sind wichtiger als ich.« | | | | | | | | | | | |
| | Nichtannahme der eigenen Weiblichkeit | | | | | | | | | | | |
| | eigene Mutterschaft nicht leben | | | | | | | | | | | |
| | unerledigte Mutterproblematik | | | | | | | | | | | |
| | unerledigte Vaterproblematik | | | | | | | | | | | |
| | »Das Wohl meiner Familie ist meine wichtigste Aufgabe.« | | | | | | | | | | | |
| | Sorgen um die Familie | | | | | | | | | | | |
| | Sorgen um die Eltern | | | | | | | | | | | |
| | Sorgen um die Kinder | | | | | | | | | | | |
| | »Ich kümmere mich zu wenig um andere.« | | | | | | | | | | | |

| | PROGRAMM | F | A | M | W | MW | SA | MA | AA | ÄB | K | Sonst |
|---|---|---|---|---|---|---|---|---|---|---|---|---|
| | »Andere sind wichtiger als ich selbst.« | | | | | | | | | | | |
| | »Alle Menschen nutzen mich aus.« | | | | | | | | | | | |
| | »Ich bin zu gutmütig.« | | | | | | | | | | | |
| | »Ich kann mich nicht wehren.« | | | | | | | | | | | |
| | »Ich tue immer, was die Anderen von mir erwarten.« | | | | | | | | | | | |
| | »Ich tue alles um geliebt/beliebt zu sein.« | | | | | | | | | | | |
| | »Ich bin unglücklich.« | | | | | | | | | | | |
| | »Ich stehe immer auf der Schattenseite des Lebens.« | | | | | | | | | | | |
| | »Ich bin unbeliebt.« | | | | | | | | | | | |
| | »Ich muss für alle den Kopf hinhalten.« | | | | | | | | | | | |
| | »Ich habe Angst, in die Öffentlichkeit zu gehen.« | | | | | | | | | | | |
| | »Ich grenze mich aus.« | | | | | | | | | | | |
| | »Die Meinung anderer ist wichtiger als meine eigene.« | | | | | | | | | | | |
| | »Undank ist der Welten Lohn.« | | | | | | | | | | | |
| | »Hast du nichts, bist du nichts.« | | | | | | | | | | | |
| | Existenzangst und finanzielle Sorgen | | | | | | | | | | | |
| | Übertriebenes Sicherheitsstreben | | | | | | | | | | | |
| | Sicherer Arbeitsplatz | | | | | | | | | | | |
| | »Was die anderen von mir denken, ist mir egal.« | | | | | | | | | | | |
| | Geld ist Macht | | | | | | | | | | | |
| | Reichtum gibt Einfluss | | | | | | | | | | | |
| | Mit Geld ist alles möglich | | | | | | | | | | | |
| | »Ich muss alles zur Zufriedenheit anderer erledigen.« | | | | | | | | | | | |

| | PROGRAMM | F | A | M | W | MW | SA | MA | AA | ÄB | K | Sonst |
|---|---|---|---|---|---|---|---|---|---|---|---|---|
| | »Die Enge meines Umfeldes nimmt mir die Luft weg.« | | | | | | | | | | | |
| | »Ich bin ein Versager.« | | | | | | | | | | | |
| | »Kinder, Küche, Kirche sind die wichtigsten Aufgaben der Frauen.« | | | | | | | | | | | |
| | »Meine Arbeit ist nicht anerkannt.« | | | | | | | | | | | |
| | »Ich habe keine persönlichen Ziele.« | | | | | | | | | | | |
| | »Ich darf keinen erfolgreichen Beruf ausüben.« | | | | | | | | | | | |
| | »Ich darf keinen Dank erwarten.« | | | | | | | | | | | |
| | »Man muss nach außen immer den Schein wahren.« | | | | | | | | | | | |
| | »Es ist mir wichtig, was die anderen über mich denken.« | | | | | | | | | | | |
| | »Ich bekomme keine Luft.« | | | | | | | | | | | |
| | gluckenhaftes Verhalten der Eltern/Mutter | | | | | | | | | | | |
| | | | | | | | | | | | | |
| 9. | FREIER MENSCHLICHER WILLE: EIN SINNVOLLES LEBEN FÜHREN | | | | | | | | | | | |
| | Depression | | | | | | | | | | | |
| | Selbstzerstörungsprogramme | | | | | | | | | | | |
| | Ablehnung der eigenen Heilung | | | | | | | | | | | |
| | Kleinkariertheit | | | | | | | | | | | |
| | Konzentrationslosigkeit | | | | | | | | | | | |
| | Gedächtnisverlust | | | | | | | | | | | |
| | Feinmotorik | | | | | | | | | | | |
| | Hilflosigkeit | | | | | | | | | | | |
| | Orientierungslosigkeit | | | | | | | | | | | |
| | gestörtes Verhältnis zu Gott | | | | | | | | | | | |
| | mental gestörtes Verhältnis zum Hohen Selbst | | | | | | | | | | | |

| | PROGRAMM | F | A | M | W | MW | SA | MA | AA | ÄB | K | Sonst |
|---|---|---|---|---|---|---|---|---|---|---|---|---|
| | nicht aufgelöstes Karma führt zur schuldhaften Betrachtung der eigenen Spiritualität | | | | | | | | | | | |
| | »Papez-Kreis« | | | | | | | | | | | |
| | mangelnde spirituelle Identität | | | | | | | | | | | |
| | geistige Isolation | | | | | | | | | | | |
| | Individualitätsverlust (freier menschlicher Wille) | | | | | | | | | | | |
| | spiritueller Identitätsverlust | | | | | | | | | | | |
| | Begierden | | | | | | | | | | | |
| | Triebe | | | | | | | | | | | |
| | Scham | | | | | | | | | | | |
| | »Flucht – Kampf – Totstellen« | | | | | | | | | | | |
| | Missbrauch von Macht, Geld, Einfluss, Stellung, Autorität, Wissen, Sexualität … | | | | | | | | | | | |
| | Süchte | | | | | | | | | | | |
| | Feigheit | | | | | | | | | | | |
| | Meinungslosigkeit | | | | | | | | | | | |
| | Faulheit | | | | | | | | | | | |
| | Egozentrik, Egoismus | | | | | | | | | | | |
| | Perfektionismus | | | | | | | | | | | |
| | beruflicher Erfolg steht über allem | | | | | | | | | | | |
| | Entscheidungslosigkeit | | | | | | | | | | | |
| | geistige Verwirrtheit | | | | | | | | | | | |
| | Orientierungslosigkeit | | | | | | | | | | | |
| | »Ich setzte mich selbst unter Druck.« | | | | | | | | | | | |
| | Druck | | | | | | | | | | | |
| | »Ich setze meine Fähigkeiten nicht optimal ein.« | | | | | | | | | | | |
| | »Ich bin mit meiner jetzigen Aufgabe unzufrieden.« | | | | | | | | | | | |

| | PROGRAMM | F | A | M | W | MW | SA | MA | AA | ÄB | K | Sonst |
|---|---|---|---|---|---|---|---|---|---|---|---|---|
| | »Ich lebe nicht mein Leben.« | | | | | | | | | | | |
| | »Ich darf mein Wissen nicht anwenden/weitergeben.« | | | | | | | | | | | |
| | »Ich kann mich nicht erinnern.« | | | | | | | | | | | |
| | »Ich habe Angst, Wissen weiterzugeben.« | | | | | | | | | | | |
| | »Ich habe Angst, dass mein weitergegebenes Wissen falsch eingesetzt wird.« | | | | | | | | | | | |
| | »Ich übe meinen Beruf nur aus, um Geld zu verdienen.« | | | | | | | | | | | |
| | »Macht und Geld sind wichtiger als Beliebtheit.« | | | | | | | | | | | |
| | »Ich habe immer den falschen Beruf.« | | | | | | | | | | | |
| | »Der eigene Beruf muss angesehen sein.« | | | | | | | | | | | |
| | »Ich brauche vor allem eine sichere Arbeit.« | | | | | | | | | | | |
| | »Ich benötige eine sinnvolle Aufgabe.« | | | | | | | | | | | |
| | »Mein Beruf muss meine Berufung sein.« | | | | | | | | | | | |
| | »Nur Erfolg bringt Erfüllung.« | | | | | | | | | | | |
| | | | | | | | | | | | | |
| 10. SPIRITUELLE IDENTITÄT: ANNAHME DER EIGENEN GÖTTLICHKEIT | | | | | | | | | | | | |
| | schwere Depression | | | | | | | | | | | |
| | Selbstzerstörung | | | | | | | | | | | |
| | Suizidgefährdung | | | | | | | | | | | |
| | Ausgrenzung | | | | | | | | | | | |
| | Selbstisolation | | | | | | | | | | | |
| | mangelnder Kontakt vom Ich zum Hohen Selbst | | | | | | | | | | | |

| | PROGRAMM | F | A | M | W | MW | SA | MA | AA | ÄB | K | Sonst |
|---|---|---|---|---|---|---|---|---|---|---|---|---|
| | nicht man selbst sein | | | | | | | | | | | |
| | Mangel an spiritueller Identität | | | | | | | | | | | |
| | Nichtbeachtung des eigenen Kosmischen Plans | | | | | | | | | | | |
| | eigene göttliche Ich-Präsenz nicht annehmen | | | | | | | | | | | |
| | Verneinung der universalen Einheit | | | | | | | | | | | |
| | Verneinung der universalen Wahrheit | | | | | | | | | | | |
| | Trennung von Außen & Innen | | | | | | | | | | | |
| | Isolation | | | | | | | | | | | |
| | fehlendes Gottvertrauen | | | | | | | | | | | |
| | fehlendes Urvertrauen | | | | | | | | | | | |
| | Orientierungslosigkeit | | | | | | | | | | | |
| | mangelnde Zentrierung | | | | | | | | | | | |
| | schwarzmagische Aktivitäten | | | | | | | | | | | |
| | »Ich habe keine Zeit.« | | | | | | | | | | | |
| | »Mir rennt die Zeit davon.« | | | | | | | | | | | |
| | »Die Zeit verrinnt zwischen meinen Fingern.« | | | | | | | | | | | |
| | »Ich muss meine Zeit sinnvoll nutzen.« | | | | | | | | | | | |
| | »Ich muss meine Zeit effektiv nutzen.« | | | | | | | | | | | |

Legende
F – Fremdprogramm
A – Ahnenprogramm
M – Männlich
W – Weiblich
MW – Männlich + Weiblich
SA – Spiritualaura
MA – Mentalaura
AA – Astralaura
ÄB – Ätherbereich
K – Physischer Körper

## Negative Erinnerungen

Negative Erinnerungen in Form von Glaubenssätzen, Mentalprogrammen und Gefühlsmustern, die meist aus früheren Leben kommen, stellen die Hauptursachen für Negativpotenziale im eigenen Inneren dar. Sie werden über Spiegelungen im Außen bewusst, insbesondere über den »dunklen Spiegel« des grobstofflich-physischen Körpers.

Lässt sich keine Einigung erzielen, so ist es empfehlenswert,

- erreichte positive Teillösungen herauszuarbeiten, zu formulieren und festzuhalten,
- »Knackpunkte« zu bestimmen,
- festzuhalten, wo Entschulden, Verzeihen und Vergeben nicht möglich ist,
- eine Pause einzulegen,
- sich selbst zu vergeben, dass man nicht über den eigenen Schatten springen konnte, weil Verständnis und besseres Wissen fehlten,
- nachzuforschen, wo es in einem selbst Wut, Zweifel, Ärger, Frust, Schuld, Ängste, Stau und Druck gibt,
- zu überprüfen, ob es eine Form der Arroganz, Selbstbestrafung, Beziehungs- oder Verlustangst gibt,
- zu prüfen, ob Angst vor der Angst oder Angst vor der Schuld bestehen,
- zu untersuchen, welche negativen Erinnerungen mich hindern, all dies in mir mit Liebe zu heilen.

Es tut mir leid.
Bitte vergebt mir. Ich vergebe euch und mir.
Danke.
Ich liebe mich und euch.

Man sollte den positiven Ansatz des Zusammentreffens unterstreichen, vielleicht eine kleine Denkpause vereinbaren und den Wunsch und die Bereitschaft zum Ausdruck bringen, nachzudenken und sich wieder zu treffen.

Ist mir bewusst, dass das Außen nur das Innen spiegelt, achte ich mehr

- auf den Spiegel im Außen,
- auf meine Gedanken- und Gefühlsreaktionen im Innen.

Heile ich nun das Negativpotenzial in mir mit Liebe, also mithilfe des höchsten göttlichen Bewusstseins in mir, dann heile ich damit auch den und das andere im Außen und das Störpotenzial an sich.

Die entscheidende Frage als Spiegelung des Außen lautet für mich:

Was in mir, in meinem eigenen Inneren, lässt mich in Resonanz zu diesem Thema gehen, das sich jetzt im Außen zeigt? Dazu gehört auch als »dunkler Spiegel« der eigene grobstoffliche, physische Körper.

Auch wenn ich das Negativthema im Einzelnen nicht genau kenne, reicht es, wenn ich es irgendwie definieren kann, beispielsweise mithilfe nachfolgender Checklisten oder

- über eine Körperstelle,
- einen Ausdruck oder ein Schlagwort,
- eine Reaktion im Außen oder Innen,
- Bilder, Gefühle, Gedanken usw.

Damit ist das wechselseitige Resonanzverhalten festgehalten, kann bearbeitet und systematisch umprogrammiert, geheilt und aufgelöst werden.

## KÖRPERZONEN – GEISTIGE GESETZE UND NEGATIVPROGRAMME DER »KÜNSTLICHEN MATRIX «

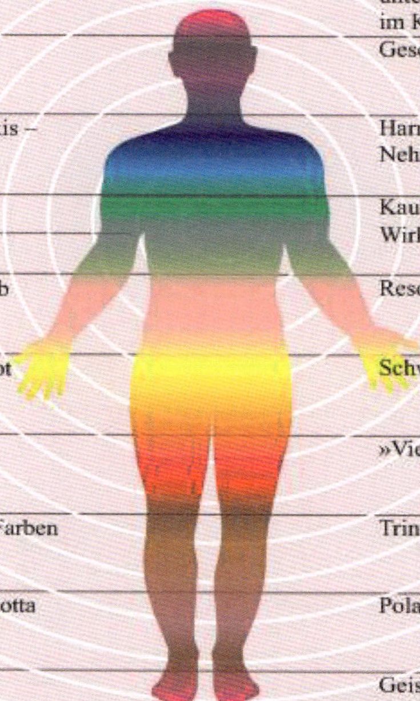

| Nr. | Körperzone | Farbe | Geistige Gesetze | Negativprogramme |
|---|---|---|---|---|
| 13 | Christusbewusstsein | Magenta | Bedingungslose Liebe (13) | Mangel an Liebe und Vertrauen, Identitätslosigkeit, Isolation, mangelnder Lebenswille |
| 12 | Kosmisches Bewusstsein | Purpur | Gnade (12) | Verstoss gegen kosmische Pläne, Identitätsverlust, Selbstisolation, Depression |
| 11 | Alpha–Bereich | Bunt – kalte Farben | Fülle (11) | Mangel an Besitzlosigkeit,Armut, materielle Verhaftung, Unsicherhei, Mangel allgemein |
| 10 | Scheitel | Violett | Entsprechung: Wie oben - so unten, im Innen wie im Aussen, im Kleinen wie im Großen (9) | Wissensmissbrauch, Machtgier, Faulheit, Manipulation, Hochmut |
| 9 | Stirn – 3. Auge | Indigo – Blau | Geschlechtlichkeit (10) | Sexualitätsprobleme, Todessehnsucht, mangelndes Zugehörigkeitsgefühl und Lebensfreude, doppelte Polarität |
| 8 | Hals – Thymus – Bronchien | Hellblau – Türkis – Dunkelgrün | Harmonie: Geben und Nehmen im Einklang (8) | Sprachlosigkeit, mangelnde Kommunikation, aufgestaute Wut und Druck, Energiestau, Groll, Ärger |
| 7 | Herz: – physisch – emotional<br>– spirituell | Lindgrün<br>Pink – Rosa | Kausalität von Ursache und Wirkung (7) | Eigenwertmangel, Selbstzerstörung, Hass, Abhängigkeit, Leben in Scheinwelten, Sinnlosigkeit, Rache, Sucht |
| 6 | Solar Plexus – Nabelzone | Gelb – Goldgelb | Resonanz (6) | Druck, Schuld, Wissensmissbrauch, Ohn – Macht, Stress, Mobbing, Machtmissbrauch, Egoismus, »schwarze Magie« |
| 5 | Unterbauch –Sakral Bereich | Orange – Hellrot | Schwingung und Rhythmus (5) | Angst, Neurosen, Phobien, mangelnde Vergebung, Selbstvergebung, Loslassen |
| 4 | Beckenboden – Wurzelebene | Rot | »Vier Gesichter Gottes« (4) | Mangel an Ur-, Gott- und Selbstvertrauen, Erdung, Selbstakzeptanz, Inkarnations-annahme, Trennung von Innen und Aussen |
| 3 | Omega – Bereich | Bunt – warme Farben | Trinität (3) | Stau, mangelndes Loslassen, Nichtannahme von Verlusterfahrungen, Leere |
| 2 | Knie – Unterschenkel | Rostrot –Terrakotta | Polarität - Dualität (2) | Widerstand, Schmerz, Leid, Starre, Verbitterung, mangelnde Karma–verarbeitung, Freud– und Sinnlosigkeit |
| 1 | Füsse | Dunkelrot<br>Magenta | Geistigkeit, Einheit, Ganzheit, Vollkommenheit, Wechselseitige Vernetzung (1) | Mangel an Vertrauen, Isolation, Trennung von Innen und Aussen |

| CHECKLISTE 2: NEGATIVPROGRAMME IN DEN AURAEBENEN UND DEN 12 (13) KÖRPERZONEN | | | | | | | | |
|---|---|---|---|---|---|---|---|---|
| | | | | | | | | |
| | KÖRPERZONE | Ja | Spiri A | Ment A | Astr A | Äth B | Körp | Sonst |
| 1. | Mangel an Vertrauen | Füße | | | | | | |
| | Mangel an spiritueller Identität | | | | | | | |
| | Verbindung zur dunklen Seite | | | | | | | |
| | Nichtvorhandensein von: | | | | | | | |
| | Eigenverantwortung | | | | | | | |
| | Erdung | | | | | | | |
| | Lebenswillen | | | | | | | |
| | Lebensfreude | | | | | | | |
| | Trennung von Innen & Außen | | | | | | | |
| | mangelndes Selbstvertrauen | | | | | | | |
| | mangelndes Urvertrauen | | | | | | | |
| | mangelndes Gottvertrauen | | | | | | | |
| | Unsicherheit und Zweifel | | | | | | | |
| | Nichtannahme der eigenen Göttlichkeit | | | | | | | |
| | Isolation: »Keiner versteht mich.« | | | | | | | |
| | | | | | | | | |
| 2. | Schmerz & Leid | Unterschenkel, Knie | | | | | | |
| | Widerstand & Starre | | | | | | | |
| | Verhärtung | | | | | | | |
| | Verbitterung | | | | | | | |
| | Unbeweglichkeit | | | | | | | |
| | Freudlosigkeit | | | | | | | |
| | Mangelnde Aufarbeitung von Karmaprogrammen (Fußbilder) (siehe Buch LKP S. 320 ff.) | | | | | | | |
| | berufliche Unzufriedenheit | | | | | | | |

| | KÖRPERZONE | Ja | Spiri A | Ment A | Astr A | Äth B | Körp | Sonst |
|---|---|---|---|---|---|---|---|---|
| | Nichtannahme des moment. Umfeldes und damit verbundener wichtiger Lernerfahrungen | | | | | | | |
| | | | | | | | | |
| 3. | Falscher Umgang mit Wissen | Oberschenkel | | | | | | |
| | Fachidiotentum | | | | | | | |
| | Hochmut | | | | | | | |
| | Selbstüberschätzung | | | | | | | |
| | Arroganz | | | | | | | |
| | Manipulation zum eigenen Vorteil auf Kosten anderer | | | | | | | |
| | Machtstreben | | | | | | | |
| | Magiemissbrauch | | | | | | | |
| | Rücksichtslosigkeit | | | | | | | |
| | Zerstörungswille | | | | | | | |
| | Abkehr vom Licht | | | | | | | |
| | Verherrlichung der Materie | | | | | | | |
| | | | | | | | | |
| 4. | Nichtanerkennung dieser Inkarnation | Beckenboden, Steiss, Urzellen, Damm | | | | | | |
| | Nichtanerkennung dieser Inkarnation | | | | | | | |
| | mangelnde Erdung | | | | | | | |
| | nicht voll auf der Erde angekommen sein | | | | | | | |
| | zu wenig Kontakt zum morphogenetischen Feld der Menschheit (Urzellen) | | | | | | | |
| | Beziehungsprobleme | | | | | | | |
| | »das ungelebte Leben« | | | | | | | |
| | den eigenen physischen Körper ablehnen | | | | | | | |
| | | | | | | | | |

| | KÖRPERZONE | Ja | Spiri A | Ment A | Astr A | Äth B | Körp | Sonst |
|---|---|---|---|---|---|---|---|---|
| 5. | Ohnmacht | Unterbauch, Blase, Mastdarm | | | | | | |
| | Lähmung | | | | | | | |
| | Bewegungslosigkeit | | | | | | | |
| | Starre | | | | | | | |
| | Angst (da)vor: | | | | | | | |
| | eigene Göttlichkeit anzunehmen | | | | | | | |
| | nicht ins Licht zu kommen | | | | | | | |
| | Dunkelheit | | | | | | | |
| | nicht geliebt zu sein | | | | | | | |
| | Versagen | | | | | | | |
| | Fehler zu machen | | | | | | | |
| | Verletzungen | | | | | | | |
| | Alleinsein | | | | | | | |
| | Verlust | | | | | | | |
| | Geborgenheitsverlust | | | | | | | |
| | der Erwartung anderer nicht zu entsprechen | | | | | | | |
| | Ausgrenzung | | | | | | | |
| | Existenzangst (weibl. u./od. männl. Ahnenprogramme) | | | | | | | |
| | keinen Erfolg zu haben | | | | | | | |
| | Erfolg zu haben | | | | | | | |
| | bewertet zu werden (Konkurrenz) | | | | | | | |
| | Arbeitsverlust | | | | | | | |
| | vor Arbeitslosigkeit | | | | | | | |
| | Wissen weiterzugeben | | | | | | | |
| | dass weitergegebenes Wissen missbraucht wird | | | | | | | |
| | vor der Zukunft | | | | | | | |
| | zu kurz zu kommen | | | | | | | |
| | nicht man selbst zu sein | | | | | | | |

| | KÖRPERZONE | Ja | Spiri A | Ment A | Astr A | Äth B | Körp | Sonst |
|---|---|---|---|---|---|---|---|---|
| | Tod | | | | | | | |
| | Sterben | | | | | | | |
| | Leben | | | | | | | |
| | Schmerzen | | | | | | | |
| | Krankheit | | | | | | | |
| | Enge | | | | | | | |
| | Technik | | | | | | | |
| | materiellen Besitz zu verlieren | | | | | | | |
| | Tieren | | | | | | | |
| | Furcht | | | | | | | |
| | Sorgen | | | | | | | |
| | Neurosen | | | | | | | |
| | Phobien | | | | | | | |
| | Traumata | | | | | | | |
| | Unsicherheit | | | | | | | |
| | Zweifel | | | | | | | |
| | Druck | | | | | | | |
| | Egozentrik | | | | | | | |
| | Penibilität | | | | | | | |
| | Perfektionismus | | | | | | | |
| | Mangel an Selbstvergebung | | | | | | | |
| | Mangel an Vergebung (Information) | | | | | | | |
| | Mangel an Verzeihen (Energie) | | | | | | | |
| | Mangel an Entschulden (Materie) | | | | | | | |
| | Mangel an Loslassen | | | | | | | |
| | Mangel an Selbstwert | | | | | | | |
| | Mangel an Anerkennung | | | | | | | |
| | Probleme mit der Annahme der eigenen Geschlechtlichkeit | | | | | | | |

| | KÖRPERZONE | Ja | Spiri A | Ment A | Astr A | Äth B | Körp | Sonst |
|---|---|---|---|---|---|---|---|---|
| 6. | Eigenwertmangel | Nabel, abst. & querl. Dickdarm, Dünndarm | | | | | | |
| | Selbstzerstörung | | | | | | | |
| | Angst vor der Schuld | | | | | | | |
| | Druck (Magen) | | | | | | | |
| | Schuld (Jejunum) | | | | | | | |
| | Nicht-losslassen-Können (abst. Dickdarm) | | | | | | | |
| | Konkurrenzdenken | | | | | | | |
| | Mobbing | | | | | | | |
| | Kritikunverträglichkeit | | | | | | | |
| | Wissensmissbrauch | | | | | | | |
| | Macht & Ohnmacht des freien menschlichen Willens | | | | | | | |
| | Trauer (unterhalb Nabel) | | | | | | | |
| | Scham | | | | | | | |
| | mangelnder Selbstwert (Dünndarm) | | | | | | | |
| | Armut | | | | | | | |
| | Missgunst | | | | | | | |
| | Eifersucht | | | | | | | |
| | Hass | | | | | | | |
| | Rachsucht | | | | | | | |
| | Betrafungsbereitschaft | | | | | | | |
| | Helfersyndrom | | | | | | | |
| | Opferrollenspiel | | | | | | | |
| | emotionaler Schock (Nabel) | | | | | | | |
| | Todessehnsucht | | | | | | | |
| | innere Leere | | | | | | | |

| | KÖRPERZONE | Ja | Spiri A | Ment A | Astr A | Äth B | Körp | Sonst |
|---|---|---|---|---|---|---|---|---|
| 7. | Mangel an Eigenliebe | Herz spirituell & physisch | | | | | | |
| | Leben in Scheinwelten (spirituell) | | | | | | | |
| | Suchtverhalten (spirituell & physisch) | | | | | | | |
| | Selbstablehnung | | | | | | | |
| | Abhängigkeit | | | | | | | |
| | Mutlosigkeit | | | | | | | |
| | Gleichgültigkeit | | | | | | | |
| | Eitelkeit (physisch) | | | | | | | |
| | Egozentrik | | | | | | | |
| | mangelnde Annahme des physischen Körpers | | | | | | | |
| | mangelnde Annahme des Inneren Kindes | | | | | | | |
| | Nichtannahme von Störungen | | | | | | | |
| | | | | | | | | |
| 8. | Disharmonie | Lunge, Hals, Schultern, Rücken, Glaubenssätze | | | | | | |
| | Geben und Nehmen nicht im Einklang | | | | | | | |
| | sich ausgenutzt fühlen | | | | | | | |
| | Angst, zu kurz zu kommen | | | | | | | |
| | aufgestaute Wut | | | | | | | |
| | nach innen gerichtete Aggression | | | | | | | |
| | Groll | | | | | | | |
| | Ärger | | | | | | | |
| | Raffgier | | | | | | | |
| | Konfliktsucht | | | | | | | |
| | Depression | | | | | | | |
| | Energiestau | | | | | | | |
| | mangelnde Kommunikation | | | | | | | |

| | KÖRPERZONE | Ja | Spiri A | Ment A | Astr A | Äth B | Körp | Sonst |
|---|---|---|---|---|---|---|---|---|
| | nicht schreien/reden können | | | | | | | |
| | Schnarchen | | | | | | | |
| | | | | | | | | |
| 9. | Nichtüberwindung der doppelten Polarität | Zwischenhirn, 3. Auge | | | | | | |
| | gestörtes Verhältnis zu Gott | | | | | | | |
| | mental gestörtes Verhältnis zum Hohen Selbst | | | | | | | |
| | Nicht aufgelöstes Karma führt zur schuldhaften Betrachtung der eigenen Spiritualität. | | | | | | | |
| | »Papez-Kreis« | | | | | | | |
| | mangelnde spirituelle Identität | | | | | | | |
| | Begierden | | | | | | | |
| | Triebe | | | | | | | |
| | Scham | | | | | | | |
| | | | | | | | | |
| 10. | Sinnlosigkeit des Lebens | Scheitel, Epiphyse, Innerer Heiler, Gottesmodul | | | | | | |
| | geistige Isolation | | | | | | | |
| | Individualitätsverlust (freier menschlicher Wille) | | | | | | | |
| | spiritueller Identitätsverlust | | | | | | | |
| | Depression | | | | | | | |
| | Selbstzerstörungsprogramme | | | | | | | |
| | Ablehnung der eigenen Heilung | | | | | | | |
| | Kleinkariertheit | | | | | | | |
| | Konzentrationslosigkeit | | | | | | | |
| | Gedächtnisverlust | | | | | | | |
| | Feinmotorik | | | | | | | |
| | Hilflosigkeit | | | | | | | |
| | Orientierungslosigkeit | | | | | | | |

| | KÖRPERZONE | Ja | Spiri A | Ment A | Astr A | Äth B | Körp | Sonst |
|---|---|---|---|---|---|---|---|---|
| 11. | Mangel | Gesetz der Fülle | | | | | | |
| | Armut | | | | | | | |
| | Besitzlosigkeit | | | | | | | |
| | materielle Verhaftung | | | | | | | |
| | Neid | | | | | | | |
| | Geiz | | | | | | | |
| | Minderwertigkeitskomplexe | | | | | | | |
| | Opferrollenspiel | | | | | | | |
| | Eigenablehnung | | | | | | | |
| | Eingrenzung | | | | | | | |
| | Selbstverbote/Verbote | Karma | | | | | | |
| | | | | | | | | |
| 12. | Spiritueller Identitätsverlust | Kosm. Bewusstsein, Gesetz der Gnade | | | | | | |
| | schwere Depression | | | | | | | |
| | Suizidgefährdung | | | | | | | |
| | Ausgrenzung | | | | | | | |
| | Selbstisolation | | | | | | | |
| | mangelnder Kontakt vom Ich zum Hohen Selbst | | | | | | | |
| | nicht man selbst sein | | | | | | | |
| | Mangel an spiritueller Identität | | | | | | | |
| | Nichtbeachtung des eigenen Kosmischen Plans | | | | | | | |
| | eigene göttliche Ich-Präsenz nicht annehmen | | | | | | | |
| | Verneinung der universalen Einheit | | | | | | | |
| | Verneinung der universalen Wahrheit | | | | | | | |

| | KÖRPERZONE | Ja | Spiri A | Ment A | Astr A | Äth B | Körp | Sonst |
|---|---|---|---|---|---|---|---|---|
| 13. | Mangel an Liebe | Christusbewusstsein | | | | | | |
| | Trennung von Außen & Innen | | | | | | | |
| | Isolation | | | | | | | |
| | fehlendes Gottvertrauen | | | | | | | |
| | fehlendes Urvertrauen | | | | | | | |
| | Orientierungslosigkeit | | | | | | | |
| | mangelnde Zentrierung | | | | | | | |

Legende:
Spiri A = Spiritualaura
Ment A = Mentalaura
Astr. A = Astralaura
Äth. B = Ätherbereich
Körp. = Physischer Körper

## Wichtige individuelle Negativmuster und Störpotenziale

Um negative Gedankenprogramme und energieraubende Gefühlsmuster umzuprogrammieren, sind folgende Schritte notwendig:

- Erkennen,
- Anschauen,
- Annehmen als Teil von mir,
- Nachdenken,
- Entscheiden zum Positiven hin,
- Dadurch Ändern des alten Programms,
- Eventuell Sühnen und Kompensieren,
- Vergeben und Selbstvergeben,
- Löschen,
- Loslassen.

Im Einzelnen geht es dabei meistens um folgende Störpotenziale:

- Mangel an Liebe
- Mangel an Gott-, Ur- und Selbstvertrauen
- Zweifel
- Unsicherheit
- Sorgen
- Furcht
- Angst vor:
  Unfähigkeit, ins Licht zu kommen, Annahme der eigenen Göttlichkeit, Nicht-geliebt-Werden, Tod, Sterben, Versagen, Verletzung, Schmerzen, Existenz, Arbeitsverlust, Unfähigkeit, Erwartungen anderer zu entsprechen, Verlust, Geborgenheitsverlust, Alleinsein, Krankheit, Enge, Technik, Verlust materiellen Besitzes, Zukunft, Tieren, Ausgrenzung, …
- Angst vor der Angst
- Ärger
- Groll
- Wut

- Missgunst
- Rachsucht
- Hass
- Eifersucht
- Mangel an Anerkennung
- Mangel an Selbstwert
- Scham
- emotionale Enttäuschung
- Neid
- Geiz
- Hochmut
- Arroganz
- Starre
- unrealistische Erwartungshaltung
- subjektive Wertungen
- Entscheidungslosigkeit
- Trauer
- Stolz
- Kritikunverträglichkeit
- Ohnmacht des freien Willens
- Konkurrenzneid
- Selbstanklage
- Armut
- Schuld
- Angst vor der Schuld
- Mangel an Kommunikation
- Kontaktmangel
- Manipulation
- ungerechtes Verhalten
- Unpünktlichkeit
- Aggression
- Depression
- Druck
- Lüge
- Unaufrichtigkeit

- Unzuverlässigkeit
- Selbstzerstörung
- Missbrauch von: Macht, Geld, Einfluss, Stellung, Sexualität, Wissen
- Sucht nach: Alkohol, Nikotin, Drogen, Medikamenten, Arbeit, Sex
- Wollust
- einseitig körperliche Sexualität
- Faulheit
- Selbstüberschätzung
- Mangel an Vergebung und Selbstvergebung
- Mangel an Freude
- Opferrollenspiel
- Helfersyndrom
- Ausnutzung anderer
- Mangel an Eigenverantwortung
- Feigheit
- Meinungslosigkeit
- Hilflosigkeit
- Orientierungslosigkeit
- Isolation
- Ungerechtigkeit
- Mangel an Lebensqualität
- Sturheit
- Realitätsverlust
- Klammern
- mangelndes Loslassen
- mangelnde Vergebung
- Leid
- Egozentrik/Egoismus
- Selbstsucht
- Selbstisolation

Horchen Sie einmal in sich hinein, oder testen Sie mit Ihrem »Bauchgefühl«, kinesiologisch, mit Pendel oder Rute: Wo gehen Sie in Resonanz? Bei welchem Thema fühlen Sie sich angesprochen?

## Organzuordnungen für mentale und emotionale Störungen

| Thema | Organ, Körperregion |
|---|---|
| Angst vor: | |
| Armut | rechte Lunge, Mitte des aufsteigenden Dickdarms |
| Alleinsein | linkes Schulterblatt |
| Beziehungen | beide Nieren |
| Dunkelheit | Blase |
| eigene Göttlichkeit anzunehmen | Gottesmodul, Stirn |
| Entscheidungen | rechter Brustbereich |
| Existenzprobleme | rechtes Schulterblatt, Schulter und Brust |
| Krankheit | Dünndarm |
| nicht ins Licht zu kommen | Zwischenhirn, Epiphyse |
| Schmerzen | Bronchien, Füße, Bereich oberhalb der Knie |
| Tod | Leber, linke Körperseite |
| Trennung | linke Lunge, linke Niere |
| Veränderungen | Magen |
| Verlassenwerden | linkes Schulterblatt |
| Versagen | Bereich oberhalb der Blase |
| Aufgebenwollen | Magen |
| Druck von außen | Lungenflügel, Magen, rechte Hüfte |
| Eifersucht | rechte Niere |
| Eigenliebemangel | Bauchspeicheldrüse, Milz, Herz |
| Eitelkeit | Leber |
| Entscheidungslosigkeit | 3., 4. und 5. Lendenwirbel |
| Geiz | Gallenblase, Ende des aufsteigenden Dickdarms |

# Ich habe ein Negativpotenzial

## Resonanz Nr. 1: Ein körperliches Problem, ein Mentalprogramm oder ein Gefühlsmuster mit physischen Konsequenzen

Hierzu gehören auch allgemeine persönliche Problembereiche wie: Beziehungen, Kinder, Freunde, Kollegen, die eigenen Lebensumstände, der Umgang mit Geld, der Zustand des Bankkontos, Erfolglosigkeit im Beruf, Mangel an Selbstwert und Anerkennung, Existenz-, Versagens- und Verlustängste.

Behandlung

1. Ich bitte den »lieben Gott« in mir = Akua in meinem Herzen, das Störpotenzial in mir mit Liebe zu heilen und stelle mir dies – wie auf Seite 155 f. beschrieben – möglichst bildlich vor.
2. Zur Unterstützung lege ich meine linke Hand aufs Herz und meine rechte Hand auf die gestörte Körperstelle (sofern dies möglich ist, sonst in die Nähe).
3. Ich spreche immer wieder die Sätze:
   a. Es tut mir leid.
      Bitte vergib mir. Ich vergebe auch dir, und ich vergebe mir.
      Danke.
      Ich liebe dich.
      Oder/Und ich verwende eine andere Kurzversion:

b. Es geht mich etwas an.
   Bitte vergib mir. Ich vergebe dir, und ich vergebe mir.
   Danke für die für mich/uns beste Lösung.
   Ich liebc mich, und ich liebe dich.
   Heilung mit Liebe geschieht im Hier und Jetzt.

Oder ich spreche immer nur den einen Satz:

c. Heilung mit Liebe geschieht im Innen und im Außen im Hier und Jetzt.
d. Oder ich spreche die Langversion:
   - Anschauen: »Ich schaue die Sache an.«
   - Annehmen: »Diese Angelegenheit ist ein Teil von mir. Ich habe damit zu tun, weil es meine Sinne und mein Sein berührt.«
   - Verantwortung übernehmen: »Ich bin voll verantwortlich dafür, dass diese Situation eingetreten ist.«
   - Mitgefühl zeigen: »Es tut mir leid.«
   - Entschulden: »Ich entschuldige mich.«
   - Verzeihen: »Ich verzeihe mir und allen Beteiligten.«
   - Vergeben: »Bitte vergib mir! Ich vergebe dir. Ich vergebe mir.«
   - Lieben: »Ich liebe mich. Ich löse alle zugrunde liegenden negativen Glaubenssätze, Gedankenprogramme und Gefühlsmuster in und mit Liebe auf. Ich liebe dich.«
   - Loslassen: »Ich lasse es los.«
   - Danke: »Ich danke für die Erfahrung.«
   - Amama: »Es ist getan!«
   - Aloha: »Danke! Gott mit dir!«

4. Ich stelle mir die Auflösung und das Loslassen des Störpotenzials bildhaft vor und nehme es dankbar an.

**Das Problem eines anderen berührt mich.**

## Resonanz Nr. 2: Mentalprogramme, Gefühlsmuster oder körperliche Probleme

Behandlung

1. Ich definiere die Störung in irgendeiner Weise, auch wenn ich das zugrunde liegende Thema nicht genau (oder gar nicht) kenne.
2. Ich schreibe alle wichtigen Aspekte zum Thema auf und finde intuitiv ein Codewort, das das gesamte Thema beinhaltet.
3. Ich gehe in die Stille und lade mich durch eine der auf Seite 120 ff. beschriebenen Atemtechniken auf.
   Ich frage mich, was in mir in Resonanz zu dieser Störung im Außen steht. Ich nehme es an, gehe in die Eigenverantwortung, vergebe allen Beteiligten und mir, heile mich, dich, andere, anderes und das Thema als solches mit Liebe und mithilfe der Gottheit in mir, lösche es und lasse es los.
4. Ich spreche immer wieder die auf Seite 141 und 158 ff. aufgeführten Sätze.
5. Ich verwende die vorgeschlagene Kurzform:
   »Es tut mir leid.
   Bitte vergib mir! Ich vergebe dir. Ich vergebe mir.
   Ich liebe dich.
   Danke.«
6. Als positive Finalvorstellung stelle ich mir im Hier und Jetzt bildhaft, mental und emotional die bereits erfolgte Lösung der Störung vor.

## Das Problem eines anderen berührt mich

Es kann sich auch um Probleme handeln, die nicht mich selbst, sondern eine oder mehrere andere Personen betreffen. Da alles mit allem verbunden ist, gehen wir dann in eine bewusste Resonanz, wenn wir mit einer Person und/oder einem Thema bereits zu tun hatten, meistens in einem früheren Leben. Dadurch habe ich in mir in meinem eigenen Zellgedächtnis Informationen gespeichert, die mit dem jetzt offenkundig in mein Bewusstsein getretenen Sachverhalt etwas zu tun haben. Es spielt dabei eigentlich keine Rolle, ob ich Opfer oder Täter war. Wichtig sind das Thema und die Tatsache, dass dieses bis heute (zumindest teilweise) noch unerledigt ist. Es gibt also in mir selbst noch eine »unerledigte Hausaufgabe«, einen »schwarzen Fleck auf meiner weißen Weste«. Ich muss also der anderen Person bzw. dem Problem dankbar sein, denn sie hat mich erst auf das in mir noch vorhandene Negativpotenzial aufmerksam gemacht.

Mit Ho'oponopono behandle ich also

- das Negativpotenzial in mir,
- das Problem eines anderen sowie
- das Thema als solches.

Dies geschieht:

- in der Langversion

  Anschauen: »Ich schaue die Sache an.«

  Annehmen: »Diese Angelegenheit ist ein Teil von mir. Ich habe damit zu tun, weil sie meine Sinne und mein Sein berührt.«

  Verantwortung übernehmen: »Ich bin voll verantwortlich dafür, dass diese Situation eingetreten ist.«

  Mitgefühl zeigen: »Es tut mir leid.«

  Entschulden: »Ich entschuldige mich.«

  Verzeihen: »Ich verzeihe mir und allen Beteiligten.«

  Vergeben: »Bitte vergib mir!«

  Lieben: »Ich liebe dich. Ich löse alle zugrunde liegenden negativen Glaubenssätze, Programme, Gefühlsmuster in mir in und mit Liebe auf.«

  Loslassen: »Ich lasse los.«

  Danken: »Danke für die Erfahrung.«

  Amama: »Es ist getan!«

  Aloha: »Danke! Gott mit dir!«

- in der Kurzversion

  »Es tut mir leid.

  Bitte vergib mir!

  Ich vergebe dir.

  Ich vergebe mir.

  Ich liebe dich.

  Danke!«

- in der erweiterten Kurzversion

  »Ich bin voll verantwortlich.

  Es tut mir leid.

  Bitte vergib mir!

  Ich vergebe dir.

  Ich vergebe mir.

  Ich liebe dich.

  Ich lasse los.

  Danke!«

- und im Heilsatz:

  »Heilung mit Liebe geschieht im Hier und Jetzt.«

Dabei gehe ich in die Liebe, stelle mir den glücklichsten Moment in meinem Leben möglichst intensiv vor und leite dieses Glückspotenzial aus meinem Herzen, vielleicht über meine Hände

- zum entsprechenden Körperorgan,
- zur betroffenen Person und
- zum angesprochenen Sachverhalt.

Im festen Glauben daran, dass das Beste geschieht, verbleibe ich in dieser Empfindung und lasse alles Alte los.

## Wir alle (Familie, Kollegen, Nachbarn, Vereinsmitglieder usw.) haben Spannungen

Sind wir allein und wollen das aufgetretene Negativpotenzial bzw. die vorhandenen Spannungen nur selbst bearbeiten, bieten sich selbstverständlich die bereits beschriebenen Methoden an.[22]

Wollen wir das vorhandene Problem jedoch in der Gruppe bzw. zu mehreren bearbeiten, können wir wie folgt vorgehen:

1. Jemand übernimmt die Organisation und lädt die Beteiligten unter Angabe des Sachverhaltes ein.
2. Beim Zusammentreffen wird das Anliegen vorgetragen, der Sachverhalt geschildert und jeder Beteiligte gebeten, alles zu tun, damit Harmonie, Frieden und Verständnis in der Gemeinschaft wiederhergestellt werden können.
3. Falls die Teilnehmer das wünschen, wird gemeinsam ein unabhängiger Mediator bestimmt.
4. Die Gruppe stellt sich im Kreis auf, gibt sich die Hände, betet still um die für alle Beteiligten optimale Lösung und stimmt sich innerlich auf Frieden und Harmonie ein.
5. Die Problemstellung wird definiert und der Diskussionsrahmen damit abgesteckt.

22 Ho'oponopono zum Mitmachen für sich selbst und andere gibt es im Internet unter: www.Heile-dein-Herz.de

6. Die Konfliktparteien formieren sich und legen ihren Standpunkt dar. Jeder, der etwas zur »Täter«- oder zur »Opfer«-Seite zu sagen hat, muss das jetzt äußern.
7. Der Mediator achtet darauf, dass keine Emotionen und keine Entgleisungen aufkommen, sodass eine sachliche Diskussion gewährleistet ist.
8. Jeder Beteiligte horcht in sich hinein und versucht herauszufinden, wo er wie in Resonanz zum Thema geht und wo für ihn das Kernstück des Konfliktes liegt.
9. Gemeinsam wird jetzt das Ritual – in Kurz- oder Langfassung – durchgeführt.
   a. Jeder übernimmt die Verantwortung.
   b. Alle Beteiligten vergeben einander in voller innerer Überzeugung wechselseitig für die individuellen Anteile an den vorhandenen Spannungen.
   c. Jeder bedankt sich für die gemachten Erfahrungen.
   d. Die eingangs vorhandenen Spannungen im Außen und die im Innen in Resonanz befindlichen Störpotenziale werden mit Liebe geheilt.
   e. Alle Beteiligten lassen die Aspekte dieser Spannungen im Außen und im Innen endgültig los.
10. Der Mediator bedankt sich bei allen Beteiligten für das gezeigte Verständnis und die aktive positive Mitarbeit und formuliert das erreichte Ergebnis.
11. Jeder Beteiligte programmiert sich auf absolutes Loslassen und Vergessen bzw. Löschung der aufgetretenen Spannungen.
12. Ein gemeinsames Essen beschließt das Zusammentreffen.

## Politische Ungerechtigkeiten, soziale Unruhen und Naturkatastrophen belasten mich

Von Albert Einstein stammt die Erkenntnis, dass es nicht möglich ist, Störpotenziale auf derselben Ebene zu lösen, auf der sie entstanden sind, sondern nur auf einer entsprechend höheren Ebene des »Denkniveaus« oder mit Liebe, der stärksten Kraft im Universum.

Das, was ich aussende, kommt zu mir zurück, und was zu mir zurückkommt, habe ich irgendwann einmal (vielleicht in einem früheren Leben) ausgesandt.

So lautet das 6. Geistige Gesetz der Resonanz.[23] Es gilt auch für Umfeld und Umwelt sowie sämtliche dort entstandenen Belastungen, die meine Aufmerksamkeit auf sich gelenkt haben, beispielsweise auch Naturkatastrophen, soziale Unruhen und politische Missstände. Sind diese in mein Bewusstsein getreten, gehen sie mich auch etwas an, somit sind Umprogrammierung und Reinigung des betreffenden Sachverhaltes notwendig.

Dabei gehen Sie genauso vor wie bislang beschrieben:

»Es tut mir leid.
Bitte vergebt mir. Ich vergebe auch euch, und ich vergebe mir.
Danke.
Ich liebe dich bzw. euch.«

Sie können auch die Langversion verwenden oder zwischen beiden abwechseln.

---

23 Vgl. hierzu auch Seite 24.

## Beschaffenheit und Zukunft von Menschheit, Erde, Sonnensystem, Galaxie und Weltall beschäftigen mich

Äußere Probleme haben innere Ursachen.

Das, was wir säen, werden wir ernten. (Bibel)

Die derzeit starken globalen Herausforderungen sind einerseits eine große Belastung, andererseits aber auch eine enorme Chance. Auch wenn mancher gespannt auf politische und soziale Unruhen, die Finanz- und Bankenkrise, die hohe Arbeitslosigkeit, auf Erdbeben und Überschwemmungen, Sonnenfleckenaktivitäten, Magnetfeldveränderungen, kosmische Strahlen und den 21. Dezember 2012 schauen mag,

Eines ist sicher, dass nichts sicher ist.

Wir Menschen können mit unserem freien Willen immer noch Einfluss nehmen und positive Veränderungen vornehmen.

Hilf dir selbst, dann hilft dir Gott.

Angst, Zweifel, Groll, Wut, Aggression, Depression, Trauer, spirituelle Identitätslosigkeit usw. sollten und müssen durch positive Programme im Glauben, Denken und Fühlen wie Freude, Zuversicht, Vertrauen, Lockerheit, Mitgefühl etc. bewusst und gezielt ersetzt werden. Hierbei helfen die auf den Seiten 108 ff. beschriebenen Umprogrammierungsmethoden, spezielle Rituale und eben das Reinigungsgebet Ho'oponopono.[24]

Es ist hilfreich, einmal Mitte des Monats an einem Montag-, Dienstag- oder Mittwochabend ab 20:30 Uhr eine Friedensmeditation für Sonne, Erde und alle Wesen, die dort leben, durchzuführen. Hierfür kann eine Meditation kostenlos von der Homepage des Autors heruntergeladen und weitergegeben werden.

Bitte machen auch Sie mit, allein oder mit Gleichgesinnten. Auch wenn es fünf Sekunden vor zwölf ist, können wir mit unserem freien menschlichen Willen immer noch alles positiv beeinflussen. Wir müssen nur gemeinsam zur gleichen Zeit dasselbe tun.

Ich übernehme die persönliche Verantwortung auch für mein mögliches Mitwirken im universalen Quantenfeld. Im Rahmen der wechselseitigen Vergebung löse ich alte Verbindungen im Außen und im Innen auf, ich reinige mein Glauben, Denken und Fühlen von (selbst-)zerstörerischen Neagtivpotenzialen und lösche diese mithilfe der Gottheit in mir in grenzen- und bedingungsloser Liebe auf, denn

in Wahrheit ist es nur Liebe.

Außerdem arbeite ich – insbesondere auch mit Huna-Mentaltechniken – am Ausbau meines positiven Denkens, Fühlens und Glaubens, indem ich immer nur das Beste erwarte.
Hierbei helfen Affirmationen wie:
»Das Leben ist schön.«
»Immer locker bleiben.«
»Immer in der Liebe sein.«
»Ich bin, was ich denke.«
»Alles ist gut, so wie es ist.«

24 Außerdem gibt der Autor seit 1. Januar 2010 monatlich einen kostenlosen Newsletter heraus, der über die Homepage www.huna-seminare.at angefordert werden kann. Dieser informiert über wichtige kosmische Ereignisse und deren Konsequenzen für die Menschen.

Auch im Bereich des Globalen und Exterritorialen können wir mit Ho'oponopono arbeiten.
Versuchen Sie es mit der speziellen Kurzversion:
»Bitte vergib/vergebt mir.
Ich vergebe dir/euch.
Ich vergebe mir.
Danke für die für mich/dich/uns beste Lösung.
Heilung mit Liebe geschieht im Hier und Jetzt.«

Stellen Sie sich alles möglichst bildhaft vor, und übernehmen Sie uneingeschränkt und ohne Zweifel die positive Finalvorstellung in und mit Liebe.

Was ist also zu tun?

Reinigen – reinigen – reinigen mit Ho'oponopono!

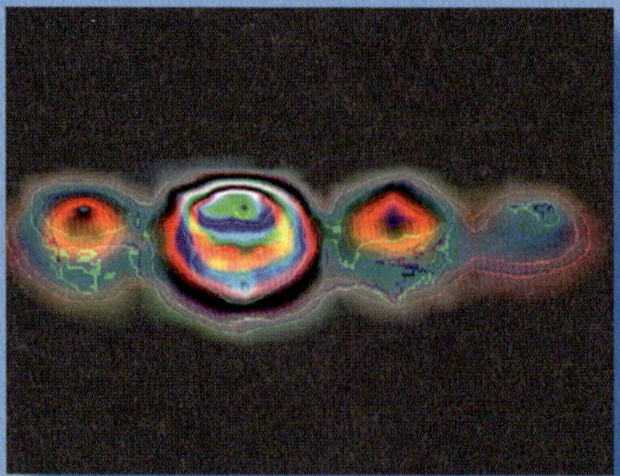

# Ausblick

Ho'oponopono ist ein wirkungsvoller Weg, wieder mit sich selbst, den Menschen, der Umwelt, dem Umfeld und Gott ins Reine zu kommen. Durch die äußere und innere Vergebung, die Harmonie mit der universalen Ordnung, die Liebe zu mir, allem Sein und Gott heile ich im Hier und Jetzt alle Negativpotenziale aus früheren und diesem Leben. Sagen Sie öfter einmal den Satz bewusst und mit Inbrunst

Heilung mit Liebe geschieht im Hier und Jetzt.

Gehen Sie in sich hinein, in Ihr Herz, nehmen Sie den Kontakt mit dem »Gott in Ihnen« auf, der Ihnen nach dem 1. Geistigen Gesetz Einheit, Ganzheit, Vollkommenheit und wechselseitige Vernetzung mit allem Sein im Quanten- oder Nullpunktfeld gibt, fühlen Sie dies, und nehmen Sie Ihre eigene Göttlichkeit an. Denken Sie daran:

Sie haben einen physischen Körper als »dunklen, grobstofflichen, endlichen Spiegel«. Aber Sie sind mehr als das, nämlich:
ewiges, unsterbliches, vollkommenes, göttliches Bewusstsein.

Das ewige und vollkommene höchste göttliche Bewusstsein ist überall in allem Sein, und dies auf vollkommene Art und Weise. Es ist auch in mir und lässt auch mich vollkommen sein. Aufgrund meiner Erfahrungen und im Spiegel des rein Äußeren meiner sinnlichen Wahrnehmungen, die in der linken Gehirnhälfte lokalisiert sind, bemerke ich bloß den materiell-physischen Spiegel im Außen mehr. Dieser ist mit meinen entsprechenden Erfahrungen aus der Vergangenheit, die im Zellgedächtnis meiner entsprechenden Organe und Körperzonen gespeichert sind, in Resonanz.

Aber jede (negative oder auch positive) Situation kann ich in jedem Moment und in jeder Hinsicht ändern. Ich muss es nur bewusst und aktiv tun.

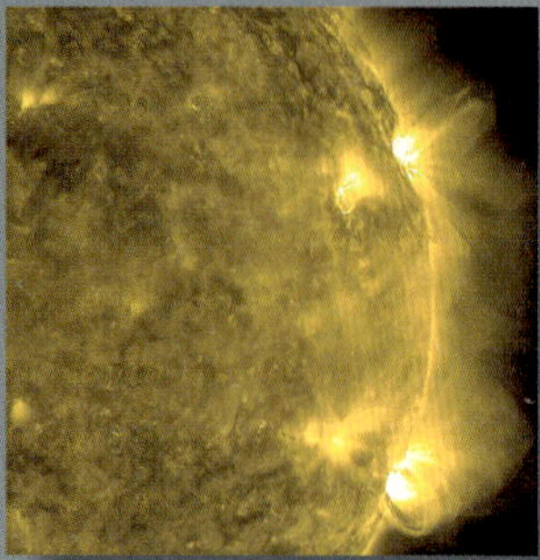

Seit Frühjahr 2009 kommen messbare hochfrequente kosmische Strahlen aus dem Zentrum unserer Milchstraße auch in unser Sonnensystem und zu uns Menschen. Sie aktivieren bisher brachliegende Gehirnareale, insbesondere auch in den kognitiven Bereichen der Präfrontallappen, wo unsere Entscheidungen logisch-analytisch (linkes Ego) und kreativ-schöpferisch (rechtes Ich) getroffen werden. Automatisch werden diese durch die neue lichte und liebende Energie positiver, und der Einfluss des »inneren Saboteurs« wird schwächer und jener des »lichten Gottes« im Gottesmodul im mittleren Sitrnbereich nimmt zu.

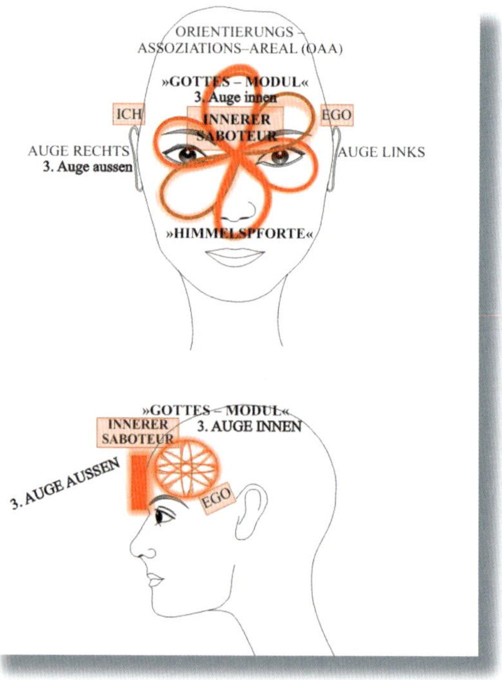


Wenden wir nun zusätzlich noch öfter Ho'oponopono an, heilen wir uns, andere und anderes in, mit und durch Liebe, finden wir dadurch wieder den Zugang zum »lieben Gott« in unserem Herzen, im Innen und im Außen, bauen wir dadurch im Bereich der negativ polarisierten »künstlichen Matrix der Negativprogramme in uns und um uns herum« eine positiv ausgerichtete, lichte »heile Matrix« auf, die direkt mit dem »lieben Gott«

im Nullpotenzial des Zentrums verbunden ist, dann werden wir wieder zu dem, was wir eigentlich sind, nämlich göttlichem Bewusstsein.

Mit Liebe heilen wir uns im eigenen Innen von Negativpotenzialen, damit das Andere im Außen und damit auch das Thema als solches.

Jetzt wird alles möglich. Jeder Einzelne kann und sollte dazu beitragen, an diesem wunderbaren Reinigungsprozess aktiv mitzuarbeiten, damit Menschheit, Erde und Welt besser werden. Ho'oponopono ist ein wunderbares Werkzeug auf diesem Weg. Versuchen Sie es doch auch! Werden auch Sie ein aktiver Botschafter des Lichtes. Das bringt andere weiter, aber vor allem auch Sie selbst.

Lieben Sie das Leben, und leben Sie die Liebe. Dann sind Sie eins mit Gott.

Danken Sie für die Erfahrungen, die Sie machen durften, entfernen Sie alle Negativpotenziale im Innen und im Außen, löschen Sie diese über Ihr Unteres Selbst = Inneres Kind aus Ihrem Zellgedächtnis, verändern Sie somit Ihr Resonanzverhalten zum Positiven, und führen Sie eine fortwährende innere und äußere Reinigung durch, im Innen und im Außen, für Sie selbst, Ihren Körper, Ihr Umfeld, die Menschheit und die Erde!

Heilen Sie sich selbst, und heilen Sie damit die Welt! Dann gelangen Sie immer stärker ins Licht und in die Liebe.

»Eure Liebe zu mir zeigt sich darin, wie ihr den Niedrigsten eurer Mitmenschen liebt.« (Bibel)

»Wir sind dort zu Hause, wo unser Herz ist.«

Helfen auch Sie mit, das Leben auf unserem wunderbaren Planeten selbst wieder liebenswerter zu machen durch Ho'oponopono – Heilung mit Liebe!

Leben, ich liebe dich!
Leben, ich liebe dich!
Leben, ich liebe dich!
Leben, ich liebe dich!
Leben, ich liebe dich!
Leben, ich liebe dich!
Leben, ich liebe dich!
Leben, ich liebe dich!
Leben, ich liebe dich!
Leben, ich liebe dich!
Leben, ich liebe dich!

Heilung mit Liebe
geschieht im
Hier und Jetzt.

# Literaturverzeichnis


Allen, James: *Heile deine Gedanken.* Lüchow, Freiburg 2008.

Becker, Klaus Jürgen: *HO'OPONOPONO – Die Kraft der Selbstverantwortung.* Riwei, Regensburg 2009.

Blofeld, John: *Selbstheilung durch die Kraft der Stille.* O. W. Barth (Scherz), Bern/München 1991.

Brennan, Barbara Ann: *Licht-Arbeit.* Goldmann, München 2007.

Brunton, Paul: *Entdecke dich selbst.* Bauer, Freiburg 1991.

Carrington, Patricia: *Das große Buch der Meditation.* O. W. Barth (Scherz), München 2002.

Chopich, Erika J./Paul, Margaret: *Aussöhnung mit dem inneren Kind.* Bauer, Freiburg 2002.

De Vrieze-Bloemsma, Henriette: *Atme dich gesund.* Kamphausen, Bielefeld 1999.

Drayer, Hetty: *Finde dich selbst durch Meditation.* Schirner, Darmstadt 2007.

Duprée, Ulrich Emil: *Heile Dich selbst und heile die Welt.* Zenit und Nadir, Brücken 2010.

Duprée, Ulrich Emil: *HO'OPONOPONO.* Schirner, Darmstadt 2011.

Frissell, Bob: *Zurück in unsere Zukunft …* Kopp, Rottenburg a. N. 1996.

Griscom, Chris: *Der Weg des Lichts.* Goldmann, München 1989.

Griscom, Chris: *Die Heilung der Gefühle – Angst ist eine Lüge.* Schirner, Darmstadt 2006.

Hay, Louise L.: *Heile deinen Körper.* Lüchow, Freiburg 2007.

Hürlimann, Gertrud I.: *Pendeln ist erlernbar.* Astrodata, Zürich 1997.

Katz, Mabel: *The Easiest Way.* Chiron Reinhardt Stiehle 2004.

King, Serge Kahili : *Erdenergien.* Lüchow, Freiburg 2001.

King, Serge Kahili: *Begegnung mit dem verborgenen Ich.* Kamphausen, Bielefeld 2001.

King, Serge Kahili: *Der Stadt-Schamane.* Lüchow, Freiburg 2001.

King, Serge Kahili: *Huna – Der hawaiianische Weg zu einem erfüllten Leben.* Lüchow, Freiburg 2004.

King, Serge Kahili: *Ihr Körper glaubt, was Sie ihm sagen.* Aurum, Braunschweig 1992.

King, Serge Kahili: *Weisheiten aus Hawaii.* Lüchow, Freiburg 2000.
Kirchner, Georg: *Pendel und Wünschelrute.* Droemer-Knaur, München 1992.
Koch, Werner: *Das Atem-Heilbuch.* Windpferd, Aitrang 1996.
Kos, Kala/Selby, John: *Die HUNA-Lehre.* Arkana (Goldmann), München 1999.
Krotoschin, Henry: *HUNA-Praxis.* Schirner, Darmstadt 2004.
Leadbeater, Charles W.: *Das höhere Selbst.* Aquamarin, Grafing 1998.
Leadbeater, Charles W.: *Das Innere Leben.* Edition Geheimes Wissen, Graz 2008.
Leadbeater/Besant/Taimni: *Die Lehren des Wachstums.* F. Hirthammer, München 1980.
Long, Max Freedom: *Geheimes Wissen hinter Wundern.* Schirner, Darmstadt 2003.
Long, Max Freedom: *Kahuna-Magie.* Schirner, Darmstadt 2003.
Long, Max Freedom: *Selbstsuggestion und HUNA-Gebet.* Schirner, Darmstadt 2004.
Long, Max Freedom: *Weisheit der KAHUNAS.* Bauer, Freiburg 1999.
Lübeck, Walter: *Das Pendel-Handbuch.* Windpferd, Aitrang 2000.
Meurois-Giraudan, Anne & Daniel: *Essener Erinnerungen.* Hugendubel, München 2007.
Mohr, Bärbel und Manfred: *Cosmic Ordering.* KOHA, Burgrain 2008.
Nau, Erika: *Selbstbewußt durch HUNA.* Sphinx, Basel 1989.
Omraam, Mikhail Aivanhov: *Die Kraft der Gedanken.* Prosveta, Fréjus 1997.
Pearsall, Paul Ka'ikena: *ALOHA – die Lust am Leben.* Bauer, Freiburg 2000.
Schaarschuch, Alice: *Der atmende Mensch.* Lorber & Turm, Bietigheim 1995.
Schmidt, K. O.: *Der geheimnisvolle Helfer in dir.* Reichl, St. Goar 2004.
Schmidt, K. O.: *Die Religion der Bergpredigt.* Drei Eichen, Engelberg/München 2001.
Schmidt, K. O.: *In dir ist das Licht.* Drei Eichen, Engelberg/München 1993.
Schmidt, K. O.: *Neue Lebensschule (3 Bände).* Reichl, St. Goar 1992.
Schmidt, K. O.: *So heilt der Geist.* Drei Eichen, Engelberg/ München 1985.
Steiner, Rudolf: *Ein Weg zur Selbsterkenntnis des Menschen.* Rudolf-Steiner-Verlag, Dornach 1996.
Steiner, Rudolf: *Von Jesus zu Christus.* Rudolf-Steiner-Verlag, Dornach 1996.
Stelzl, Diethard: *HUNA-Kompendium. Band 1.* Schirner, Darmstadt 2009.

Stelzl, Diethard: *Spirituelles Heilen in der Tradition der atlantischen Kristallchirurgen – Band 1: Grundlagen und Entwicklung.* Schirner, Darmstadt 2006.

Stelzl, Diethard: *Spirituelles Heilen in der Tradition der atlantischen Kristallchirurgen – Band 2: Übungsprogramm.* Schirner, Darmstadt 2006.

Stelzl, Diethard: *Heilen mit kosmischen Symbolen. Ein Praxisbuch.* Schirner, Darmstadt 2004.

Stelzl, Diethard: *Im Einklang mit der universalen Ordnung. Geistige Gesetze und Lebensweisheiten für den Alltag.* Via Nova, Petersberg 2007.

Stelzl, Diethard: *Kosmische Symbole. Das Arbeitsbuch.* Schirner, Darmstadt 2008.

Stelzl, Diethard: *Heilende Kristalle und die Kraft von Edelsteinen.* Schirner, Darmstadt 2008.

Stelzl, Diethard: *Die Entwicklung des Lichtkörpers. 1987 – 2012 – 2032.* Schirner, Darmstadt 2010.

Stook, Victoria E.: *HO'OPONOPONO.* East-West Center Book, Honululu 1985.

Streuer, Gabriele Kalehua: *Hula, Engel und Hawaii.* Bergheim 2002.

Tepperwein, Kurt: *Das HUNA-Geheimnis.* Die Silberschnur, Güllesheim 1998.

Till, Marietta: *Die Heilkraft des Atems.* Goldmann, München 1994.

Tipping, Colin C: *Ich vergebe.* Kamphausen, Bielefeld 2004.

Trampler, Monika: *Heilung durch die Kraft des Geistes.* Ansata, Interlaken 1985.

Vitale, Joe/Dr. Ihaleakala Hew Len: *Zero Limits.* John Wiley & Sons. Inc., Hoboken, New Jersey 2007.

Wallimann, Silvia: *Brücke ins Licht.* Bauer, Freiburg 1999.

Wallimann, Silvia: *Das Wunder der Meditation.* Bauer, Freiburg 2002.

Wallimann, Silvia: *Die Umpolung – Vom Materiellen zum Geistigen.* Bauer, Freiburg 2002.

Wallimann, Silvia: *Lichtpunkt.* Bauer, Freiburg 2002.

Wiegel, Suzan H.: *Das Handbuch der Kahuna-Medizin.* Goldmann, München 1999.

Wingo, Otha: *Das HUNA-Arbeitsbuch.* Droemer Knaur, München 1994.

# Vita

Dr. oec. publ. Diethard Stelzl, geboren in Neuhaus/Sudetengau, entwickelte ab 1984 aufgrund einer seltenen, schweren Augenkrankheit, die ihn monatelang dem Druck einer möglichen totalen Erblindung aussetzte, ein besonders intensives Verhältnis zu Licht, Farben und Formen. In dieser Zeit begannen seine Forschungen und seine praktische Arbeit mit Licht und Farben und deren Auswirkungen auf die verschiedenen Energieebenen des Menschen.

Auf einer seiner zahlreichen Reisen lernte er 1980 in Hawaii die dort praktizierte Huna-Lehre kennen und arbeitet seither in Theorie und Praxis aktiv mit Huna. Er absolvierte Ausbildungen bei hawaiianischen Schamanen, dort Kahunas (»Hüter des Geheimnisses«) genannt, darunter: Moona Simeona, Mona K. Kahele und Auntie Margaret K. Machado. Auf der Garteninsel Kauai arbeitete er mit dem bekannten Autor und Kahuna Dr. Serge Kahili King und dem Pflanzen-Kahuna Levon Ohai zusammen.

Die eher wissenschaftlich-theoretische Huna-Interpretation, die auf die geniale Arbeit des amerikanischen Sprachforschers Max Freedom Long zurückgeht, lernte Diethard Stelzl beim ehemaligen Leiter der Huna-Research Inc., USA, Prof. Dr. Otha Wingo, sowie beim Geschäftsführer der europäischen Huna-Forschungsgesellschaft Zürich, Dipl.-Ing. Henry Krotoschin, kennen.

Seit 1994 hält er im deutschsprachigen Raum sowie auf Bali und Ibiza Vorträge über Huna, leitet Huna-Seminare sowie Ausbildungen zum Huna-Praktiker, Huna-Berater und Huna-Schamanen.

Die Veranstaltungen werden im deutschsprachigen Raum sowie auf Ibiza und Bali abgehalten. Für weitere Informationen und Anforderung von Seminarunterlagen wenden Sie sich bitte direkt an:

Dr. Diethard Stelzl
Gschriet 70, A-9702 Ferndorf, Österreich
Tel.: +43 (0)4246-72 000 • Fax: +43 (0)4246 72 000-40
info@huna-seminare.at • www.huna-seminare.at

# Vom Autor besprochene CDs und weitere Veröffentlichungen

Mein Ho'oponopono-Reinigungsgebet
ISBN 978-3-8434-8179-3

Reinigungsgebet für Vater Sonne
ISBN 978-3-8434-8180-9

Reinigungsgebet für Mutter Erde
ISBN 978-3-8434-8181-6

Reinigungsgebet für die Menschheit
ISBN 978-3-8434-8182-2

Dr. Diethard Stelzl
**Spirituelles Heilen**
in der Tradition der atlantischen Kristallchirurgen
**Band 1**
*Grundlagen und Entwicklung*
240 Seiten, farbig illustr., Hardcover
ISBN 978-3-89767-264-2

Dr. Diethard Stelzl
**Spirituelles Heilen**
in der Tradition der atlantischen Kristallchirurgen
**Band 2**
*Heilerfähgikeiten und praktische Arbeit*
256 Seiten, farbig illustr., Hardcover
ISBN 978-3-89767-298-7

Kristallmeditation
ISBN 978-3-89767-296-3

Aufarbeitung von Karma
ISBN 978-3-89767-295-6

Eine schamanische Reise
ISBN 978-3-89767-284-0

Die drei Ebenen meines …
ISBN 978-3-89767-297-0

Mein Name Gottes
ISBN 978-3-89767-294-9

Ich bin Lebensenergie
ISBN 978-3-89767-285-7

Ich bin Liebesenergie
ISBN 978-3-89767-286-4

Ich bin Lichtenergie
ISBN 978-3-89767-287-1

Ich bin Willensenergie
ISBN 978-3-89767-289-5

Ich bin Vitalenergie
ISBN 978-3-89767-288-8

Ich bin still
ISBN 978-3-89767-293-2

Ich bin bewusst
ISBN 978-3-89767-290-1

Ich bin rein
ISBN 978-3-89767-291-8

Ich bin gesund
ISBN 978-3-89767-292-5

Dr. Diethard Stelzl
**Heilen mit kosmischen Symbolen**
*- Ein Praxisbuch -*
288 Seiten, farbig illustr.,
Hardcover
ISBN 978-3-89767-178-2

Dr. Diethard Stelzl
**Heilen mit kosmischen Symbolen**
*- Das Arbeitsbuch -*
320 Seiten, farbig illustr.,
Hardcover
ISBN 978-3-89767-373-1

Dr. Diethard Stelzl
**Heilende Kristalle und die Kraft von Edelsteinen**
*- Ein Praxisbuch -*
300 Seiten, farbig illustr.,
Hardcover
ISBN 978-3-89767-342-7

Dr. Diethard Stelzl
**Symbolkarten zur Resonanzbehandlung**
100 Karten, 5 x 5 cm
ISBN 978-3-89767-375-5

Morgen-Meditation
ISBN 978-3-89767-202-4

Abend-Meditation
ISBN 978-3-89767-203-1

Rosen-Meditation
ISBN 978-3-89767-204-8

Licht-Meditation
ISBN 978-3-89767-205-5

Mein Weg zu George
ISBN 978-3-89767-207-9

Atmung und Lockerung
ISBN 978-3-89767-212-3

Der Lichtkörper-Prozeß
ISBN 978-3-89767-209-3

Das Erfahren der Gottheit
ISBN 978-3-89767-208-6

Mein Gebet
ISBN 978-3-89767-262-8

Das innere Lächeln
ISBN 978-3-89767-210-9

Heilung geschieht
ISBN 978-3-89767-263-5

Die Botschaft meines Körpers
ISBN 978-3-89767-211-6

Ich bin eins
ISBN 978-3-89767-197-3

Ich bin frei
ISBN 978-3-89767-195-9

Ich bin geschützt
ISBN 978-3-89767-194-2

Ich bin heil
ISBN 978-3-89767-196-6

Dr. Diethard Stelzl
**Huna-Kompendium**
*Band 1*
*Therapeutische Anwendungen der schamanischen Weisheit Hawaiis*
576 Seiten, farbig illustr., Hardcover
ISBN 978-3-89767-389-2

NALA – Der Weg der Mitte
ISBN 978-3-89767-390-8

ALOHA – Liebe
ISBN 978-3-89767-391-5

Element Luft
ISBN 978-3-89767-198-0

Element Erde
ISBN 978-3-89767-199-7

Wer bin ich?
ISBN 978-3-89767-392-2

Ich bin liebenswert
ISBN 978-3-89767-826-2

Kosmos-Meditation
ISBN 978-3-89767-393-9

Element Feuer
ISBN 978-3-89767-200-0

Element Wasser
ISBN 978-3-89767-201-7

Dr. Diethard Stelzl
**Die Entwicklung des Lichtkörpers**
1987 - 2012 - 2032
*Ein Praxisbuch*
464 Seiten, farbig illustr., Hardcover
ISBN 978-3-89767-866-8

Dr. Diethard Stelzl
**Die Einweihung der Pharaonen**
418 Seiten
ISBN 978-3-89767-646-6

Dr. Diethard Stelzl
**Die Weisheit der Pharaonen**
264 Seiten
ISBN 978-3-89767-446-2

Mit dem Herzen denken …
ISBN 978-3-89767-896-5

Aufbau meiner Kristallaura
ISBN 978-3-89767-897-2

Der Weg zur Erleuchtung
ISBN 978-3-89767-827-9

Ankunft auf der Erde
ISBN 978-3-89767-828-6

Aktivierung der Merkaba
ISBN 978-3-89767-829-3

Stärkung meiner intuitiven …
ISBN 978-3-89767-898-9

Einheit der drei Selbste
ISBN 978-3-89767-899-6

Liebe, Licht und Frieden
ISBN 978-3-89767-900-9

Wiedergeburt & Auferstehung
ISBN 978-3-89767-830-9

Der Lichtkelch
ISBN 978-3-89767-831-6

außerdem erschienen im Schirner Verlag www.schirner.com

Jeanne Ruland
**Aloha**
***Gelebte Liebe und hawaiianische Huna-Philosophie***

250 Seiten, farbig

ISBN 978-3-8434-1002-1

Aloha – Liebe durchströmt uns, Liebe umfängt uns, Liebe trägt uns!

Die uralte Lehre des Huna zeigt uns auf einzigartige Weise, wie wir unser Potenzial entfalten und so die göttliche Harmonie in uns und damit in der Welt herstellen können.
»Huna« bedeutet »geheimes Wissen« und erinnert uns an viele in Vergessenheit geratene Möglichkeiten, durch deren Wiederentdeckung wir zu einer neuen Zeit des Friedens gelangen können.
»Aloha« steht im Huna für gelebte Liebe, die Liebe zu allem, was ist. Die Huna-Philosophie ist verblüffend einfach und doch so tief greifend liebevoll, sie fasziniert durch ihre Offenheit und Weite.
Jeanne Ruland ist Mutter von drei Kindern, Flugbegleiterin und Buchautorin. Sie arbeitet seit über 20 Jahren mit schamanischen Heiltechniken und beschäftigt sich seit mehreren Jahren auch intensiv mit Huna.

Ulrich Emil Duprée
**Hoʻoponopono**
***Das hawaiianische Vergebungsritual***

96 Seiten, farbig

ISBN 978-3-8434-5030-0

Das hawaiianische Vergebungsritual Hoʻoponopono geht davon aus, dass in der Welt alles eins ist, auch wenn wir uns getrennt fühlen. Aufgrund dieser Einheit kann nichts in der eigenen Welt geschehen, ohne dass es dazu nicht auch eine Resonanz im Betrachter gäbe. Man kann Probleme im Außen darum nur dann ändern, wenn man die innere Resonanz dazu heilt. Hoʻoponopono besteht aus vier daraus resultierenden Schritten: »Es tut mir leid, dass ich mit meiner Resonanz diese Tatsache erschaffen habe. Ich vergebe mir selbst. Ich liebe mich. Ich liebe dich.«
Ulrich Emil Duprée ist ein spiritueller Forscher und Lehrer, Buchautor und Seminarleiter mit Ausbildung und Studium in Yoga, Philosophie und Metaphysik. Er lebte u. a. in einem Hindu-Kloster und studierte dort antike Sanskrit-Schriften.